动车组系列培训教材·机械师

动车组司机室（修订版）

主　编　郭北苑
副主编　方卫宁

北京交通大学出版社

·北京·

内 容 简 介

本书内容与实际应用结合紧密，以目前我国在用的 CRH1、CRH2、CRH3、CRH5 型动车组为主体进行介绍。

本书共 5 章，分为两个部分，第一部分为教材的第 1 章，针对动车组司机室的特点介绍了司机室环境界面、空间界面及操作界面等人机界面技术；第二部分为第 2 章 ~ 第 5 章，分别介绍了 CRH1、CRH2、CRH3、CRH5 型高速动车组的驾驶作业界面布置及功能、动车组车载信息系统操作界面、动车组随车机师作业标准及应急故障处理、动车组司机室检修作业标准等方面的内容。

本书可作为动车组运用维修从业人员职业技术培训教材，也可作为铁道车辆技术专业的技术教育教材。

图书在版编目（CIP）数据

动车组司机室/郭北苑主编 . —北京：北京交通大学出版社，2012. 5 （2021. 7 修订）
（动车组系列培训教材·机械师）
ISBN 978 – 7 – 5121 – 1015 – 1

Ⅰ. ① 动… Ⅱ. ① 郭… Ⅲ. ① 动车 – 驾驶员 – 技术培训 – 教材 Ⅳ. ① U266

中国版本图书馆 CIP 数据核字（2012）第 112917 号

责任编辑：陈跃琴
出版发行：北京交通大学出版社   邮编：100044
           北京市海淀区高粱桥斜街 44 号   电话：010 – 51686414
印 刷 者：北京鑫海金澳胶印有限公司
经   销：全国新华书店
开   本：185 × 260   印张：13. 5   字数：345 千字
版   次：2021 年 7 月第 1 版第 1 次修订   2021 年 7 月第 6 次印刷
定   价：38. 00 元

出 版 说 明

2005 年，在铁道部的安排下，北京交通大学根据国外动车组设计资料、国内外技术交流文件，编写了动车组培训讲义，并对从事动车组运用的在职技术人员进行培训；随着中国高速动车组事业的飞速发展，到 2010 年，该讲义已经修订 4 版，先后培训了设计制造企业和运用部门各类人员 4 000 多人。

为适应动车组机械师专业人才培养的需要，北京交通大学机械与电子控制工程学院、北京交通大学出版社，在铁道部有关部门的指导下，组织北京交通大学铁道部动车组理论培训基地的教师，在南车青岛四方机车车辆股份有限公司、北车长春轨道客车股份有限公司、北车唐山轨道客车有限责任公司和青岛四方庞巴迪铁路运输设备有限公司等单位领导和专家的大力支持下，编写了本套"动车组系列培训教材·机械师"。

教材编写突出理论与实用相结合的原则。本着"理论通俗易懂，实操图文并茂"的原则，系统介绍了 4 种高速动车组的基本原理和结构组成。

本系列教材的出版，得到中国工程院王梦恕院士的关注和首肯，以及北京交通大学校领导、专家、教授的指导和支持，在此一并致谢。

北京交通大学机械与电子控制工程学院为该系列教材的出版，投入了大量的人力、物力和财力。

本系列教材从 2012 年 1 月起陆续出版，包括《动车组概论》、《动车组车体结构与车内设备》、《动车组转向架》、《动车组制动系统》、《动车组电力电子技术基础》、《动车组供电牵引系统与设备》、《动车组辅助电气系统与设备》、《动车组运行控制系统》、《动车组车内环境控制系统》、《动车组控制与管理系统》、《动车组司机室》、《动车组运用与维修》。

希望本套教材的出版对高速动车组的发展，对提高动车组的安全运行和维修、维护水平有所帮助。

动车组系列培训教材编写委员会

2012 年 5 月

院 士 推 荐

　　中国高速铁路近年来发展迅速，按照铁路中长期发展规划，到 2020 年，全国铁路运营里程将由目前的 9.1 万 km 增加到 12 万 km，其中时速 200～350 km 的客运专线和城际铁路将达到 1.8 万 km，投入运营的高速动车组将达到 1 000 组。

　　高速铁路涉及诸多高新技术领域，其中作为铁路运输主要装备的高速动车组是这些高新技术应用的综合体现，它涉及系统集成技术、新型车体技术、高速转向架技术、快速制动技术、牵引传动技术、自动控制技术、网络与信息技术等。大量新技术装备的创新和应用，极大地提高了铁路客货运输的能力和快速便捷的出行，但在实际使用中对现有参与运营、维修、管理等各类人员提出了更高、更新的要求，以确保高速铁路运营过程的安全与可靠性。目前相对于我国高速铁路里程建设速度，对于在实际运营、管理中迫切需求的大量技术人才培养明显滞后，因此会在高速铁路的长期运营中存在严重的安全隐患，温州 "7.23" 事故已经给了我们一个沉痛的教训。另外，相对于高速铁路建设发展的需求，目前能够满足高速铁路运营、维修人才培养需求的优质教材也存在严重不足，尚不能满足我国高速铁路发展对各类人才培养的需要。

　　北京交通大学机械与电子控制工程学院作为 "铁道部高速动车组理论培训基地" 和北京市动车组优秀教学团队所在单位，已长期从事有关铁道车辆专业的教学与科研工作，不但学术水平高，而且教学经验丰富。从 2005 年开始结合我国高速动车组技术的引进、消化、吸收和创新项目及高速列车国家科技支撑项目，进行研究和实践，取得了许多成果。在参考了国内外动车组设计资料、与国内外有关设计、制造、管理局等方面进行了相关技术和学术交流，在广泛听取来自企业和运用部门提出应加快对运营单位各专业人员进行岗位培训要求的基础上，组织相关专家、教授、高级技师等进行高速动车组运营工程师、技师培训讲义的编写，在内容的适用性、安全性、可靠性与全面性方面保持与国际高速动车组技术同步，并承担由铁道部下达的各项培训任务，至今已为各单位培训高速动车组运营、维修、管理人才4 000 余人，为保证我国快速发展的高速铁路事业做出了相应的贡献。

　　今天，这套倾注了众多专家、教授、技师及铁路部门有关领导和工程技术人员大量心血的 "动车组系列培训教材·机械师" 即将由北京交通大学出版社付梓面世。这套教材的出版，恰逢其时，我们有理由相信它能够为促进我国高速铁路动车组的安全可靠运营和维护提供一个良好的支撑！

　　祝我国的高速铁路事业进一步健康、蓬勃、快速发展。

中国工程院院士

2012 年 5 月

前　　言

　　自从 1964 年 10 月 1 日世界上第一条高速铁路——日本东海道新干线开通以来，世界高速铁路获得了突飞猛进的发展。高速铁路技术不仅代表了一个国家交通技术发展的水平，也是衡量一个国家科技现代化水平的重要标志。我国一直致力于铁路提速和高速铁路的建设，为实现中国铁路的跨跃式发展，2004 年 1 月 7 日国务院通过了《中长期铁路网规划》，规划提出建设时速 200 km 及以上客运专线 1.2 万 km。为提高我国机车车辆装备技术水平，铁道部组织中国北车集团与中国南车集团，通过引进国外先进设计和制造技术，生产出了 CRH1、CRH2、CRH3、CRH5 型高速动车组，使中国高速铁路技术发展到了一个新的水平。

　　动车组是一种全新概念的铁路旅客列车，它所使用的通信与信号系统、全数字化的网络控制、全球定位系统等计算机技术使得它的司机室具有与传统的铁路机车的司机室不同的特点。动车组司机室是整个列车的控制中心、信息中心和检修中心，因此司机室是司机、随车机师、检修人员的共同工作界面。北京交通大学作为铁道部高速动车组理论培训基地，自 2005 年开始从事动车组运用在职技术人员培训以来，动车组司机室一直作为培训骨干课程开设，该课程的内部讲义亦进行了多次改版。本书以讲义为蓝本，首先针对动车组司机室的特点介绍了司机室环境界面、空间界面及操作界面等人机界面技术；然后分别介绍了 CRH1、CRH2、CRH3、CRH5 型高速动车组的驾驶作业界面布置及功能、动车组车载信息系统操作界面、动车组随车机师作业标准及应急故障处理、动车组司机室检修作业标准等方面的内容。

　　本书由北京交通大学郭北苑主编。具体分工如下，郭北苑编写第 1 章、第 3 章和第 4 章，方卫宁编写第 2 章和第 5 章。

　　在本书的编写过程中，得到有关教师及工厂的大力支持和帮助，在此表示衷心的感谢。

　　由于水平有限、时间仓促，疏漏和不足之处在所难免，恳请广大读者提出批评和建议。

郭北苑

2012 年 5 月

Contents

目 录

第1章 动车组司机室概述

铁路运输的首项指标是安全，安全的保障需要有良好的装备与优良素质的人员，作为人员与装备的直接界面，司机室可以认为是一个最重要的安全装备。因此，它的设计要充分考虑人－机－环境因素，是一个包括力学、声学、光学、传热学、美学和人机工程学等各学科门类在内的综合性课题。

1.1 司机室与人机工程

动车组是一种全新概念的铁路旅客列车，它所使用的通信与信号系统、全数字化的网络控制、全球定位系统等计算机技术，使得它的司机室具有与传统的铁路机车的司机室不同的特点。

动车组司机室是整个列车的控制中心、信息中心和检修中心，它必须充分满足高速列车的各种性能，即应在运行性能的基础上，全面考虑确保安全运行的高位置、宽视野的监视条件，创造考虑乘务员疲劳因素且操作性、舒适性良好的环境空间。动车组司机室安装有较多的各种设备。运行中需要经常操作或者监视的重要设备，主要有主操控设备的主控制器、制动控制器；监控用的速度表、压力表、电压表、各种指示灯；经常操作的运行安全保证装置（车载无线装置及无线话筒、运行调度专用电话）及各种按钮等。

设备配置上有必要考虑符合人机工程学的合理方案。保证司机工作时能够时常保持适度的紧张状态，但不能妨碍其操作范围内的活动。不能使司机产生过度疲劳，尤其是影响到视点的仪表盘的倾角，更应在充分研究的基础上确定；仪表盘内部必要的指示灯和重要的仪器、按钮等应集中配置在司机的视野以内。另外，为便于维护保养作业，还有必要充分考虑设备的安装方法和结构。设备安装方式上，除了司机直接必需的部分以外，应将其他各种设备均镶嵌在司机台面板内，以减少凹凸不平，给人以整齐、平整、舒适的感觉。

司机室内设计上，必须考虑减轻司机疲劳和提高舒适度，特别要注意环境相关的色彩、照明、换气、空调设备、噪声等问题。在照明方面，仪表照明尤为重要，应避免漏光直接刺眼及前窗玻璃的反射。司机室内安装的各种设备，从结构上必须使得驾驶室整体简洁明快，因此必须在设备本体的设计上及总装上进行充分的考虑。

现代动车组司机室设计的一般流程如图 1.1 所示。

司机室设计原则上应按照图 1.1 所示流程进行。但实际设计流程并非只由单一要素决定，而是在多个要素不断协调的基础上推进的。

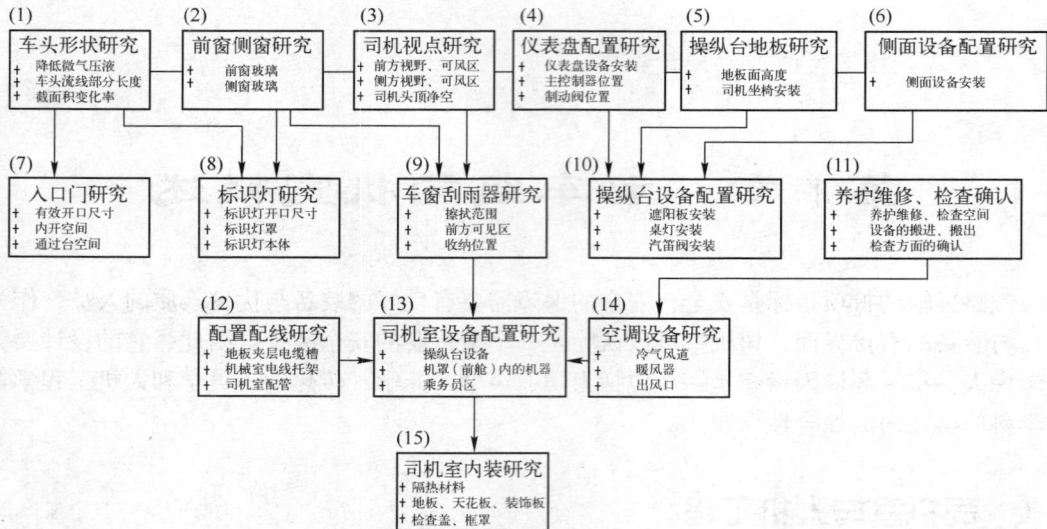

图 1.1 动车组司机室设计的一般流程

可以看到，现代动车组司机室是一个以人为中心的设计，其界面技术主要内容如表 1.1 所示。

表 1.1 司机室主要界面技术

序 号	内 容	序 号	内 容
1	人体测量学的评估	8	列车管理系统（TMS）接口界面设计
2	驾驶作业任务分析	9	列车控制系统（TCS）接口界面设计
3	3D、CAD 工作场所建模	10	人的错误分析（HEA）
4	显示和控制面板设计	11	工作负荷及人力资源研究
5	牵引/制动控制器（TBC）设计	12	培训需求分析（TNA）
6	警告/警惕性系统的规范	13	危险与操作性研究
7	警示设计	14	健康与安全风险评估

1.2 司机室环境界面

1.2.1 司机室空调环境

1. 司机室供热

1）司机室热环境要求

① 司机室的加热装置必须能维持最低温度 18℃（64°F），该温度是指距离坐椅中心 60 cm 高度的位置温度，加热装置维持此温度的最短时间不能小于 3 h。

② 司机室风挡玻璃在恶劣环境下不应该影响司机室热环境，比如由于空气渗入通过

辐射、传导引起热量散失。

③ 司机室热环境应考虑由于设备或侧墙热对流产生的热负荷。

④ 司机室在提供热源时应提供加湿功能，以提高舒适性，减少皮肤和黏膜的干燥，同时有助于空气颗粒物的沉淀。

2）UIC 651 铁路标准对机室热环境的规定

在 UIC 651 铁路标准（简称 UIC 标准）对司机室热环境做了相应的规定。如在 UIC 标准 2.9.2.1 节中规定司机必须能够在 18℃ ～ 23℃ 的范围内随意调节温度（在坐椅周围高于地板面 1.5m 处测量）。司机室内顶部和底部区域之间的温度差不得超过 10℃（在高于地板面 10 cm 和低于顶板 10 cm 处测量）。当外温低时，允许降低可调温度范围。但是，加热功率的设计必须能使车内至少获得 18℃ 的温度。当接通加热装置时，必须能够供给每人每小时至少 30 m³ 的新风量。在 2.9.4.1 建议空调装置应安装于经常在环境温度非常高（超过 30℃）且湿度大的地区运行的车辆上。空调系统参数的设计必须使司机室内维持如下温度：$T_{int} = 20 + 0.5 (T_{ext} - 20)$（$T_{ext} > 20℃$），同时保证进入司机室的新风量每小时每人至少 30 m³（司机室正常定员）。上述算式中，T_{ext} 为车外温度，T_{int} 为司机室内温度。

在 UIC 标准 2.9.3.1 节中通风系统的设计必须保证每小时每人至少 30 m³ 的风量被吹入司机室，而不引起不适气流。司机应能调节气流。在正常通风情况下，司机头部气流速度不得超过 0.3 m/s。UIC 标准 2.9.3.2 节中为了保证积蓄热量的迅速排除，通风系统的设计必须保证每小时每个司机室由司机控制增加的外气流量至少为 300 m³。

2. 司机室制冷

1）司机室空气环境要求

① 空调应使得司机室温度维持在 29℃ 以下。

② 在高温和高露点的环境下司机室空调具有除湿功能是十分重要的。

③ 空调环境下温度从地板面到人头部位置的温度差不应超过 5℃。

④ 加装的司机室空调系统不应该导致司机室使用空间的减少。

⑤ 司机室风窗应提供可移动的遮阳装置或防晒膜，以减少外界热辐射。

⑥ 采用空调系统后应能减少开窗和通风系统的使用，以减少内部噪声。

2）UIC 651 铁路标准对机室空气环境的规定

在 UIC 标准中规定：司机室所有各侧必须完全封闭。车门、车窗、管路走线和电缆走线、检查活门及任何通风活板必须密封，防止液体、废气和灰尘进入。司机室内要有微小的正压。

当错车和/或驶过隧道（这两种情况可能同时发生）时，必须保护司机免受可能发生的突然的气压波动和大幅度的气压波动，特别是在高速情况下。

在一横断面为 90 m² 的隧道中测得的压力变化应符合下列值：

● 绝对压力变化≤1 000 Pa；

● 在 1 s 内的压力变化≤400 Pa 。

当列车穿过隧道时，这些值也适用于列车。司机室，尤其是地板和车顶，应进行隔热。排气系统的设计必须使废气不会经通风回路再循环。

1.2.2 司机室噪声环境

1. 司机室噪声环境要求

司机室噪声建议控制在 75 dB（A）以内。

2. UIC 651 铁路标准对机室噪声环境的规定

在 UIC 标准中对机室热环境做了相应的规定。如在 UIC 标准 2.10.1 节中规定司机室内须保持尽可能低的噪声水平，通过采取适当的措施（隔声、吸声）限制噪声源。动车组以不超过 160 km/h 的速度运行时，在司机室内 30 min 测量的等价连续噪声水平不得超过 78 dB（A）。当车速更高时，应当尽各种努力使噪声水平数值维持与 UIC 标准 2.10.1 节中数值相同。

车速 = 300 km/h 时：

- 开放线路   ≤78dB（A）   强制值

            ≤75dB（A）   "期望"值

- 在隧道中（不管上层建筑）≤83 dB（A）   强制值

            ≤80 dB（A）   "期望"值

- 车辆静置，辅助设备运转并且车窗关闭时：≤68 dB（A）

在 UIC 标准中规定，噪声测量应在如下的条件下进行：

- 车门、车窗必须关闭；
- 线路必须处于良好的运行秩序，且线路特点必须由铁路业主规定；
- 牵引载荷必须至少等于最大允许值的三分之二；
- 最高行车速度维持的时间至少为测量时间的 90%。

为了满足上述条件，所规定的测量时间可以分成几个短的时间段。测量应在司机耳部平面（就座位置）、从司机室前窗伸展到后部墙壁的水平面中心处进行。

1.3 司机室空间界面

1.3.1 司机室的尺寸和布局

司机室必须宽敞，必须在站立位置各点可以接近并且应尽可能允许 2 000 mm 的净空高度。在站立位置可接近的任何一点处，净空高度应不小于 1 850 mm。沿司机就座时视线平面纵向测量，前窗内表面与处于司机坐椅后面的最近物体（墙、门、橱等）之间，司机室必须有 1 500 mm 的最小深度。这一要求保持在至少 2 000 mm 宽度上的深度值是最小允许值，应尽力取得更大的数值。从司机眼睛到司机坐椅前部前窗的距离必须在 500 ~ 1 200 mm 之间。司机室内工作人员的行动自由不得受凸出物妨碍。司机室的宽度必须使工作人员不必危险地探身出去或不必使用反光镜就能在每一侧通过侧窗观察列车。司机室内的空气量至少为 10 m³。

在结构安全性能方面，司机室侧墙、地板和车顶的设计必须使它们在受外力作用时有足够的抗压、抗弯强度。司机室尽可能牢固地建造在牵引单元的主体框架中，这样冲击造成的任何变形就发生在司机室的前面和/或下部。特别是司机室的前侧应足够稳固地稳定在底架中，并且如果发生碰撞应具有可计算的抗变形阻力，特别是在缓冲梁和车窗底部之间的区域。

司机室的结构应在无永久变形情况下承受的压应力如表 1.2 所示。

表 1.2　司机室的结构在无永久变形情况下承受的压应力

	机车和驾驶拖车	动　车	注　释
在风挡玻璃下边缘的底下	300 kN	300 kN	均匀分布
在缓冲梁水平面	2 000 kN	1 500 kN	分布在两个缓冲饼上
	2 000 kN	1 500 kN	沿自动车钩的中心线

此外，建议牵引装置的前面部分用能够吸收冲击能量的材料制造。

为了防止车辆内部的惯性影响，司机室内部装备的设计必须满足：在速度突变时，工作人员不被锋利的边缘、凸出的物体等弄伤。如果达不到上述要求，这些物体必须用减振材料覆盖。对车内安装设备和其他零部件固定的设计必须满足在正面受冲击的情况下，承受至少 $3g$ 的加速度。

为防止其他危险源，司机室不得有任何可能对工作人员构成危险（爆炸、火、电击或有毒蒸汽等）的设备。车顶安装的金属、不带电零部件必须与车辆构架连接。此外，它们必须正确接地，以保证接触线或受电弓的带电部分落在车顶的情况时可起保护作用。在车辆端部的司机室必须至少有一个门或通道，使工作人员在紧急情况下易于到达通向车辆另一端的纵向走廊。如果采用的是门，则必须是从司机室向外开的门，并且必须尽可能有良好的气密性。但是，须仅以推或其他简单和快捷的方式就能开门。如存在任何阻塞（行李、乘客）危险，必须采用回转门（向外和向内开）或滑动门。出口必须对司机来讲易于到达。相应地，坐椅不得成为妨碍工作人员到达出口的主要障碍。工作人员必须能安全、毫不困难地撤出司机室，并且至少撤出 2 m 的距离。出口高至少 1 800 mm，宽至少 500 mm。门的净空至少为 1 700 mm×430 mm。

各司机隔间必须可从两侧毫无危险地进入。因此每侧有一个门，直接从驾驶室或通过相邻的隔间给出向外的通道。这些门和在位于司机室前面的缓冲饼之间的距离不得超过 8 m。司机驾驶室侧墙上的门必须仅向内打开。通往司机室外部的车门必须有一个至少 1 875 mm×500 mm 的净空。具有地板平面通道的司机室车门必须允许一个至少 1 750 mm×500 mm 的净空（无脚蹬）。

司机室上车脚蹬须在同一垂向平面且彼此之间间隔等距。脚蹬之间的距离不得超过 450 mm。底部的脚蹬高度必须为限界允许的最低值。脚蹬的宽度须相同，最小为 300 mm，并且最小深度应为 150 mm。脚蹬必须防滑。

在通往司机室的车门和脚蹬的每一侧必须备有一扶手。从扶手的下端到上端的距离不得超过 1 250 mm。从扶手的顶端到司机室地板平面的距离不得小于 1 200 mm。

扶手必须为圆形且不得有任何锋利的边缘，只把两端固定在机车侧。扶手与车辆侧墙之间的间隙至少为 40 mm，并且如果限界允许，底部的间隙应增加到 60 mm。此外，扶手清洁起来必须毫不困难。如果从地面上够不到司机室车门外部的开门手把，须在车门较低部位备一个额外的手把。手把的旋转轴须在距车门下边缘至少 80 mm，距车门侧边至少 50 mm 处。80 mm 的距离也适合于固定手把。手把与车门表面之间的间隙须至少为 50 mm。手把长至少 120 mm 且为圆形。

司机室的地板必须平坦。司机室的地板必须覆盖防滑且易清洁的材料。

司机室前窗的尺寸必须适合司机在规定条件下，能够正确地观察轨道和（视觉）信号。因此，从前窗顶部边缘或被加热副窗顶部边缘（若有的话）到司机站立地板的距离不得小于 1 800 mm 。

每侧侧墙或每侧侧门必须至少有一个车窗，当车窗开启时，工作人员可以探身出去观察列车。各司机室内每侧的侧窗中至少有一个的尺寸必须满足这样的要求，即在紧急情况下，如果没有其他合适的办法，工作人员能在打破车窗玻璃之后经车窗撤出司机室。决定司机室内所有车窗的位置时必须参考外部视觉信号和内部光源等，使工作人员处在正常工作位置时不被反光误导或因反光引起不便。

司机室内所有车窗必须由安全玻璃制造且有特别的、不能擦掉的标记。用于司机室前窗和任何加热车窗（车窗被加热，防止结霜）的安全玻璃类型不得改变信号颜色，并且其质量必须满足，当玻璃（通常夹层玻璃）被击打或打破时，玻璃仍留在原来位置，为工作人员提供安全保护和足够的视觉范围，以使列车继续行驶。

前窗必须安装可调遮帘、窗帘或其他装置，使工作人员可保护自己不被阳光、前灯等照得目眩。如果使用透明嵌板，不得改变信号颜色。此外，前窗必须包含尺寸合适的车窗风挡刮雨器及防冻和除雾装置。

1.3.2 司机室的可见度

司机以松驰坐姿坐定在坐椅上和站立操作时，通过前窗的瞭望条件应符合 UIC 651 铁路标准的规定。司机以松驰坐姿坐定在坐椅上，瞭望前方时，至少在水平视线左、右各 35°范围内，前窗结构应对视觉不产生干扰。司机坐定在坐椅上，在最佳视角范围内，透过侧窗几何中心进行瞭望时，司机头部转动的角度不得超过 60°。雨刷对前窗的括扫面积，应能确保对前方的瞭望条件。

1. 眼睛的参照面位置

在 UIC 651 铁路标准中规定，当以坐姿或站姿驾车时，司机眼睛的位置以一个参照表面来描述，参照表面的中心位于司机台纵向轴上。对于不同的驾驶姿势，其参照表面的上限和下限是由所考虑的最矮和最高司机的实际的眼睛位置决定的。

始终假设站立姿势驾车的参照表面是垂直的。但是，座姿驾车的参照表面可以偏离垂直平面，取决于司机台/坐椅系统选用的人体工程学方案，以及坐椅在垂直或水平平面中的调节量。如果另一个人的位置是永久性的工作岗位，则必须以相似的方式确定相应的参照表面。

2. 司机室可见度条件

1）高处信号的可见度

从参照表面内的每一点处必须能看见距车钩饼前部平面 10 m 或 10 m 以外的线路中央右侧或左侧 2.50 m 处的高处信号和线路上方高达 6.30 m 的高处信号。

当以坐姿驾车时，允许降低高处信号的可见度，但是司机室地板和前窗上部之间的距离不得小于 UCI 651 铁路标准 2.7.2 节规定的最小距离。

2）低处信号的可见度

从参照表面内的每一点处必须持续可见距车钩饼前部平面 15 m 或 15 m 以外的线路中央右侧或左侧的低处信号、运行平面内的低处信号和线路上方高达 1.75 m 的低处信号。如有可能，应尽可能降低能看见低处信号的最小距离。

眼睛的参照表面位置和信号可见度条件如图 1.2 所示。

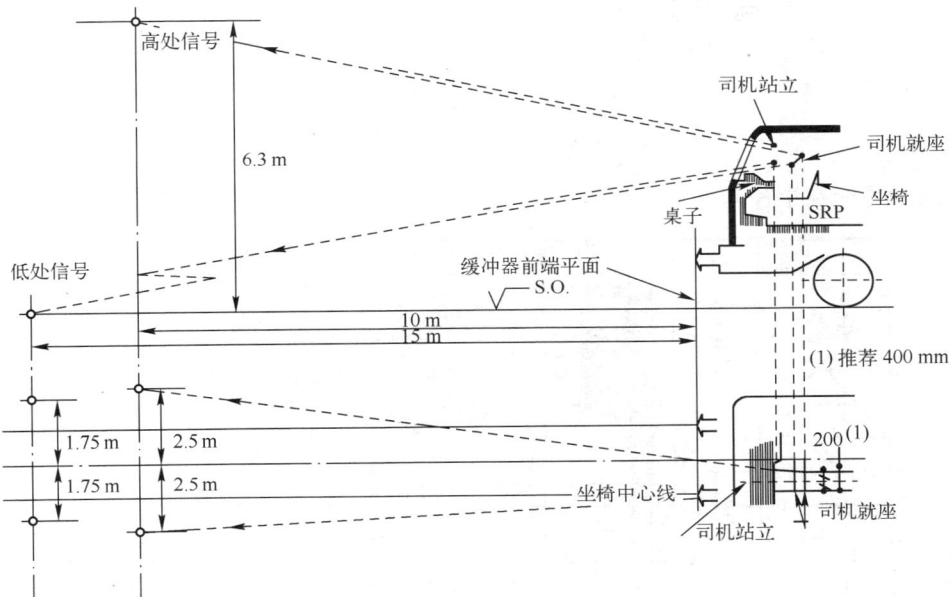

图 1.2　眼睛的参照表面位置和信号可见度条件

1.3.3　司机室的操作域

司机室操纵台的设计及操作设备和控制系统的布置、型式和动作方向首先是以司机的人体（工程学）测量值为基础，其次是以执行的确切任务（设备的运转和监视）为基础。操纵台及其操作设备和控制系统的布置必须能使司机保持正常姿势，不妨碍其自由活动。

操纵台的形状和尺寸必须允许司机易于接近其坐椅，并且腿和膝盖活动起来有足够的自由度，即使采用转椅也如此。

关于司机操纵台和坐椅的尺寸和公差值，建议以图 1.3 中给出的数值作为最常用的配置。

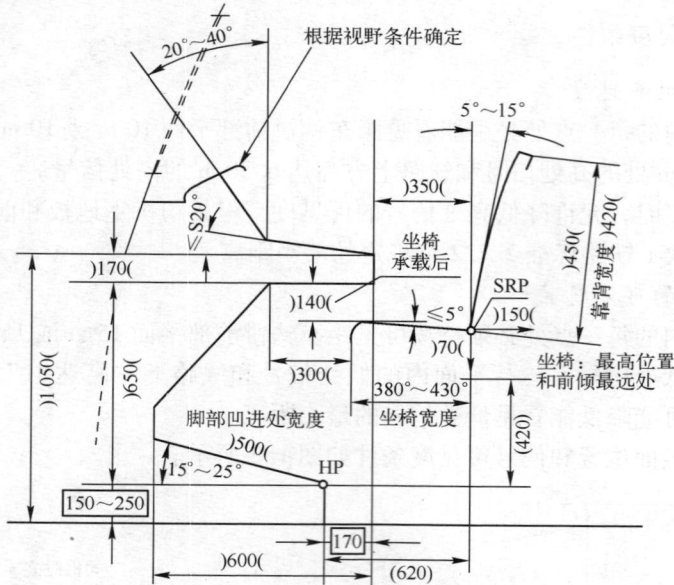

图 1.3 司机操纵台机坐椅配置及推荐尺寸

手的理想触及半径如图 1.4 所示。

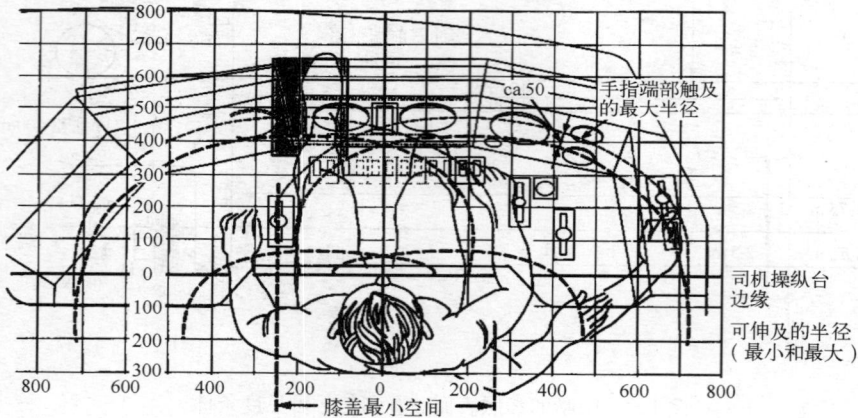

图 1.4 手的理想触及半径

1.3.4 司机室中的坐椅

高速列车司机承受着很大的工作负荷，司机室环境的噪声、不利的照明条件、天气及线路和信号的影响，会直接关系到司机的健康状况和工作效率。司机驾驶室中的坐椅与乘客坐椅相比，除了要考虑可调整性以外，还应该考虑下面一些标准，如：身体姿态（脊柱和关节的位置，肌肉张力）、能否够到操作元件、视野条件、自由活动范围及发生事故时的求生区间。

高速动车组司机坐椅必须满足如下要求：

① 坐椅必须牢固安装，以便充分稳定（例如，固定在地板上或侧墙上）；

② 坐椅应有充分的纵向调节度或者当规定司机以站立姿势驾驶时，坐椅应收起；

③ 必须能使工作人员迅速离开；

④ 应配备减振装置，坐椅的阻尼必须尽可能于车体阻尼相适应；

⑤ 尽可能地扩大人与座位之间接触面的支撑面积，调整座位长度和靠背高度，使工作时肌肉得到放松并降低接触面压力，防止血流受阻；

⑥ 靠背可自由调节，使对容易受到损害的腰部、颈部前凸区域形成支撑作用，以免椎间盘畸形；

⑦ 操纵器件便于使用，次序、辨认难度、开启时需要的力量等应充分考虑人机工程学的要求。

坐椅配件中的座位和靠背用多孔材料覆盖，多孔材料能使人体正常排汗；靠背/座位组件固定或者可以调节；当有肘靠时，肘靠应相距 450 mm 以上，容易套上套子且易于收起。

从生理学观点来讲，坐椅尺寸必须能让司机保持正确的姿势，并且坐椅易于调节，以适用于不同身高的工作人员。

为了解决带搁板的操纵台的问题，图 1.3 中给出推荐了尺寸和调节范围。当工作人员就座时，靠背应在高于座位 180 ～ 230 mm 的地方有 10 ～ 20 mm 的向前弯曲。

坐椅安装时必须有宽度最小为 500 mm 的凹进处供工作人员放脚和腿。当使用旋转坐椅时，凹进处的宽度必须足以让工作人员移动腿，而膝盖不受任何阻碍。图 1.3 给出了建议的凹进处尺寸示例。在脚板处必须覆盖防滑衬套，动警戒装置的踏板应与搁脚板相结合。

1.4　司机室操作界面

1.4.1　司机室操纵台布置的人机工程准则

1. 人机工程准则

司机室操纵台布置应遵循以下人机工程准则。

① 重要性原则：将最重要的器件布置在最佳位置上。

② 频次性原则：将使用频率最高的器件布置在最佳位置上。

综合①与②，即：重要度×频度＝链值，将链值最高的器件布置在最佳位置上。

③ 功能性原则：将功能上相关的控制器或显示器布置在邻近位置上，即，按功能组布局，或按功能分区布置。

④ 顺序性原则：器件的布置应与操作的逻辑保持一致。

⑤ 可达性原则：对于不能按功能和使用顺序来组合，而又经常使用或最重要的器件，则应布置在最容易接近的位置上。用于系统维护目的控制器 – 显示器组应布置在可达性小于用于操作目的的控制器 – 显示器的位置上。

2. 控制器与显示器的相互关系与布局

1）关系

控制器和与之相关的显示器，以及显示器和控制器之间的关系应是明显和不模糊的。

控制器应邻近相关的显示器，通常在其下方或右方，这样才能使控制器和司机操作控制器的手不会挡住显示器。

2）布局

控制器和显示器相互之间的位置，应有助于司机判断哪些控制器与哪些显示器一起作用，每个控制器影响哪些设备，以及每个显示器显示哪些设备的状态。

司机室色彩必须在人机工程学标准的基础上选择色彩设计方案。司机室中工作人员的手和腿不断或重复接触的零部件不得含有一种"寒冷金属"感觉。这些零部件应该套上使皮肤感觉舒适的材料或者采用表面加热。同时，司机室表面结构不得产生镜面效果（发光表面）。

色彩的反射系数（反射也可用亮度系数表示：亮度系数 = 反射系数 ×100）必须符合下列数值：

- 控制台 0.3 ～ 0.5，可视显示板除外；
- 可视显示板最大值为 0.15；
- 侧墙和车门为 0.3 ～ 0.7；
- 地板至少为 0.15；
- 顶板至少为 0.5。

反射光线必须被散射，不能聚集。必须尽量使紧靠车窗附近的区域（可视显示板除外）有较高级别的亮度，因为这将减少耀眼的效果。

司机操纵台上的可视显示板、司机台的其他部位、周围环境的亮度比（L_{max}/L_{min}）应分别为 1:3:10。如果亮度比（L_{max}/L_{min}）高于 10，驾驶人员会觉得司机室压制，当亮度比小于 3 时，司机室变得昏暗。司机室内应避免太深或带有红色调的色彩，因为它们的热吸收系数高，将引起司机室内温度上升。同时还应当考虑只有亮度足够时才能够看清色彩这一实际情况。

1.4.2　操纵台主要操作设备及控制系统

操作设备和控制系统必须以实用和合理的方式布置，两者独立但相互间有关联。司机理想的操作和视觉范围必须只包含在运用中或者在危急情况下需要操作或监视的操作设备和控制系统，这是为了避免不必要地将司机的注意力从对线路的观察中转移开。这些设备和系统的设计必须使司机不仅能准确无误地识别这些设备和系统的位置并进行操作（即使在黑暗中），而且在白天或夜间也能毫不困难地（例如，没有目眩的危险）读取设备。

必须清楚地标注操作设备和控制系统。当没有图形符号说明时，有关的文字说明必须简短且明确。必须在紧靠司机处并在其视觉范围内准备一时间表夹（架）。

此外，操纵台设置中尽可能地避免操作设备的动作方向和相关控制系统动作方向之间的相互矛盾。应最大限度地实现操作设备和控制系统的标准化，最大限度地实现它们在以不同牵引形式为动力的车辆上布局的标准化（信号灯和信号设备的图示和颜色参见 UIC 规程 640）。经常操纵的手把，还有与手和前臂接触的表面要衬有不传热材料。

1. 主要操作设备类型

① 显示牵引力、制动力、速度和司机室内信号的中央装置；

② 位于车体一侧用于显示和转换地面信号控制设备的装置。

需要如下安装尺寸：

- 中央装置：　　宽 400 mm

　　　　　　　　高 255 mm

　　　　　　　　深 200mm

- 侧面装置：　　宽 228 mm

　　　　　　　　高 216 mm

　　　　　　　　深 180 mm

为满足装配目的，应包括大约 100 mm 的额外深度，这取决于连接类型。

车载通信设备和无线电话的箱体外壳需要如下尺寸：

　　　　　　　　宽 160 mm

　　　　　　　　高 240 mm

　　　　　　　　深 160 mm

不论是否装在箱体内，听筒既用于车内的通信，也用于无线电话。

2. 主要操作设备的功能

主要操作设备的功能如下：

① 换向器决定运行方向，用作特殊目的的与运行方向无关的中间位置可以处于两端之间；

② 主控制器调节牵引力，主控制器制动转换组也控制制动；

③ 分路控制器调节牵引电机励磁；

④ 速度显示调整器（调速控制器）预先设定行车速度，然后行车速度由牵引装置自动监视。

注： 上述装置可以设计成完全联锁，它们也可以结合成为一个装置。

⑤ 司机制动阀用于进行连续的空气制动；

⑥ 直接作用制动阀用于进行直接作用制动；

⑦ 如果不是由司机制动阀一起控制动态制动与空气制动，那么单独的制动调整器（在装备的地方）用于进行动态制动（参见 UIC 规程 541.03 和 544—2）；

⑧ 停车闸控制装置（手闸或弹簧闸）用于进行牵引装置或驾驶拖车的全部或部分制动。

操纵台上的换向器应由一单臂控制杆组成。控制杆的旋转轴应与控制台顶部垂直或者与车辆的纵向轴水平且垂直。

主控制器或主控制器制动转换组必须采用轮的形式或控制杆的形式。采用轮的情况下，轮的旋转轴应该垂直于司机或稍微向司机倾斜。采用控制杆的情况下，控制杆的旋转轴位置与上述情况相同，否则与车辆的纵向轴水平且垂直。在后一种情况下，控制杆可以在枢轴上最大转动 150°，并且对控制杆弧形部分的定位应使控制杆的操作尽可能容易。一种特殊的控制杆由一个精确的沿直线移动的滑动部件组成。主控制器应该以司机容易确定控制设备位置的方式布置。

在使用主控制器/制动转换组的地方，用于牵引和制动的凹槽分别被布置在中间位置的每一侧，应采取适当的设计方法防止从一种模式到另一种模式的意外动作（例如：在中间位置安装一定位器）。

高速列车牵引装置中的主控制器应设计成控制杆，并且有一用于紧急制动的额外位置（EB 位置）。通过将控制器的控制杆拉向司机来达到 EB 位置。紧急制动凹槽应该明显区别于控制杆上其他位置的凹槽。控制机构的设计可使它易于从某一中间位置拆卸下来。当采用轮时，建议中间位置的标注设在六点钟的位置。

对于其他控制机构，如果应用分路控制器，相应的操作装置应为单臂控制杆，并且其旋转轴应与主控制器或主控制器制动转换组的旋转轴平行。如果应用速度显示调整器（调速控制器），操作装置可以是一旋转的球形手把，一滑动手把，或一控制杆，其旋转轴应与主控制器的旋转轴平行。连续直接作用和动态空气制动操作装置（参见 UIC 规程541—03 OR 和 544—02 OR）。

3. 操作设备组成

1）旋转轴与车辆纵向轴水平且垂直的控制杆

当用控制杆时，其转动范围不得超过 150°并且控制杆弧形部分的定位应使控制杆的操作尽可能容易。

2）用于停车制动的操作设备

如果停车制动是手闸，则操作设备采用轮式旋转轴或曲柄手把。

轮式旋转轴或曲柄手把的旋转轴应水平或垂直。

手闸的操作设备应能固定在制动位置。

如果停车制动是弹簧闸，必须清楚标明"制动缓解"或"制动"的位置，例如：当闸的控制杆带有棘轮机构或转换开关时，依靠与极限位置相对应的题字方式；当使用按钮控制杆或转换开关时，依靠视觉显示的方式。

3）换向器 – 主控制器制动转换组

换向器 – 主控制器制动转换组动作方向如下。

（1）换向器

当控制装置推向前窗（离开司机）时，车辆向前运行。

当控制装置向后拉，即朝向司机时，车辆向后运行。

（2）主控制器或主控制器制动转换组

假如使用轮子，顺时针转动轮子，牵引力增加。如果转换组是主控制器/制动型，通过自中间位置逆时针转动轮子获得制动力。

假如使用控制杆，向前推控制手把（不考虑旋转方向），牵引力增加。如果转换组是主控制器/制动型，通过将控制手把自中间位置拉向司机身体获得制动力。

4）其他操作设备

（1）分路控制器

当分路控制器采用独立开关时，像主控制器一样，以同一方向移动控制杆增加牵引力。

（2）速度显示调整器

速度显示调整器（调速控制器）的动作方向必须与相对应设计的主控制器的动作方

向一致，不考虑装置是用轮（或转盘）还是控制杆（或滑杆）。换言之，牵引力的增加与速度的增加匹配。

但是，如果主控制器是由轮进行操作，并且速度显示调整器是由控制杆进行操作，轮的旋转轴和控制杆的旋转轴平行，那么增速必须通过沿对于主控制器而言使牵引力增加的方向移动控制杆来获得。

4. 自动连续制动、直接作用制动和动力制动的控制

有关自动连续制动和直接作用制动的动作方向采用 UIC 规程 541—03 的规定。

当动力制动备有独立控制时，动力制动也采用规程 UIC 规程 541—03 的规定。

5. 停车制动控制

当停车制动是手闸时，通过顺时针转动轮子或手把来施加停车制动。

主要的控制应该设置在司机的左侧或右侧，这样即使当司机透过最近的车窗观察其列车的后部或观察调车信号时也能操作主控制器和制动控制器。当然，制动控制器必须设置在该车窗的同一侧。

如果在上述观察位置（例如，在调车移动中），司机不能操作主控制器和/或制动设备，与主控制器和/或制动设备完全相同的辅助控制器必须安装在近侧窗处。

停车制动控制器，包括其视觉指示器（如有）应安装在司机室内易于接近和清晰可见的地方。

为高速列车设计的牵引装置上的前部信号装置必须具备如下功能：

- 关闭；
- 侧灯弱光；
- 侧灯强光；
- 前灯弱光；
- 前灯强光。

每组灯束中心线中的信号亮度应符合表 1.3 中的数值。

表 1.3　以烛光（cd）为单位的发光强度

灯组位置	侧灯弱光	侧灯强光	前灯弱光[1]	前灯强光
低处前灯	100	300/700	12 000/16 000	50 000/70 000
前部灯	50	150/350	12 000/16 000	12 000/16 000

注：[1] 光束的上限是在与水平中心线成向下 5°30′ 的位置。

建议采用开关来选择发光强度，且带有一控制机构，控制机构可以与开关一体，也可以不与开关一体，可以用开关在前灯强光或弱光之间或侧灯强光或弱光之间迅速选择，取决于开关的位置。必须用最小的控制设备来打开车灯，选择四种发光强度设置。

操纵台中的自动警戒装置应为 UIC 规程 641.0 中所示的四种设备提供一个（或两个）带两个位置的踏板。

第2章 CRH₁型动车组司机室

CRH₁型动车组有两个司机室，一前一后地分别位于动车组的Mc1和Mc2车上，便于列车的双向驾驶。列车司机室内部结构设计为司机提供一个安全性、功能性均良好的符合人体工程学的工作环境。司机室的设计还充分考虑到易于操作和维护，以及避免对操作人员的伤害和对系统的不正当操作。

司机室设计为一人操作，其空间只供一个司机工作使用。也可以容纳另外的添乘一人，但只提供一个折叠椅给添乘者使用。

司机室风挡玻璃视野宽阔，能见度良好。为防止冬天风挡玻璃上结冰，风挡玻璃上还装有前窗加热系统。风挡玻璃加热系统只对有司机的司机室打开和关闭。当列车驾驶员按下机车"前窗加热控制按钮"后，控制前窗电子加热电线的加热控制箱即开始工作。当外部温度达到6℃及以上时，或加热器连续工作超过两小时以上时，窗体加热系统会自动停止工作。

为保证司机的视野，风挡玻璃前还装有雨刷及冲洗器。雨刷和冲洗器速度控制有4级：关、时间间隔、普通速度及高速，其控制按钮在操作台上，司机可以控制雨刷的工作时间间隔。在控制按钮区有一个冲洗器控制按钮。该按钮按下去以后，冲洗器泵就一直处于工作状态。当雨刷处于常速状态时，冲洗器也会工作。冲洗器停止以后，雨刷会继续完成两轮刷摆工作才会停止（来回一次算一轮）。雨刷的时间间隔可以调节，每5～20 s可以完成1轮刷摆。在常速状态下，雨刷每分钟大概连续刷摆35轮；在高速状态下，雨刷每分钟大约连续刷摆55轮。当冲洗液槽中的水少于2 L时，IDU显示板上会有"冲洗液不足"的指示，这时需要添加冲洗液。只要列车没有处在停止状态且外部温度低于6℃，雨刷加热系统会启动。

司机室内主要设施有司机操控台、司机坐椅和两个电气柜，一个电气柜用于ATP设备技术设备，另一个电气柜用于乘务员设施和安全装备。

作为列车的驾驶和控制的中心，司机室内还有2个电源配电柜和2个ATP设备和牵引控制面板的配电柜。

司机室地板分为两个部分。司机操控台和司机坐椅位于地板前半部分。司机室地板的后半部分有两个电气柜，容纳电气件和一些附件。电气柜K2旁设置有一个折叠坐椅。司机室后墙与客室之间有一个手动拉门，拉门设计成完整框架结构。乘务员通过此拉门进入司机室。从拉门里面使用门把手开门，从外面使用一个十字钥匙开门。司机室地板高于客室，客室到司机室之间有200 mm的台阶。司机室两边是包括窗框的玻璃钢侧墙。

为保证司机安全，司机室还备有逃生用绳，司机室逃生用绳预留了固定绳的位置，绳子放在司机室储藏柜中，每个司机室内一条。

2.1 司机室设备布置

2.1.1 司机室布置

司机室布置如图 2.1 所示。

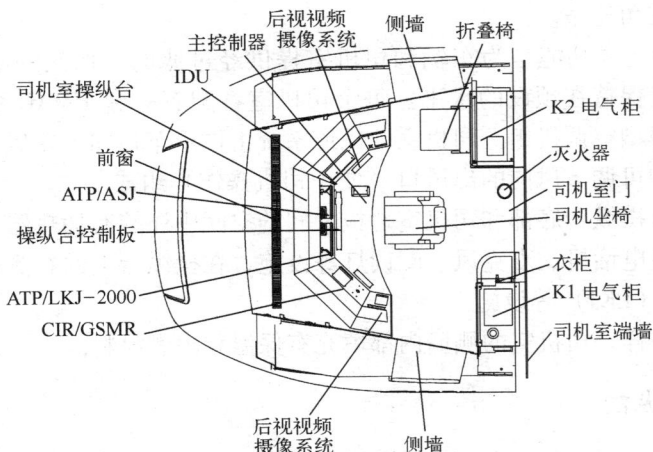

图 2.1　CRH₁ 司机室布置

在司机室的前部有司机操纵台，操纵台的前方有一块宽大的风挡玻璃，以保证司机的视野。在风挡玻璃的内侧上方有一块电动遮阳板，以遮挡太阳光的直射。操纵台上安装有驱动车辆和获取运行状态信息的所有设备。

操纵台后方有司机坐椅。司机室的左右两侧分别装有侧窗，以便司机观察列车两侧线路和月台的情况。在左右侧窗外部的后上方分别安装有后视镜摄像头，以便司机实现对整列列车的后视监控。

在司机室的后墙左右两内侧各有一个电气柜 K1 和 K2，分别容纳电气件和附件。在右电气柜 K2 的前面还安装有折叠椅，供添乘人员乘坐。在左电气柜 K1 的右侧还设置有衣柜，供司机使用。司机室和客室之间的墙体也作防火墙用，可以隔绝两个空间之间的火势蔓延。后墙上有一个客室电视支撑板。手动拉门是防火墙体的一部分，位于后墙的中部。门上有机械关门装置。

司机室的照明在司机室顶板中央。司机室照明包括一支安装在内顶内的灯具，有两只 18 瓦紧凑型荧光灯管。灯管与一个逆变器连接，逆变器安装在灯具内。司机室照明二位选择开关安装在入口门内右侧，无论驾驶室是否启用，驾驶室照明可通过一个二位选择开关打开。司机室顶板还设有通风口、旅客信息系统扬声器、光学烟雾/热度探测器等装置。

司机室顶板布置如图 2.2 司机室内顶板

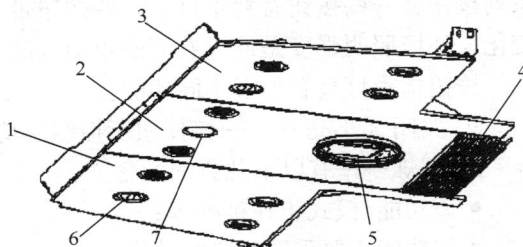

图 2.2　司机室内顶板

1—右顶板；2—中顶板；3—左顶板；
4—司机室格栅；5—顶板照明装置；
6—司机室通风口；7—扬声器

所示。

为降低司机室的噪声，司机室的顶板填有一层黑色的吸音呢绒覆层。

司机室的侧墙板为玻璃钢（GRP）。左右侧墙上各有一个室内取暖用的散热器。框架上设有热对流出风口。两块前侧墙板盖住操纵台和风挡玻璃之间的区域，一直延伸到顶板。后侧墙板从地板一直延伸到顶板。侧墙板上装有踢脚板、角压条和散热器罩。在内顶板和墙板之间覆有角压条。

HVAC 系统的主要功能是为车辆和司机室提供经过滤的、加热的或是冷却的车外空气，以使车内温度保持在预设的水平。每个司机室各配有一套 HVAC 系统。司机室顶部安放一台单独的薄型空调机组。司机室的风道系统由位于车顶和天花板之间的风道和位于司机室天花板上的可调节风向的出风口（便于司机操作）组成。

此外，在司机操纵台底部和司机室地板之间的空间中还装有加热器。在操纵台上的左侧板上还装有无线电话机、麦克风、阅读灯等设施，在操纵台上的右侧板上还装有 PIS 手持机、RT 手持机（LKJ）等设施。

和列车车厢一样，司机室的侧墙内都填充有保温和阻燃材料。

2.1.2 司机操纵台

司机操纵台位于司机室中央，是最重要的列车控制组件，驱动车辆和获取运行状态信息的所有设备都集中于此。操纵台需要考虑到所有的系统功能需求。驾驶员无须离开司机室，就可以方便可靠地得到所有的必要信息。牵引、ATP、车门、气候、照明、无线通信、广播等系统都应通过操纵台与司机接口。

司机操纵台基本包括两个电气柜，分别位于司机靠脚的左右两侧，其上盖有一个正对司机的带有控制器和面板的操作台面。这两个电气间隔柜包含支持控制面板功能的必要设备，如计算机装置、电源和布线。控制面板放置在柜体顶部的台面上（见图 2.3）。

列车实际运行的所有控制器和指示器都安装在控制面板上或者操纵台面上，以及左右侧的电气柜中。部件包括列车控制系统的显示单元（IDU）、ATP 和 PIS 系统、LKJ2000、列车无线通信（CIR）和后视视频摄像系统，以及带按钮、开关和指示灯的控制面板。

司机室包括六大面板，在这些面板上对各自相关的功能进行了归类。每个面板包括一系列按钮，一些按钮有背景灯，一些按钮带有指示灯。按钮灯光强度根据环境照明强度而变化，环境照明强度是通过右侧面板顶部的一个传感器来测定的。

按钮指示灯具有如下不同功能：

① 关闭（不亮）——该按钮所控制的功能/模式可以使用；

② 闪烁——有以下几方面的含义：

- 该功能/模式正在被处理；
- 该功能需要采取相应的动作；
- 该功能提供给司机使用；
- 功能失败。

③ 打开（点亮）——该功能处于活动状态。

根据重要性的不同，按钮指示灯分为不同的颜色，各颜色含义如下：

① 红色——表示一种报警状态或所激活的功能，可能会产生严重后果；

② 黄色——表示需要司机采取动作；

③ 绿色——向司机提供一种维护或正常模式。

图 2.3 和图 2.4 分别给出了司机操纵台和司机操纵台面的示意图。

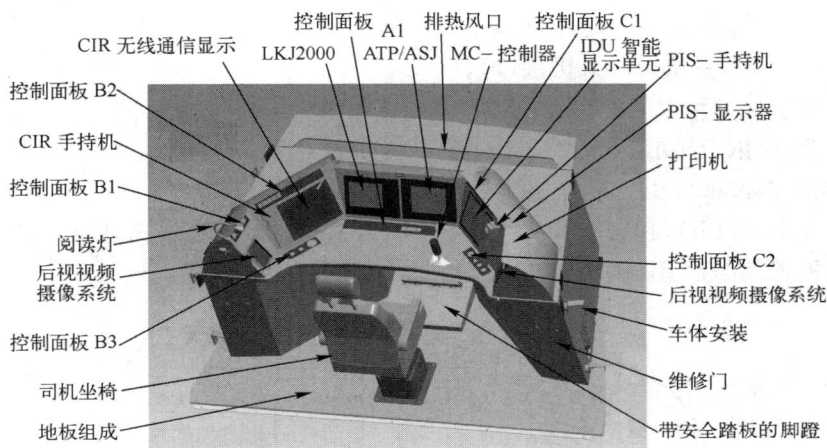

图 2.3　CRH₁司机操纵台

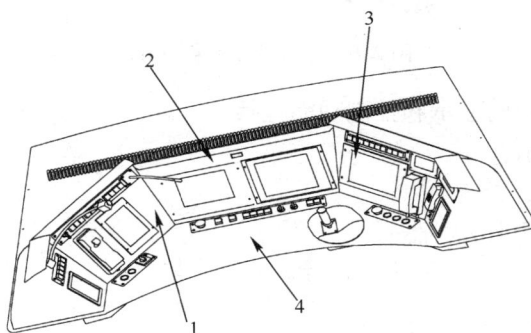

图 2.4　CRH₁司机操纵台示意图

1—左侧面板（B）；2—中央面板（A）；3—右侧面板（C）；4—司机操纵台面

1. 仪表板

仪表板由中央面板、左侧控制面板、右侧控制面板组成。

1）中央面板（A）

这块最为直观的面板位于操纵台的中部，正好位于司机的前方，为了保证司机有良好的前视角，面板的高度应尽量降低。由于面板 A 直接正对司机，操控单元位于这块位置重要的面板上，其中包含两个 MMI 面板，用于 LKJ2000、ATP 和速度/扭矩显示，如图 2.5 所示。

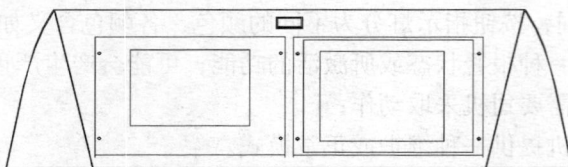

图 2.5 中央面板（A）

中央面板（A）包括以下显示功能：

- LKJ2000 显示 – 单元（人机接口）；
- ATP 显示 – 单元；
- 参考速度/扭矩显示。

2）左侧控制面板（B）

左侧控制面板（B）包含 CIR 无线电和 PIS 通信控制器、左后视监控器及两个用于列车控制功能的控制面板 B1 和 B2，如图 2.6 所示。

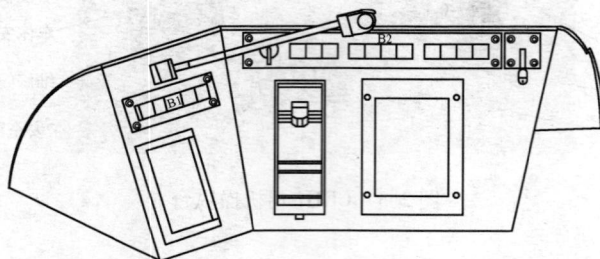

图 2.6 左侧控制面板（B）

左侧控制面板（B）的显示和控制功能包括：

- CIR 无线通信显示；
- 无线通信手持机；
- 左侧后视镜系统视频监控器；
- 控制面板 B1；
- 阅读灯（包括灯开关）；
- 控制面板 B2；
- PIS 系统鹅颈式麦克风。

控制面板 B1（见图 2.7）包含用于制动功能的按钮和指示灯。控制面板 B1 从左至右的功能包括：

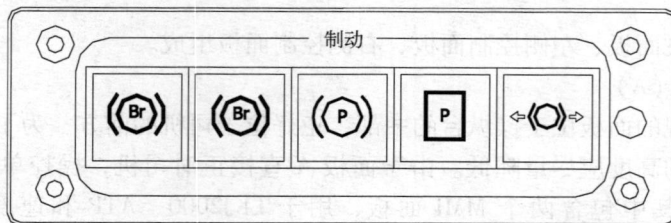

图 2.7 控制面板 B1

- 制动测试（IPB），指示灯绿色表示测试正在进行；
- 制动测试（IL），指示灯（IL）红色表示制动测试未获通过；
- 停车制动（IPB），指示灯绿色表示停车制动启动；
- 停车模式激活（IL），指示灯黄色表示"停车制动有效"；
- 保持制动（IPB），指示灯绿色表示"保持制动启动"。

控制面板 B2（见图 2.8）包含用于列车控制功能、司机室内部控制功能和供电功能的按钮和指示灯。控制面板 B2 从左至右控制功能分三部分。

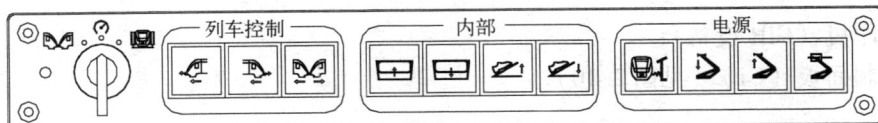

图 2.8　控制面板 B2

（1）列车控制功能

① 自动速度调节（ASR）（三位开关 – 脉冲）：

- 连挂速度；
- 清洗速度。

② 前车钩扣盖打开/车钩伸出（IPB）正常，绿色。

③后车钩扣盖打开/车钩伸出（IPB）正常，绿色。

④ 解钩请求（IPB）黄色。

（2）内部控制功能

① 遮阳板（PB）升起，绿色；

② 遮阳板（PB）放下，绿色；

③ 脚踏板（PB）升起，绿色；

④ 脚踏板（PB）放下，绿色。

（3）电源控制功能

① 外部电源连接（IL），指示灯绿色；

② 切断高压（降下受电弓），指示灯黄色；

③ 启动高压（起升受电弓），指示灯黄色；

④ 过分相（IPB），指示灯黄色。

3）右侧控制面板（C）

右侧控制面板（C）包含 IDU、CIR 无线电和 PIS 通信控制器、右后视监控器和一个用于列车控制功能的控制面板（C1），如图 2.9 所示。

右控制面板（C）上包含的功能为：

- IDU 信息显示单元；
- PIS 手持机；
- RT 手持机（LKJ）；
- 右侧后视系统的视频监控器；
- PIS 显示器（中文）；

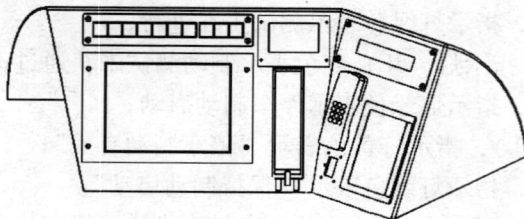

图 2.9　右侧控制面板（C）

- 打印机（CIR 设备）；
- 控制面板（C1）（见图 2.10）。

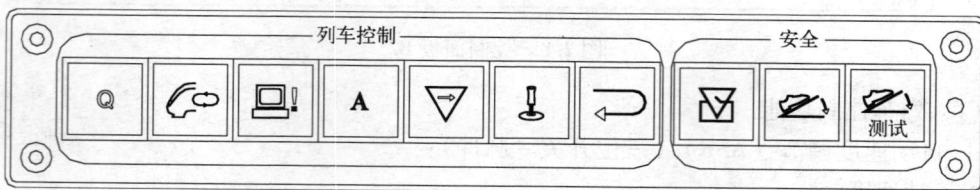

图 2.10　控制面板（C1）

控制面板（C1）自左至右的功能：列车控制，安全。

（1）列车控制

① 静音 A 级故障报警（IPB），指示灯黄色；

② 循环模式（IPB），指示灯绿色；

③ 微机故障（IL），指示灯红色；

④ 停车故障（IL），指示灯红色；

⑤ 旁路乘客紧急制动（IPB），指示灯红色；

⑥ 操纵杆操作模式（PB），指示灯绿色；

⑦ 倒车（IPB），指示灯红色。

（2）安全

① 安全环回路断开（IL），指示灯红色；

② DSD 报警（IL），指示灯黄色；

③ DSD 模式选择器（IPB）指示灯红色。

2. 台面板

1）操纵台面

操纵台面支撑了操纵控台，并提供了书写空间，设计符合人体工程学。操纵台面前边缘设有出风口，出风口正对风挡玻璃。操纵台箱体前侧的散热器从出风口散热。

控制台面包含：

- 左侧控制面板（B3）；

- 中间控制面板（A1）；

- 主控控制器；
- 右侧控制面板。

2）左侧控制面板（B3）

左侧控制面板（B3）包含门控制按钮和司机钥匙，如图 2.11 所示。

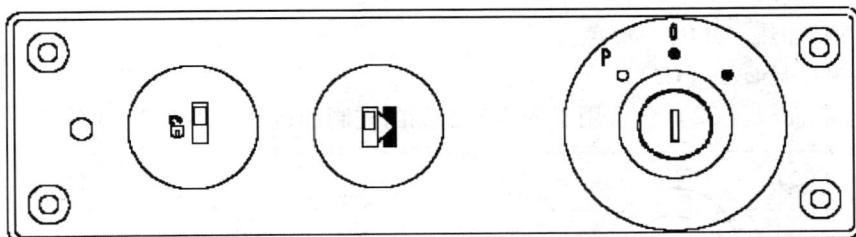

图 2.11　左侧控制面板（B3）

其功能自左至右为：

① 按钮亮（黄）表明"释放左侧车门"，释放左侧车门意味着左侧的所有门都可以被处于出口处的乘客自行打开和关闭；

② 按钮亮（绿）表明"关闭左侧车门"，意味着关闭左侧的所有车门并取消释放。

③ 司机钥匙开关。

3）中间控制面板（A1）

中间控制面板（A1）包含用于 PIS、列车和司机室功能的按钮和指示灯，如图 2.12 所示。

图 2.12　中间控制面板（A1）

中间控制面板（A1）功能自左至右为：汽笛，门，PIS－组，开关，风挡玻璃。

（1）汽笛

汽笛（PB），黄色。

（2）门

① 离站就绪（IPB），绿色；

② 启用低站台踏板（IPB），黄色；

③ 打开释放门（PB），红色。

（3）PIS－组

① 广播（PB）绿色；

② 占线（IL），指示灯，绿色；

③ 紧急广播（IPB），红色；

④ 旁路乘客紧急制动（IPB），红色。

（4）开关

① 头灯开关（五位）；

② 雨刷和清洗器控制开关。

（5）风挡玻璃

风挡玻璃加热（IPB），绿色。

4）右侧控制面板（C2）

右侧控制面板（C2）包含用于安全和右侧门控制的按钮，如图 2.13 所示。

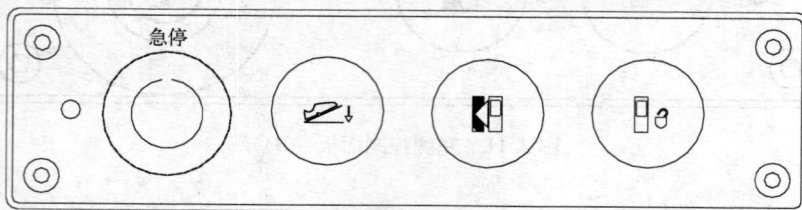

图 2.13　右侧控制面板（C2）

右侧控制面板（C2）功能从左至右为：

① 紧急停车（PB），红色；

② 司机安全装置（PB），红色；

③ 关闭右侧门（IPB），绿色，关闭右侧的所有车门并取消释放。

④ 释放右侧门（IPB），黄色，释放右侧车门意味着右侧的所有门都可以被处于出口处的乘客自行来打开和关闭。

5）主控控制器

主控控制器（见图 2.14）是列车操作的主要控制手柄，是一个可进行 16 个档位操作的操控杆。司机通过主控控制器控制列车在不同牵引模式下的速度、运行制动和紧急制动。具体功能见"列车控制系统"和"TRS 主控制器"等相关章节。

主控控制器安置在操纵台面的右手侧，靠近控制器的位置为司机提供了一个软质绝缘材料的手垫（例如带腕部支撑的鼠标垫）。

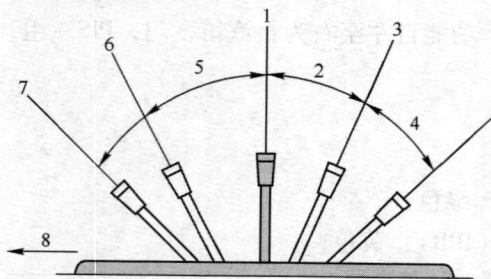

图 2.14　主控控制器

1—空档（"0"）；2—速度递减三步幅，弹回到"向前驱动"位；3—向前驱动位；
4—速度递增三步幅，弹回到"向前驱动"位；5—制动 7 步幅；6—常用全制动；
7—紧急制动；8—朝司机方向

按处于空档位的操控杆顶部的锁定按钮时，操控杆就到了"向前驱动"位。自此位向前移是加速，向后移是减速。将操控杆从 0 位向后拉到 7 位可实施常用制动，向后拉过 7 位即启动紧急制动。

3. 柜体

司机操纵台的主体是两个电气柜，一左一右地分别位于司机脚的两侧，并支撑整个操纵台面和仪表板。电气柜箱体构成操纵台的整体框架，并固定在地板和司机室前侧和两侧的结构件上。

列车最重要的控制组件，如牵引、ATP、门、气候、照明、无线通信、广播等控制系统都在电气柜中与操纵台面和仪表板相连。司机操纵台包括了尽量多的计算机单元，以减少到操控台的电缆走线，并通过操纵台与司机接口。箱体密封并按照防火要求通风。

司机操纵的控制系统分别装在左右两个电气柜中。

1）左侧电气柜

左侧的电气柜装有以下设备：

① 短路器、继电器、接触器；

② DC 110 V/DC 24 V 500 W 开关电源模块；

③ 电缆接插板；

④ 端子排；

⑤ AC 230 V 电源插座；

⑥ 扬声器；

⑦ 脚踏板加热器开关。

2）右侧电气柜

右侧的电气柜装有以下部件：

① 数字混合输入/输出单元；

② 模拟混合输入/输出单元；

③ 旅客信息系统控制盒；

④ 端子排；

⑤ 雨刷继电器；

⑥ 电缆插接板。

左右柜体及脚踏板正前方有六个散热器为司机室供热。箱体上设有两个检查门，以方便维修检查和保险丝复位。

4. 脚踏板

在司机前方，前面板之下，两个电气柜箱体之间还装有一个带安全踏板的脚踏。为了给不同司机提供符合人体工程学的工作环境，脚踏高度可调，即可通过左侧面板上的两个电动按钮操作控制其上下移动。在脚踏板上还装有加热器，脚踏加热器叶片的额定功率值为 140 W。

在脚踏板上和右控制面板（C1）上都装有 DSD 设备（司机安全系统，见图 2.15）。如果司机未能确认他在司机室，DSD 系统会将列车停止。这种对司机在场的确认可以通过一个踏板或一个按钮实现。

1）DSD 设备

DSD 设备包含司机操纵台右控制面板（C1）上的按钮和脚踏板的一个踏板。由 TC CCU进行监测和控制。

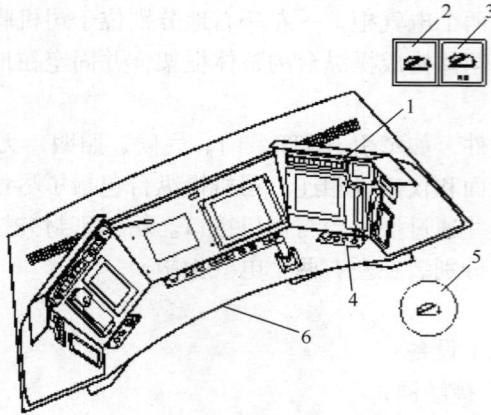

图 2.15　司机操纵台上的 DSD 设备

1—C1 面板；2—"DSD 模式选择器"按钮；3—"DSD 警告"指示灯；4—C2 面板；
5—"DSD 确认"按钮；6—"DSD 确认"脚踏板

其中"DSD 模式选择器"按钮仅在 DSD 功能测试时使用。

需要启动 DSD 时，"DSD 警告"指示灯与一个声频信号一起使用以提示司机。

按"DSD 确认"按钮表示已注意到。

"DSD 确认"踏板有三个档位，完全踏下、中间档位和完全释放。为了显示已警觉到，脚靠必须保持在中档位上。

踏板和按钮可以分别单独使用，使用其中的一项就足以表示出对警告的确认。

2）监控和操作

正常运行期间，司机必须保持将脚靠踏板置于中间档位，或每隔小于 50 s 的间隔就按一次 DSD 按钮。如果做不到这点，司机就会收到要求采取措施的信号："DSD 警告"指示灯开始闪亮，3 s 后，蜂鸣器响起。司机这时应使用脚踏板或司机操纵台上的按钮进行确认。如果 7 s 后没有确认，DSD 会启动列车紧急制动。这时司机必须通过脚踏板或司机操纵台上的按钮进行确认，以缓解紧急制动。

DSD 测试只能在静态情况下进行。具体操作如下：

① 将主控控制手柄置于"0"位；

② 按"DSD 模式选择器"按钮；

③ 等候由指示灯和蜂鸣器指示的报警；

④ 当紧急制动启动后，IDU 显示出"DSD 紧急制动"，可使用脚踏板确认；

⑤ 当司机显示器显示出测试完成后（8700），再次按"DSD 模式选择器"按钮；

⑥ 使用 Q 按钮对 8700 进行确认。

2.1.3　电气柜

1. 尺寸与布置

　　靠近司机室后端墙有两个电气柜——K1 和 K2，分别置于门的两侧，内部装有技术设备，如图 2.16 所示。左边电气柜 K2 内主要由灯系统设备、救援装置、司机的个人物品，以及紧急、安全和维修设备组成，其架构如图 2.17 所示。右边电气柜 K1 内全是电气设备，其架构如图 2.18 所示。

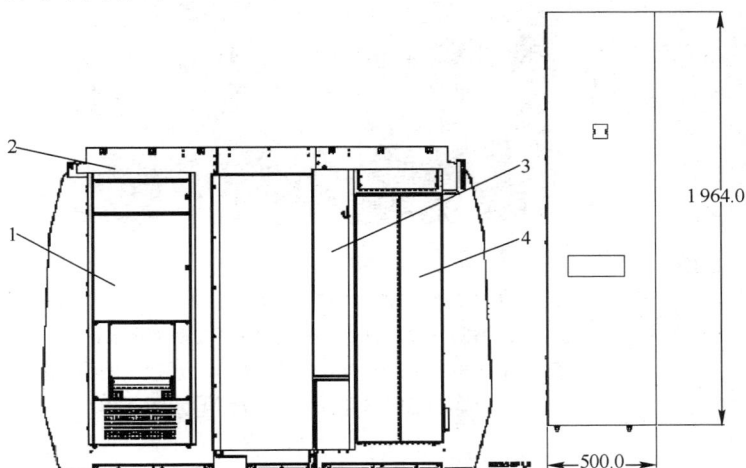

图 2.16　电气柜

图 2.17　电气柜 K2 构架

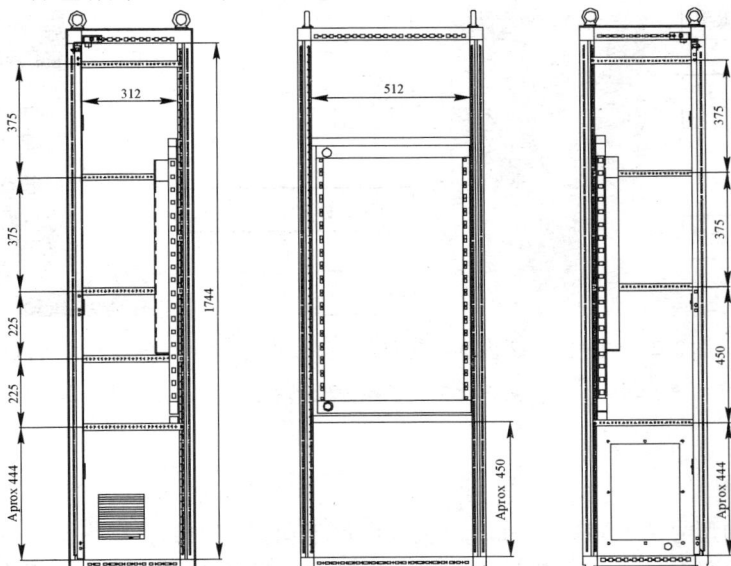

1—电气柜 K2；2—司机室端墙；3—衣橱；4—电气柜 K1

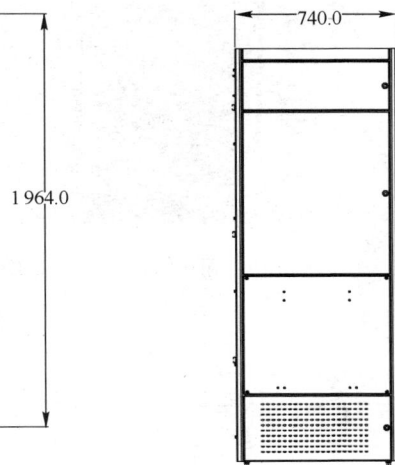

图 2.18　电气柜 K1 构架

2. 功能

　　司机室内的电气柜的功能主要是安放电器装置。图 2.19 给出司机室内的电气柜 K1

内部情景；图 2.20 给出司机室内的电气柜 K1 上的控制面板情况。图 6.21 给出司机室内的电气柜 K2 内部电气布置；图 6.22 给出司机室内的电气柜 K2 内部的情景。

图 2.19　司机室内的电气柜 K1

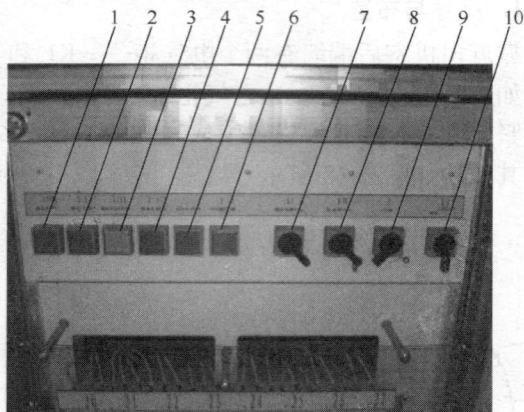

图 2.20　电气柜 K1 上的控制面板

1—蓄电池开关 OFF（关）；2—蓄电池接触器 ON（开）；
3—辅助压缩机 ON（开）；4—手工防冻排水；
5—外部三相连接；6—IDU 复位；7—动力制动切断开关；
8—安全回路超越控制开关；9—ATP 切断开关；
10—牵引开关

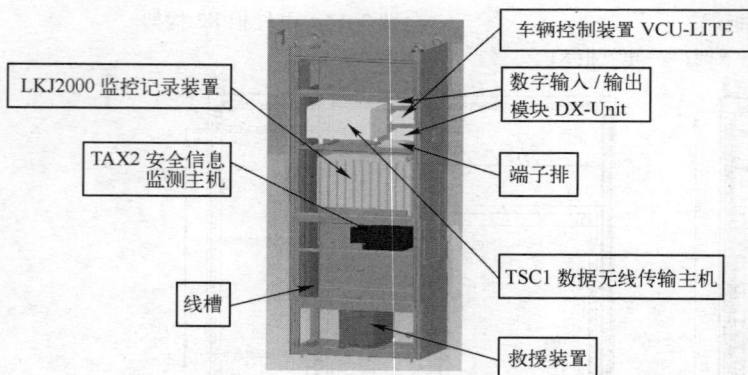

LKJ2000 监控记录装置

TAX2 安全信息监测主机

线槽

车辆控制装置 VCU-LITE

数字输入 / 输出模块 DX-Unit

端子排

TSC1 数据无线传输主机

救援装置

图 2.21　电气柜 K2 内部电气布置

图 2.22　司机室内的电气柜 K2

2.1.4　坐椅

1. 司机坐椅

司机坐椅的型号为 FA416E—1 。司机坐椅位于司机室中部，操纵台的前方。坐椅安装在一个固定于地面台座上的可旋转和可调高度的升降装置上。台座采用两个快速释放锁扣安装。司机坐椅和可调节脚靠的设计使司机调节后的坐椅位置尽量符合人体工程学，能够对司机坐椅坐垫进行臀部支撑和角度的调节。图 2.23 给出了司机坐椅的外貌图；图 2.24 给出了司机坐椅调整控制图。

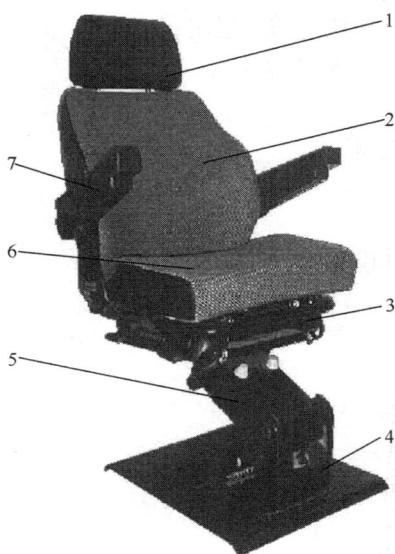

图 2.23 司机坐椅外貌
1—头靠；2—坐椅靠背；3—坐椅固定导轨；
4—座台；5—转轴；6—座；7—扶手

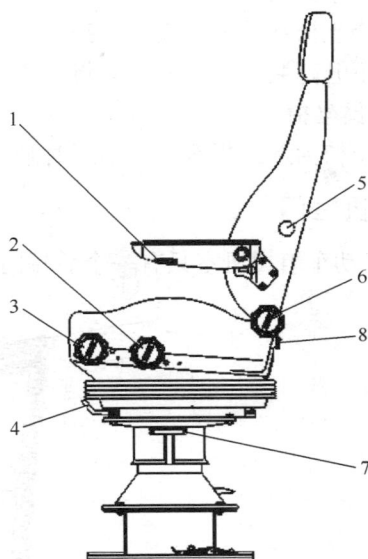

图 2.24　司机坐椅调整控制图
1—扶手角度调节器；2—坐椅倾斜调节器；3—坐椅高度调节器；
4—坐椅向前/向后滑动；5—腰部支撑调节器；6—靠背倾斜调节器；
7—坐椅 + 升降装置上 – 下调节器；8—高度限制器

　　司机坐椅高度限制器（8）能够对坐椅进行三种模式的设置：
　　① 模式 N——全部弹簧行程（杆靠右）；
　　② 模式 2—受限的弹簧行程（杆在中间），当司机频繁地入座离座时采用；列车正常运行期间应采用此种模式。
　　③ 模式 3—锁闭的弹簧行程（杆靠左）。模式 3 用于交付/运输，从安全的角度考虑，列车正常运行期间不应采用此种模式。
　　使用升降装置（7）的手柄、和/或轮子（3）可对坐椅进行升降调节。使用升将装置上的手柄（7）调节坐椅高度时，坐椅的高度可调量达 5 cm。提升坐椅时，坐椅上不能有载荷（司机不能坐在上面）。
　　轮子（3）是一个组合轮，可对高度和弹簧行程分别进行调节。使用转动坐椅两侧的前轮进行调节时，驱动力小，所以需要转许多圈。坐椅高度可调量达 10 cm。
　　通过向上、向下拉，可对头靠进行纵向调节。
　　通过转动轮子（6），背靠可以向前或向后倾斜。
　　通过轮子（5）可对腰部支撑进行调节。
　　通过转动轮子（2）可调节坐椅的倾斜度，包括坐垫和背靠向后和向前的倾斜。
　　通过转动各自扶手下边的轮子（1）对扶手进行纵向调节。扶手可以手工向后折起。
　　可以顺时针或逆时针轻推坐椅，使之转到你想要的方向。注意：转动司机坐椅时，务必将扶手折起来，以避免损坏到司机操控台和扶手。坐椅设两个固定位置，一个面对司机操纵台，另一个面对乘客室。

通过升降坐椅垫前方下面的锁扣（4）可以将坐椅沿导轨向前向后滑行。

通过按下升降装置后面的锁扣将坐椅和升降装置上提，卸离基座。

2. 乘务员坐椅

乘务员坐椅为新式折叠椅，不用时翻上，用时翻下即可。

2.1.5 司机室门

CRH1 型动车组司机室只有一个后端门，没有间隔门和维修门，如图 2.25 所示。

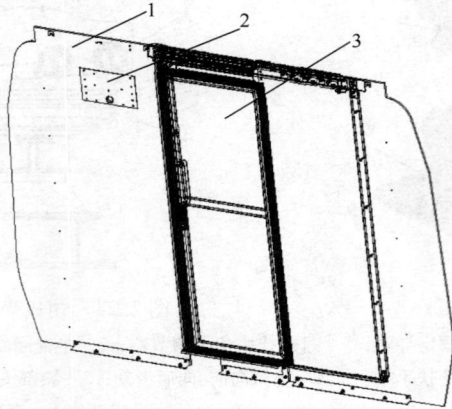

图 2.25 司机室端墙和司机室门
1—司机室端墙；2—客室电视支撑板；3—司机室门

在司机室与客室之间有一个手动拉门。司机室手动拉门是防火墙体的一部分，门上有机械关门装置。

司机室手动拉门尺寸：高度 2 000 mm；宽度 550 mm 。

1. 司机室门的结构

CRH1 司机室门为 MY550AP3 系列门，是 BSP 公司为中国铁路 EMU200 车上安装的司机室手动移门，其结构示意图如图 2.26 所示。门扇采用铝合金框架加铝蜂窝材料的复合结构，其优点是重量轻、强度高。门系统的运动承载机构具有结构简洁、运动阻力小、安装方便，可靠性高等优点。

1）门的安装尺寸

门框宽：（640±1）mm；

门框高：（2 000±1.5）mm（从地板面起）；

门框对角线误差：≤3 mm；

通过净宽度：550 mm；

通过净高度：2 000 mm。

2）门扇主要尺寸参数

门扇宽：736 mm

门扇高：2 054 mm。

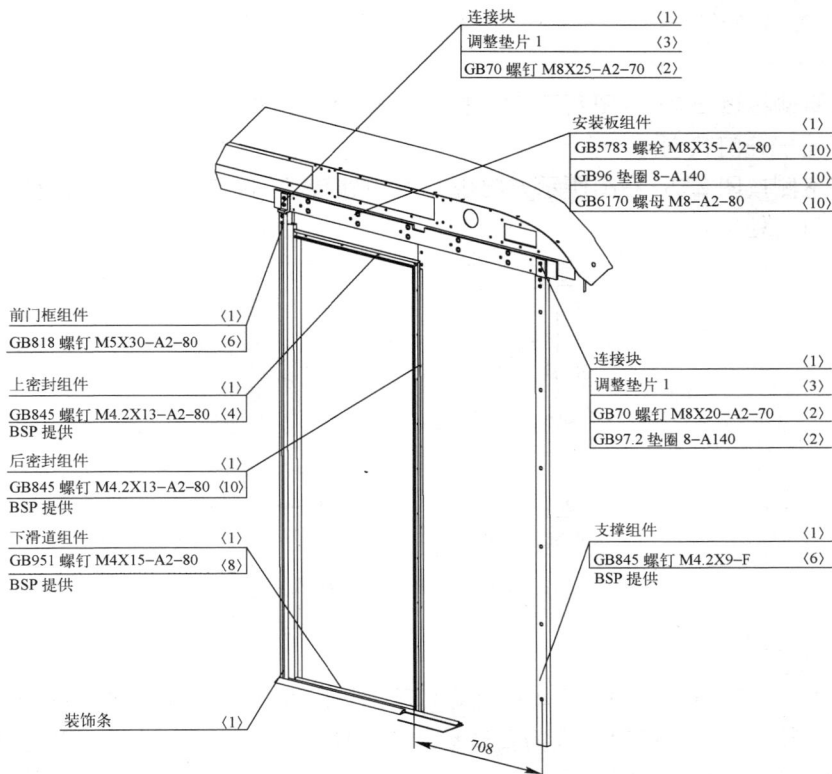

图 2.26　司机室门结构示意图

2. 司机室门的使用方法

使用前操作者应详细了解 MY550AP3 系列司机室门的主要结构（其异轨结构示意图见图 2.27）、动作原理，熟悉操作方法和日常保养等知识，避免错误操作造成人为故障。

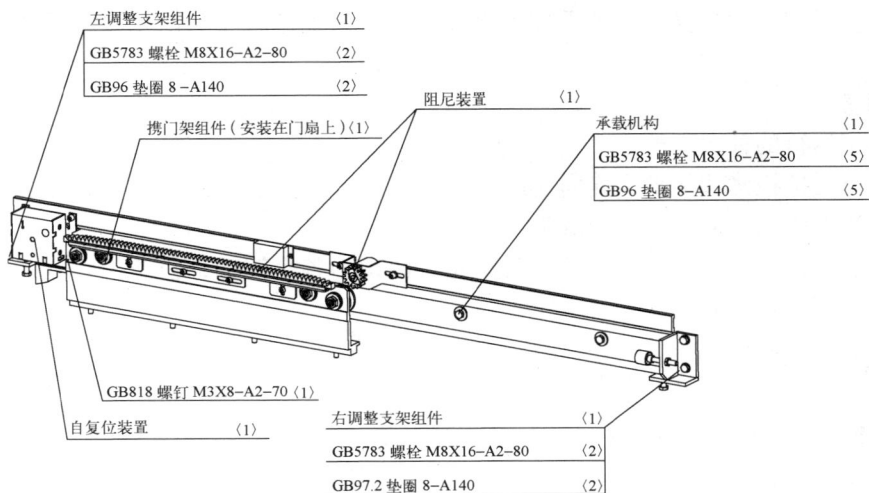

图 2.27　司机室门导轨结构示意图

1）开、关门操作方法

（1）开门

在司机室侧按图 2.28 左图所示方向转动门锁手把约 25°将门锁打开后，将门扇推到底，使门扇处于开门状态。

在乘客室侧按图 2.28 右图所示方向用专用钥匙转动门锁芯，解锁后拉动拉手将门扇推到底，使门扇处于开门状态。

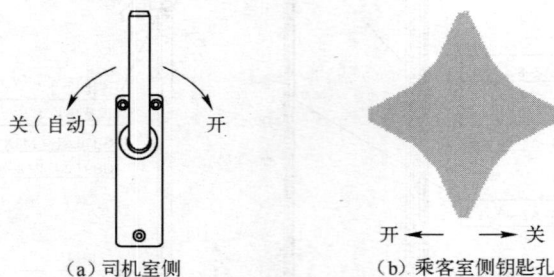

关（自动）　　开

（a）司机室侧

开　←　→　关

（b）乘客室侧钥匙孔

图 2.28　司机室门开、关门操作示意图

（2）关门

门打开宽度大于 350 mm 时关门动作自动实现；小于 350 mm 时需手动将门拉至关门位置。

注意：①转动门锁手把时，只需要转动约 25°即可，不要用力过猛，以免损坏门锁装置；②MY550AP3 系列司机室门仅在关门位置有锁闭功能，一般使门扇处于关门状态，在列车运行过程中，尽量避免使门扇处于解锁状态。

2）日常维护保养

①门扇正反面都应保持清洁，并且应保证窗玻璃面干净、明亮。

②门扇的胶条及毛刷应保持清洁，避免油污。

③门锁手把及面板应保持清洁，没有影响表面光泽的油污。

④门锁手把转动应灵活，锁舌伸缩自如，不得有卡涉现象。门自复位及缓冲机构活动正常。

3）润滑

①列车运行的首次润滑。

②运行后按检修和维护保养周期进行润滑。

③润滑油脂：3#通用锂基润滑脂（GB/T 7324—2010）。

④润滑部位：上导轨与承载轮、防跳轮、门锁的各个转动部位、门自复位及缓冲机构的各个可见转动部位。

2.1.6　窗

1. 前窗

1）风挡玻璃结构与功能

司机室的前窗风挡玻璃（见图 2.29）的功能主要有：司机通过司机室的风挡玻璃可

向前看，并有宽广的视野；防寒、隔音、挡风。另外，若万一有物体打碎风挡玻璃，窗保护膜应能保护司机免受碎玻璃伤害。

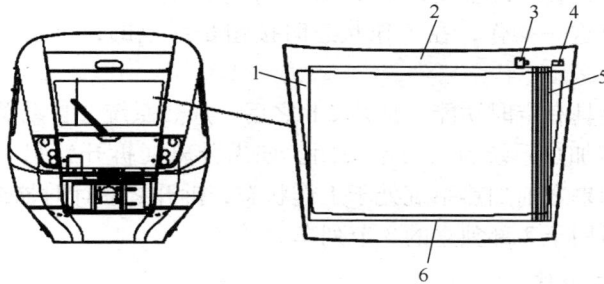

图 2.29 风挡玻璃外视图
1—风挡玻璃；2—丝网印刷；3—热循环连接器；4—标识；5—热循环；6—热循环区域

风挡玻璃结构如图 2.30 所示，风挡玻璃由两块安全玻璃组成，通过 PVB 层压板连接到一起。1 层和 2 层为化工加强玻璃，夹层的抗压力强度为 250 MPa（黄色）。

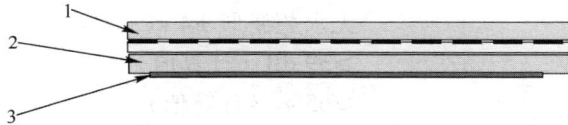

图 2.30 风挡玻璃结构图
1 和 2—化工加强玻璃；3—为防碎层

内窗玻璃板有一层车窗保护膜（防碎层）（红色），防止在发生事故或石头撞击前窗时，窗玻璃破碎并伤害司机。

外窗玻璃板的里面有一个环绕其边缘的一块黑色的丝网印刷。每块风挡玻璃有生产厂商、生产日期、序号、热输出、连接的电压和更换零件号标识。

风挡玻璃从外面连接到司机室。粘合接头可经受 ±4 kPa/4 s 外部压力变化，而无永久的变形。粘合接头可经受 −40℃～ +60℃ 的环境温度和 0%～ 100% 的相对湿度。粘合接头通过外窗玻璃内部的黑色丝网印刷防止紫外线辐射。

2）前窗加热系统

前窗加热系统在 1 层和 2 层之间，通过风挡玻璃左上角的一个分线盒（图 2.29 中 3）连接热循环。综合热循环保持风挡玻璃不结雪和冰。前窗电子加热电线是由置于前窗内的加热控制箱来控制的。当给出加热前窗的指令后，加热控制箱会打开加热线圈电路增加温度 +45℃，当温度降低 +35℃ 后，电路关闭。当司机在所驾驶的司机室按下"前窗加热控制"按钮后，控制前窗电子加热电线的加热控制箱将对列车的所有前窗都有效（包括多列车连挂时）。

当周围温度低于 +4℃，应该开启前窗加热系统。当周围温度达到或超过 +6℃，时，前窗加热系统自动关闭。

前窗加热系统的操作是一个闭环功能系统，先是在车厢端墙的温度计测温，然后是位于司机操作台上的"前窗加热控制"按钮，最后是置于司机室内的加热控制箱。当外部温度降低至4℃以下时，VCU（真空控制装置）就调整至"加热"状态，并发出信号激活前窗电子加热电线。直到外部温度达到6℃时，信号才消失。司机也可通过司机操作台上的按钮手动操作完成这一操作，在工作状态时按钮是绿色的，再按一下按钮就会切断电源，灯会灭掉。

前窗加热系统还具有定时功能，加热2 h之后，加热系统会自动关闭。如果连挂（对接）另一辆动车组，加热系统也会自动关闭。如果分离（拆开）另一列列车，设备仍会保持各自的独立。如果之前加热系统处于工作状态，拆开之后计时器继续计时。

以上所述同样适用于2部独立的3节列车。

3）风挡玻璃技术条件

能量传输	55%计算值
光传输	≥84%测量值
静止时 U 值	≤5.6 W/（m² · K）
热循环输出	≥7 W/dm²
热循环电压	AC 230 V ±23 V
外部压力变化	无永久变形 ±4 kPa/4 s
噪音减少	≥39 dB（计算值）
太阳系数	≥65%（计算值）
通过丝网印刷的紫外线辐射	<0.1%

4）风挡玻璃尺寸和重量

上宽度（上边缘）	2 112 mm
底宽度（下边缘）	1 764 mm
高度	1 755 mm
厚度	20 mm
重量	<115 kg

冲击试验会根据UIC 651标准进行，允许最大的列车速度为250 km/h。允许小碎片，但最好应做到完全防碎。

2. 侧窗

一个司机室有两个侧窗（见图2.31），包括左侧窗和右侧窗。司机室侧窗由隔热的中空玻璃组成。内窗用双层安全玻璃，玻璃板之间有夹层。外窗玻璃板的内部的边缘有一块黑色的丝网印刷。外窗玻璃板是安全玻璃。必要时，侧窗可用作紧急出口。

1）侧窗尺寸与结构

司机室侧窗的外观尺寸为700 mm×800 mm；净开度为600 mm×700 mm，可以自由进出，两个手柄用手动方式打开，上部手柄锁住微型开关的插销，这样司机室侧窗被锁住。侧窗外部尺寸为700 mm×800 mm×27 mm，重量为36 kg。

图2.31司机室侧窗所示的外窗框（2）和外窗玻璃板（6）与车体侧墙齐平。窗框由一个灰色的涂粉的铝型材构成，被连接到车体。车窗安装了铰链（1），可以打开。车窗有两

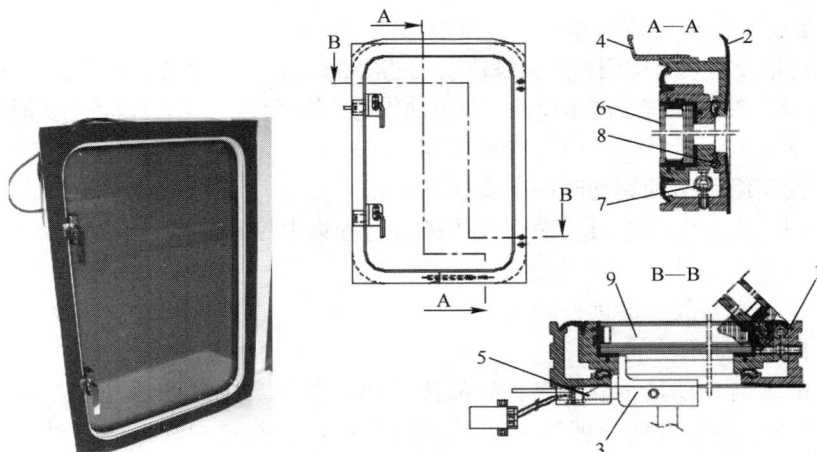

图 2.31　司机室侧窗

1—铰链；2—外窗框；3—手柄；4—滴水槽；5—微动开关；6—外窗玻璃板；
7—气体支杆；8—内橡胶条；9—折叠钩子

个手柄（3）。气体支杆（7）使车窗正常只能开大约45°。通过折叠钩子（9），可以让气体支杆脱离车窗，然后可完全打开车窗。窗框里的一个内置微动开关（5）检测车窗是否关闭或打开。列车开始启动时，如果侧窗没用上手柄关好，限位开关将会防止意外的发生。这时，手柄锁销会对微型开关起作用：对于启用的司机室，速度超过 2 km/h 后，会发出信号，并且 2 s 后渐灭；对于未被启用的司机室，当机车开始启动时，就会发出信号，并且2 s 钟后渐灭。

当列车处于非静止状态时，如 Mc1 司机室的一扇侧窗处于打开状态，IDU 显示板会显示"Mc1 机车侧窗未关"的 A - 故障。

当列车处于非静止状态，如 Mc2 机车的一扇侧窗处于打开状态，IDU 显示板会提示"Mc2 机车侧窗未关"的 A - 故障。

2）司机室侧窗技术条件

手操作　　　　　　50 N/每个手柄

能量传输　　　　　≤30%

光传输　　　　　　≥40%

静止时的 U 值　　≤1.9 W/（m² · K）

噪声减少　　　　　36 dB（A）

太阳系数　　　　　≤0.40

2.2　CRH1 车辆信息控制装置操纵界面

2.2.1　主要功能

（1）实现牵引和制动指令系统信息的传输，通过界面传输司机的控制指令。

（2）设备状态信息的显示和切除、复位功能

① 显示舒适设备（含空调和照明设备）、卫生设备、侧门、轴温报警装置、火灾检测报警装置、自动车钩、制动系统、高压设备、蓄电池供电、供风设备、牵引设备的实时状态信息。

② 显示动车组运行和停站时的关键数据。

③ 显示动车组牵引和制动时的主要技术数据。

④ 对侧门、主空气压缩机、牵引设备进行远程集中控制。

⑤ 通过 IDU 实施耐雪制动功能。

⑥ 对高电压设备故障的远程隔离。

（3）司乘人员提示功能

① 发生故障时自动显示故障名称、故障代码、部件及应急处理办法。对影响动车组运行及行车安全、需要及时处理的 A 类故障以红色显示并鸣响蜂鸣器；对不影响动车组运行但需要提示司乘人员注意的 B、C 类故障以黄色显示。

② 显示应急故障处理指南。

③ 显示两列动车组重联状态及联挂信息。

④ 显示最新故障信息。

⑤ 显示引起牵引受阻、速度限制和紧急制动的联锁条件信息。

（4）故障记录功能

① 显示实时发生的故障信息。

② 显示高电压设备、牵引系统、侧门、控制及通信设备、辅助供电、制动、空调、自动车钩、蓄电池、供风设备、卫生设备、火灾探测、轴温报警装置、旅客信息系统等发生故障的信息汇总。

③ 维修人员进行维修工作时显示动车组运行中所发生事件记录的功能。

（5）在动车组停车状态下实施车上试验功能

① 进行制动系统试验。

② 进行牵引控制试验。

③ 进行牵引系统自动或手动试验。

④ 进行控制灯和警报蜂鸣器试验。

（6）车载信息系统自诊断的功能

① 实现工作人员 ID 号修改。

② 显示动车组车载信息系统所有计算机的软件版本号。

③ 确保设备自身的正确工作，判断相关设备工作是否正常。

（7）其他功能

① 实现动车组车载信息系统主控复位的功能。

② 空调温度控制和照明控制。

2.2.2 司乘及维修人员登录使用车载信息系统的功能权限

1. 司机登录可实现的功能

① 诊断：警报记录、警报信息汇总（包括高电压设备、牵引系统、侧门、控制及通

信设备、辅助供电、制动、空调、自动车钩、蓄电池供电、供风设备、卫生设备、火灾探测报警装置、轴温报警装置、旅客信息系统）、故障报告。

② 设备状态信息显示和控制：系统概况（包括舒适设备、卫生设备、侧门、热轴、火灾检测报警装置、自动车钩、制动、高压设备、蓄电池供电、供风设备、牵引设备）、列车状态、启动、牵引/制动、联锁（包括牵引受阻、速度限制、紧急制动）。

③ 维修：设置。

④ 试验：制动试验、牵引控制试验、控制灯试验。

2. 维修人员登录可实现的功能

① 诊断：警报记录、警报信息汇总（包括高电压设备、牵引系统、侧门、控制及通讯设备、辅助供电、制动、空调、自动车钩、蓄电池供电、供风设备、卫生设备、火灾探测报警装置、轴温报警装置、旅客信息系统）、故障报告、事件历史。

② 设备状态信息显示和控制：系统概况（包括舒适设备、卫生设备、侧门、轴温报警装置、火灾探测报警装置、自动车钩、制动、高压设备、蓄电池供电、供风设备、牵引设备）、列车状态、启动、牵引/制动、联锁（包括牵引受阻、速度限制、紧急制动）。

③ 维修：设置、程序版本。

④ 试验：制动试验、牵引控制试验、控制灯试验、牵引试验。

3. 随车机械师登录可实现的功能

① 诊断：警报记录、警报信息汇总（包括高电压设备、牵引系统、侧门、控制及通信设备、辅助供电、制动、空调、自动车钩、蓄电池供电、供风设备、卫生设备、火灾探测报警装置、轴温报警装置、旅客信息系统）、故障报告。

② 设备状态信息显示和控制：系统概况（包括舒适设备、卫生设备、侧门、轴温报警装置、火灾探测、自动车钩、制动、高压设备、蓄电池、供风设备、牵引设备）。

③ 维修：设置。

2.2.3　IDU 菜单系统

司机室显示器是动车组各系统的数据和状态的主要显示仪器及向车载信息系统输入指令的装置，即 IDU（智能显示器），它还具有警报的显示和确认功能。

1. 操作模式

CRH1 型动车组的车载信息系统有关闭、主控、从属和停放四种工作模式。

1）关闭模式

关闭模式是 IDU 启动前的初始模式，也是关闭 IDU 时的模式（司机室主控钥匙转到零位）。此时，IDU 的背灯关闭，只有少数系统信号受到监控，可以通过触摸显示屏或转动司机室主控钥匙启动列车的方式启动 IDU。

2）主控模式

主控模式是主控司机室 IDU 的工作模式。IDU 被设置为主控模式而该列车内的其他 IDU 被设置成从属模式。在此模式下，用户可以使用所有的 IDU 菜单功能，可选择的菜单级别取决于登录级别，即登录的用户是司机还是维护人员。IDU 可以显示事件信息并能够对事件进行确认。

3）从属模式

除了主控司机室内主控 IDU 外的其他 IDU 的显示模式。用户能够选择的菜单功能只限于浏览其他车辆和本地车辆的限定信息。这类菜单功能包括事件记录、活动事件的列表、活动事件的概况和系统状态，但不能显示事件信息。

4）停放模式

IDU 只显示动车组在通电状态下停放制动模式的信息。

2. 菜单树结构

IDU 启动完成后，才可以使用 IDU 的各项功能。为了尽快地浏览到所选的信息，系统中的菜单设计为树形结构。根据 IDU 主控模式或从属模式、登录用户级别的不同，菜单树结构也有不同，具有以下功能：

① 提供给司机使用的是菜单树结构的核心功能，司机可以使用列车操控所需的所有功能；

② 随车机械师可以使用相当于从属模式下司机可以操作的所有功能，但不能选择运行或车站菜单功能；

③ 维修人员可以使用司机权限下的所有功能及维修所需要的附加功能。

3. 菜单布置

系统中的所有菜单都采用标准设置方式，每个菜单页的显示分割成不同的信息功能显示区域，如图 2.32 所示。

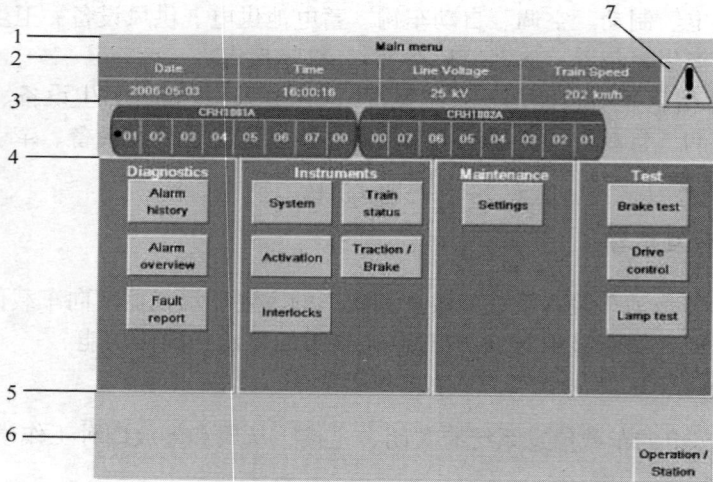

图 2.32 标准化的菜单信息显示区域布置

1—菜单标题；2—标题信息显示区域；3—列车配置信息显示区域；4—活动的事件菜单信息显示区域；
5—B 类警报信息显示区域；6—页脚信息显示区域；7—活动的事件图标

在标准化的菜单信息显示区中：

① 菜单标题指当前菜单的名字；

② 标题信息显示区域包含主要数据，如日期、时间、网侧电压、运行速度和活动事件图标，所有菜单均有此信息显示区域；

说明：活动事件的图标显示在标题信息显示区域的最右边，用以显示动车组上是否存在活动的事件。此图标一直显示在显示屏上，如果存在活动的事件就显示为黄色，否则显示为灰色。任何时候触摸此图标都可以直接进入活动事件的列表菜单。

③ 列车配置信息显示区域是动车组所有车辆的图形显示，包括动车组内车辆的数量、工作状态、事件状态等，几乎所有菜单都有此信息显示区域，特点如下：

- 主司机室图标上有一黑色圆点标识；
- 每个已启动网关的车辆/动车图标显示为蓝色并标有车辆/动车号码，而未启动网关的车辆/动车图标显示为灰色且无号码标识。通过触摸各车的信息显示区域选择各车辆，被选中的车辆图标显示为白色；当查看扩展事件详情时，车辆图标将显示出与事件的严重程度相对应的颜色。

④ 活动的事件菜单信息显示区域包含已选菜单的特殊信息，此信息显示区域与菜单标题一起依菜单功能的不同而有不同的内容；

⑤ B 类警报信息显示区域用于显示 B 类警报，显示最早的未被确认的 B 类警报。触按此信息显示区域，就会显示事件的扩展信息，使用此信息显示区域右侧的确认键对事件进行确认；

⑥ 页脚信息显示区域用于显示控制按钮，针对不同的菜单具有不同的使用功能；如果某一特定的控制按钮可用于多个菜单，它会一直显示在所有这些菜单的同一位置。

2.3　CRH₁ 型动车组应急故障处理

2.3.1　A 类报警

CRH₁ 型动车组车载信息系统中的 A 类报警表示动车组发生了严重的、可能会导致动车组停运的事件，司机应立即采取相应的应急处理措施。

A 类报警只在司机室的车载信息系统显示屏（IDU）上当前菜单信息的白色显示区域上显示，并显示相应的故障信息及所要求采取的故障处理措施，且故障报警蜂鸣器会持续鸣响，直到司机按下事件确认按键或按下司机操控台上的静音按钮为止。

司机必须对报警信息进行确认才能进入到下一级菜单。当动车组发生多个 A 类报警时，显示屏上只显示最早发生的未被确认 A 类警报。当最早发生的 A 类警报得到确认后，显示屏会顺序显示未经确认的第二个最早 A 类警报，依此类推。

图 2.33 为 A 类警报发生时的车载信息系统显示页面，各项作用如下。

① 该状态栏以红色显示发生 A 类报警的车辆。

②"事件发生信息"表示所发生的警报的种类、发生的起始日和时间、结束日和时间（如果警报已经处理或处于非激活状态）、受事件影响的系统。

③"补救措施描述"表示报警的信息、相应的部位、所应采取应急处理措施及可能产生的结果。

④"事件描述"包括故障编码、受事件影响的系统、受故障影响的车辆、故障信息描述。A 类报警发生时，该项报警状态栏以红色显示。

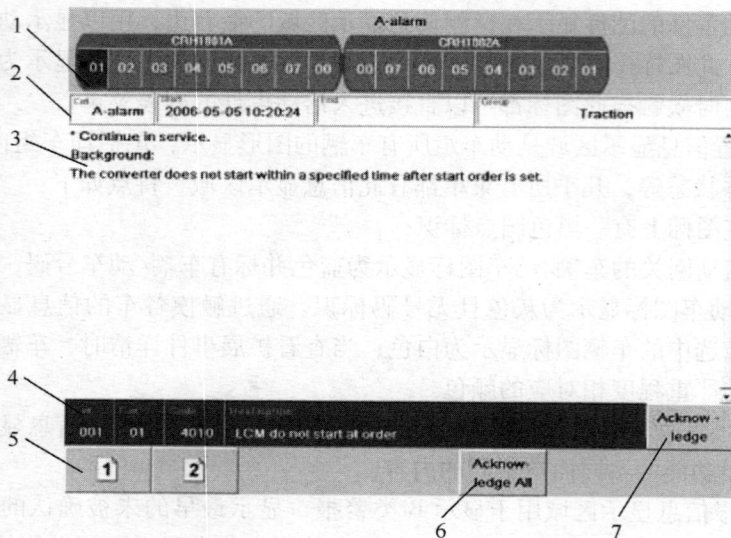

图 2.33　A 类警报事件显示

1—发生故障的司机室显示；2—事件发生信息；3—补救措施描述；4—事件描述；5—页面选择；
6—确认所有警报的按钮（只有维修人员可用）；7—特定警报的确认按钮

⑤ 司机对故障确认后，单击第 2 页按钮可进入第 2 页显示页面查看详细的信息。

⑥ 只有以维修人员级别登录时，才能使用"页面选择"功能进入第二页查看有关处理故障的进一步信息。

⑦ 此为报警确认按钮，操作人员在确认报警信息后，需单击此按钮对报警进行确认。

2.3.2　A 类报警故障处理办法

以下为 CRH1 型动车组车载信息系统中所有 A 类故障的报警信息及相应的应急处理办法。

1. 司机室侧窗打开（左侧）

① 故障代码：1001

② 行车控制要求：可以维持运行

③ 故障部位：动车组前部

④ 故障原因：

● 在列车行驶时，司机室侧窗打开；

● 限位开关故障。

⑤ 处理措施：关闭司机室侧窗。

2. 司机室侧窗打开（右侧）

① 故障代码：1002

② 行车控制要求：可以维持运行

③ 故障部位：动车组前部

④ 故障原因：

● 在列车行驶时，司机室侧窗打开；

- 限位开关故障。

⑤ 处理措施：关闭司机室侧窗。

3. 无命令解钩

① 故障代码：1320

② 行车控制要求：紧急制动停车检查

③ 故障部位：动车组前部

④ 故障原因（检测到快速意外解钩）：

- 启动意外解钩；
- 漏风；
- 机械故障。

⑤ 处理措施：

- 通知调度中心；
- 检查列车是否分离。

4. 1 号门紧急装置被启动

① 故障代码：1428

② 行车控制要求：停车处理

③ 故障部位：侧门

④ 故障原因：启动紧急装置，门被开锁

⑤ 处理措施：

- 检查相应车门是否被解锁或打开；
- 如果发生车门故障，采取手动关门及隔离措施。

5. 2 号门紧急装置被启动

① 故障代码：1528

② 行车控制要求：停车处理

③ 故障部位：侧门

④ 故障原因：启动紧急装置，门被开锁

⑤ 处理措施：

- 检查相应车门是否被解锁或打开；
- 如果发生车门故障，采取手动关门及隔离措施。

6. 3 号门紧急装置被启动

① 故障代码：1628

② 行车控制要求：停车处理

③ 故障部位：侧门

④ 故障原因：启动紧急装置，门被开锁

⑤ 处理措施：

- 检查相应车门是否被解锁或打开；
- 如果发生车门故障，采取手动关门及隔离措施。

7. 4 号门紧急装置被启动

① 故障代码：1728

② 行车控制要求：停车处理

③ 故障部位：侧门

④ 故障原因：启动紧急装置，门被开锁

⑤ 处理措施：

- 检查相应车门是否被解锁或打开；
- 如果发生车门故障，采取手动关门及隔离措施。

8. 5 号门紧急装置被启动

① 故障代码：1828

② 行车控制要求：停车处理

③ 故障部位：侧门

④ 故障原因：启动紧急装置，门被开锁

⑤ 处理措施：

- 检查相应车门是否被解锁或打开；
- 如果发生车门故障，采取手动关门及隔离措施。

9. 6 号门紧急装置被启动

① 故障代码：1928

② 行车控制要求：停车处理

③ 故障部位：侧门

④ 故障原因：启动紧急装置，门被开锁

⑤ 处理措施：

- 检查相应车门是否被解锁或打开；
- 如果发生车门故障，采取手动关门及隔离措施。

10. 1 轴左侧轴温超温

① 故障代码：2206，2214，2222

② 行车控制要求：停车处理

③ 故障部位：1 轴左侧轴箱

④ 故障原因：

- 轴承温度过高；
- 温度传感器故障；
- 轴温检测线路故障；
- 轴箱装置故障。

⑤ 处理措施：

- 立即采取停车措施；
- 监控 IDU 上轴箱系统菜单上的轴承温度；
- 下车检查显示有超温的轴箱；

- 如果轴承温度确实过高，则限速 20 km/h 运行到前方站，停车申请救援；运行途中密切监视故障轴承温度，必要时采取进一步限速措施；
- 如属轴温检测线路故障，则可继续维持运行，中途停站时加强对相应轴承温度的人工检测；
- 如属轴箱或转向架故障，则采取相应的处理措施；如遇危及行车安全的故障，立即申请救援。

11. 1 轴右侧轴温超温

① 故障代码：2207，2215，2223
② 行车控制要求：停车处理
③ 故障部位：1 轴右侧轴箱
④ 故障原因：

- 轴承温度过高；
- 温度传感器故障；
- 轴温检测线路故障；
- 轴箱装置故障。

⑤ 处理措施：

- 立即采取停车措施；
- 监控 IDU 上轴箱系统菜单上的轴承温度；
- 下车检查显示有超温的轴箱；
- 如果轴承温度确实过高，则限速 20 km/h 运行到前方站，停车申请救援；运行途中密切监视故障轴承温度，必要时采取进一步限速措施；
- 如属轴温检测线路故障，则可继续维持运行，中途停站时加强对相应轴承温度的人工检测；
- 如属轴箱或转向架故障，则采取相应的处理措施；如遇危及行车安全的故障，立即申请救援。

12. 2 轴左侧轴温超温

① 故障代码：2208，2216，2224
② 行车控制要求：停车处理
③ 故障部位：2 轴左侧轴箱
④ 故障原因：

- 轴承温度过高；
- 温度传感器故障；
- 轴温检测线路故障；
- 轴箱装置故障。

⑤ 处理措施：

- 立即采取停车措施；
- 监控 IDU 上轴箱系统菜单上的轴承温度；

- 下车检查显示有超温的轴箱；
- 如果轴承温度确实过高，则限速 20 km/h 运行到前方站，停车申请救援；运行途中密切监视故障轴承温度，必要时采取进一步限速措施。
- 如属轴温检测线路故障，则可继续维持运行，中途停站时加强对相应轴承温度的人工检测；
- 如属轴箱或转向架故障，则采取相应的处理措施；如遇危及行车安全的故障，立即申请救援。

13. 2 轴右侧轴温超温

① 故障代码：2209，2217，2225
② 行车控制要求：停车处理
③ 故障部位：2 轴右侧轴箱
④ 故障原因：
- 轴承温度过高；
- 温度传感器故障；
- 轴温检测线路故障；
- 轴箱装置故障。

⑤ 处理措施：
- 立即采取停车措施；
- 监控 IDU 上轴箱系统菜单上的轴承温度；
- 下车检查显示有超温的轴箱。
- 如果轴承温度确实过高，则限速 20 km/h 运行到前方站，停车申请救援；运行途中密切监视故障轴承温度，必要时采取进一步限速措施；
- 如属轴温检测线路故障，则可继续维持运行，中途停站时加强对相应轴承温度的人工检测；
- 如属轴箱或转向架故障，则采取相应的处理措施。如遇危及行车安全的故障，立即申请救援。

14. 3 轴左侧轴温超温

① 故障代码：2210，2218，2226
② 行车控制要求：停车处理
③ 故障部位：3 轴左轴箱
④ 故障原因：
- 轴承温度过高；
- 温度传感器故障；
- 轴温检测线路故障；
- 轴箱装置故障。

⑤ 处理措施：
- 立即采取停车措施；

- 监控 IDU 上轴箱系统菜单上的轴承温度；
- 下车检查显示有超温的轴箱；
- 如果轴承温度确实过高，则限速 20 km/h 运行到前方站，停车申请救援；运行途中密切监视故障轴承温度，必要时采取进一步限速措施；
- 如属轴温检测线路故障，则可继续维持运行，中途停站时加强对相应轴承温度的人工检测；
- 如属轴箱或转向架故障，则采取相应的处理措施；如遇危及行车安全的故障，立即申请救援。

15. 3 轴右侧轴温超温

① 故障代码：2211，2219，2227

② 行车控制要求：停车处理

③ 故障部位：3 轴右侧轴箱

④ 故障原因：

- 轴承温度过高；
- 温度传感器故障；
- 轴温检测线路故障；
- 轴箱装置故障。

⑤ 处理措施：

- 立即采取停车措施；
- 监控 IDU 上轴箱系统菜单上的轴承温度；
- 下车检查显示有超温的轴箱；
- 如果轴承温度确实过高，则限速 20 km/h 运行到前方站，停车申请救援；运行途中密切监视故障轴承温度，必要时采取进一步限速措施；
- 如属轴温检测线路故障，则可继续维持运行，中途停站时加强对相应轴承温度的人工检测；
- 如属轴箱或转向架故障，则采取相应的处理措施；如遇危及行车安全的故障，立即申请救援。

16. 4 轴左侧轴温超温

① 故障代码：2212，2220，2228

② 行车控制要求：停车处理

③ 故障部位：4 轴左侧轴箱

④ 故障原因：

- 轴承温度过高；
- 温度传感器故障；
- 轴温检测线路故障；
- 轴箱装置故障。

⑤ 处理措施：

- 立即采取停车措施；

- 监控 IDU 上轴箱系统菜单上的轴承温度；
- 下车检查显示有超温的轴箱；
- 如果轴承温度确实过高，则限速 20 km/h 运行到前方站，停车申请救援；运行途中密切监视故障轴承温度，必要时采取进一步限速措施；
- 如属轴温检测线路故障，则可继续维持运行，中途停站时加强对相应轴承温度的人工检测；
- 如属轴箱或转向架故障，则采取相应的处理措施；如遇危及行车安全的故障，立即申请救援。

17. 4 轴右侧轴温超温

① 故障代码：2213，2221，2229

② 行车控制要求：停车处理

③ 故障部位：4 轴右侧轴箱

④ 故障原因：
- 轴承温度过高；
- 温度传感器故障；
- 轴温检测线路故障；
- 轴箱装置故障。

⑤ 处理措施：
- 立即采取停车措施；
- 监控 IDU 上轴箱系统菜单上的轴承温度；
- 下车检查显示有超温的轴箱；
- 如果轴承温度确实过高，则限速 20 km/h 运行到前方站，停车申请救援；运行途中密切监视故障轴承温度，必要时采取进一步限速措施；
- 如属轴温检测线路故障，则可继续维持运行，中途停站时加强对相应轴承温度的人工检测；
- 如属轴箱或转向架故障，则采取相应的处理措施；如遇危及行车安全的故障，立即申请救援。

18. 两个受电弓同时升起

① 故障代码：3214，3414

② 行车控制要求：立即停车

③ 故障部位：高压装置

④ 故障原因：升弓气动系统故障

⑤ 处理措施：
- 采取降弓措施；
- 通过 IDU 切除一个受电弓后，再次升弓检查试验。

19. MCM1 牵引驱动主要机械故障

① 故障代码：4060，4160

② 行车控制要求：降速运行

③ 故障部位：电机变流器模块 1
④ 故障原因：此故障由 4027、4433、4434 和 4435 几种故障引起
⑤ 处理措施：

- 将列车速度减低到 50 km/h；
- 检查 MCM（电机变流器模块）是否被隔离或受保护关闭；
- 若 MCM 被关闭，只有当列车速度很低时才可以重新启动；
- 在 30 min 内出现 3 次故障将导致 MCM 被隔离；
- MCM 被隔离后，可视牵引力情况维持运行，途中加强对牵引系统的监视。

20. MCM2 牵引驱动主要机械故障

① 故障代码：4061，4161
② 行车控制要求：降速运行
③ 故障部位：电机变流器模块 2
④ 故障原因：此故障由 4028、4533、4534 和 4535 几种故障引起
⑤ 处理措施：

- 将列车速度减低到 50 km/h。
- 检查 MCM（电机变流器模块）是否被隔离或受保护关闭；
- 若 MCM 被关闭，只有当列车速度很低时才可以重新启动；
- 在 30 min 内出现 3 次故障将导致 MCM 被隔离；
- MCM（电机变流器模块）被隔离后，可视牵引力情况维持运行，途中加强对牵引系统的监视。

21. 接地开关关闭

① 故障代码：5006
② 行车控制要求：停车处理
③ 故障部位：辅助电源接地开关
④ 故障原因：辅助电源被切除，无三相电压输出
⑤ 处理措施：

- 检查接地开关状态；
- 如果接地开关已经动作，则打开接地开关。

22. 主风缸低压（600 kPa）

① 故障代码：5103
② 行车控制要求：立即停车
③ 故障部位：供风系统
④ 故障原因（主风缸压力低于 600 kPa）。

- 拖车之间截断塞门 Y30 关闭；
- 主风缸漏风量大；
- 干燥塔模块压力传感器截断塞门关闭；
- 故障接线或模拟输入连接压力传感器。

⑤ 处理措施：

- 检查空压机状态；
- 查找向制动和其他部件供风的供风系统漏风来源，如二系悬挂。

23. 主风缸低压（400 kPa）

① 故障代码：5104

② 行车控制要求：立即停车

③ 故障部位：供风系统

④ 故障原因（回送模式下，主风缸压力低于 400 kPa）：

- 拖车之间截断塞门 Y30 关闭；
- 主风缸漏风量大；
- 干燥塔模块压力传感器截断塞门关闭；
- 故障接线或模拟输入连接压力传感器。

⑤ 处理措施：

- 检查空压机状态；
- 查找向制动和其他部件供风的供风系统漏风来源，如二系悬挂。

24. 严重漏风 >200 kPa/min

① 故障代码：5106

② 行车控制要求：可维持运行

③ 故障部位：供风系统

④ 故障原因：微机检测出动车组有漏风现象

⑤ 处理措施：

- 维持正常运行，同时检查空压机状态：由于空压机运行次数将大大增加，会增加主风缸压力过压而停机的风险；如果空压机不能完全正常工作，列车运行时间不要太长；
- 停车时检查动车组漏风部位：
  - ➤ 检查空气悬挂装置；
  - ➤ 分车隔离，检测漏风的车辆；
  - ➤ 分功能隔离，检测漏风的位置。

25. 紧急制动故障

① 故障代码：6060

② 行车控制要求：立即停车

③ 故障部位：制动装置

④ 故障原因（紧急制动回路为失电状态，但"C_v-压力"低于"R-压力"。制动计算机代码显示为 0400）：

- 至 BCU 的紧急制动回路输入线路异常；
- 制动面板上 D 位置的紧急制动阀故障；
- C_v 压力传感器故障：EB02B—A7 板；MB04B—A9 主板故障。

⑤ 处理措施：

- 停车并对出现问题的车辆采取关门措施；
- 关门进行一次制动试验，确认制动系统的状态；
- 当切除 25% 制动力时，限速 160 km/h 运行；当切除 50% 制动力时，限速 120 km/h 运行。

26.　乘客紧急制动激活

① 故障代码：6073，6173，6273，6373

② 行车控制要求：立即停车

③ 故障部位：紧急制动手柄

④ 故障原因：乘客已经拉动了通过台的紧急制动手柄

⑤ 处理措施：

- 当乘客拉动紧急制动手柄时，紧急制动即被启动，列车控制系统自动进入以下程序：司机室"暂停乘客启动的紧急制动"按钮开始闪亮，紧急通话单元启动，司机可以和乘客或乘务员进行语音通话，以决定要采取的措施。
- 如司机在 10 s 内按下暂停按钮，并至少保持 3s，紧急制动取消；否则，列车将自动发生紧急制动；
- 当"暂停乘客启动的紧急制动"按钮开始闪亮时，司机不得随意按下"暂停"按钮，必须立即了解清楚情况后再采取相应措施；
- 情况不明时，司机立即采取紧急制动停车，并通知随车机械师全面检查动车组状态。

27.　制动管路压力偏差 30 kPa

① 故障代码：6075

② 行车控制要求：继续维持运行

③ 故障部位：回送面板上的压力传感器

④ 故障原因（回送面板上的压力传感器偏差超过 30 kPa）。

- 回送面板上的压力传感器故障；
- 至回送面板的线路故障。

⑤ 处理措施：

- 维持动车组运行；
- 如果制动控制故障，则申请救援。

28.　回送制动管路压力小于 400 kPa

① 故障代码：6076

② 行车控制要求：立即采取紧急制动停车

③ 故障部位：制动系统

④ 故障原因：被回送动车组可能发生了紧急制动

⑤ 处理措施：检查被回送列车的制动系统状态

29.　回送时紧急制动阀继电器故障

① 故障代码：6078

② 行车控制要求：立即紧急制动停车

③ 故障部位：时间继电器 C. K1. 57

④ 故障原因（当开关处于被回送位时，来自时间继电器 C. K1. 57 的 DI 未设置）：

- 时间继电器故障；
- 时间继电器设置故障。

⑤ 处理措施：

- 检查时间继电器 C. K1. 57 的状态及设置；
- 故障不能处理时，采取制动关门限速回送措施。

30. 停放制动故障

① 故障代码：6082，6282

② 行车控制要求：立即停车

③ 故障部位：停放制动机

④ 故障原因：制动计算机检测出故障，制动计算机代码显示为 0200

⑤ 处理措施：

- 停车后进行缓解和施加停放制动操作，停放制动机正常后可继续运行；
- 如果还有问题，手动缓解故障车辆的停放制动机并对该车进行制动关门处理。

31. 行驶中施加停放制动

① 故障代码：6083，6283

② 行车控制要求：立即停车处理

③ 故障部位：停放制动机

④ 故障原因（当列车速度超过 1. 5 km/h 时，任何车的停放制动显示为施加，制动计算机代码显示为 1902）：

- 停放制动面板上的压力开关故障或设置不正确；
- 停放制动缸泄漏；
- 停放制动控制阀故障；
- 速度信号有故障；
- EB02B—A7 控制板故障。

⑤ 处理措施：

- 停车后进行缓解和施加停放制动操作，停放制动机正常后可继续运行；
- 如果还有问题，手动缓解故障车辆的停放制动机并对该车进行制动关门处理。

32. 紧急制动故障

① 故障代码：6160，6260，6360

② 行车控制要求：立即停车处理

③ 故障部位：紧急制动系统

④ 故障原因（紧急制动回路为失电状态，但 "C_v - 压力" 低于 "R - 压力"，制动计算机代码显示为 0400）：

- 至 BCU 的紧急制动回路输入线路异常；
- 制动面板上 D 位的紧急制动阀故障；
- Cv 压力传感器故障；

- EB02B—A7 板故障；
- MB04B—A9 主板故障。

⑤ 处理措施：

- 停车后对故障车辆进行制动关门处理；
- 关门后进行一次制动试验，确认制动系统的状态；
- 当切除 25% 制动力时，限速160 km/h 运行；当切除 50% 制动力时，限速120 km/h 运行。

33. 乘客紧急制动激活

① 故障代码：6900

② 行车控制要求：立即停车

③ 故障部位：紧急制动手柄

④ 故障原因：

- 乘客紧急制动作用已经起动；
- 乘客紧急制动手柄故障。

⑤ 处理措施：

- 当乘客拉动紧急制动手柄时，紧急制动即被启动，列车控制系统自动进入以下程序。司机室"暂停乘客启动的紧急制动"按钮开始闪亮。紧急通话单元启动，司机可以和乘客或乘务员进行语音通话，以决定要采取的措施。
- 如司机在 10 s 内按下"暂停"按钮，并至少保持 3 s，紧急制动取消；否则，列车将自动发生紧急制动；
- 当"暂停乘客启动的紧急制动"按钮开始闪亮时，司机不得随意按下暂停按钮，必须立即了解清楚情况后再采取相应措施；
- 情况不明时，司机立即采取紧急制动停车，并通知随车机械师全面检查动车组状态。

34. 制动无法正确缓解

① 故障代码：6911

② 行车控制要求：停车处理

③ 故障部位：制动系统

④ 故障原因（制动没有在规定的缓解时间内得到缓解）：

- 压力传感器故障；
- 制动面板上的数字压力传感器故障；
- 紧急制动阀故障；
- 制动机有空气泄漏故障；
- 到制动计算机的通信受到干扰。

⑤ 处理措施：

- 通过 IDU 检查制动机的压力状态；
- 确认故障车辆后，对该车采取制动关门措施；
- 关门后进行一次制动试验，确认制动系统的状态；
- 当切除 25% 制动力时，限速160 km/h 运行；当切除 50% 制动力时，限速120 km/h 运行。

35. 保持制动力过低

① 故障代码：6913

② 行车控制要求：动车组停车时实施充分的运行制动，防止动车组溜放

③ 故障部位：制动系统

④ 故障原因（在列车中探测到比较低的保持制动力）：

- 制动计算机故障；
- 动车组中有过多的制动关门车。

⑤ 处理措施：

- 在 IDU 上检查具体情况；
- 必要时采取防溜措施。

36. 列车过载

① 故障代码：6914

② 行车控制要求：可维持运行

③ 故障部位：制动系统

④ 故障原因（列车重量高于制动设计目标车重）：

- 列车载员过多；
- 压力传感器故障；
- A – 转向架中的高度控制阀设置可能影响负载计算。

⑤ 处理措施：

- 如确认旅客超员过多，通知列车长采取疏散旅客措施；
- 如属设备故障，可维持动车组运行；
- 必要时，在保证紧急制动距离在规定的限度范围内的情况下，采取降速运行措施。

37. 停放制动在三辆车中被隔离

① 故障代码：6920

② 行车控制要求：列车不得停放在超过 10‰ 的坡道上

③ 故障部位：停放制动机

④ 故障原因：

- 停放制动被缓解或被隔离；
- 停放制动故障。

⑤ 处理措施：

- 列车不得停放在超过 10‰ 的坡道上；
- 必要时采用止轮器防溜。

38. 停放制动在四辆车中或更多车中被隔离

① 故障代码：6921

② 行车控制要求：列车不得停放在超过 10‰ 的坡道上

③ 故障部位：停放制动机

④ 故障原因：

- 停放制动被缓解或被隔离；
- 停放制动故障

⑤ 处理措施：

- 列车不得停放在超过 10‰ 的坡道上；
- 必要时采用止轮器防溜。

39. 厕所求救警报

① 故障代码：7434

② 行车控制要求：维持运行

③ 故障部位：厕所

④ 故障原因：残疾人厕所"求救"按钮被按下

⑤ 处理措施：

- 通知乘务员去厕所调查引起警报的原因；
- 帮助有需要的乘客。

40. 烟雾/热：探测了客室 1

① 故障代码：7801，7825，7849，7873，7897，7921，7945，7969

② 行车控制要求：维持运行，必要时采取紧急停车措施

③ 故障部位：烟火报警装置

④ 故障原因（探测器探测出热/烟雾）：

- 发生火灾；
- 探测器故障。

⑤ 处理措施：

- 调查警报来源；
- 检查发出报警车辆的通风设置是否在"火灾模式"，如果设置为此模式则设置到正常工作模式；
- 检查发出报警车辆的风挡门是否关闭，如关闭，则打开风挡门并锁定在打开位置；
- 如果确认发生火灾，立即采取紧急停车措施；停车时注意避开隧道、桥梁及人口密集处所。

41. 烟雾/热：探测了厕所

① 故障代码：7813，7909，7981

② 行车控制要求：维持运行，必要时采取紧急停车措施

③ 故障部位：烟火报警装置

④ 故障原因（探测器探测出热/烟雾）：

- 发生火灾；
- 探测器故障。

⑤ 处理措施：

- 调查警报来源；
- 检查发出报警车辆的通风设置是否在"火灾模式"，如果设置为此模式则设置到

正常工作模式；

- 检查发出报警车辆的风挡门是否关闭，如关闭，则打开风挡门并锁定在打开位置；
- 如果确认发生火灾，立即采取紧急停车措施；停车时注意避开隧道、桥梁及人口密集处所。

42. 烟雾/热：探测了客室 2

① 故障代码：7817，7841，7865，7889，7937，7985

② 行车控制要求：维持运行，必要时采取紧急停车措施

③ 故障部位：烟火报警装置

④ 故障原因：探测器探测出热/烟雾

- 发生火灾；
- 探测器故障。

⑤ 处理措施：

- 调查警报来源；
- 检查发出报警车辆的通风设置是否在"火灾模式"，如果则设置到正常工作模式；
- 检查发出报警车辆的风挡门是否关闭，如关闭，则打开风挡门并锁定在打开位置；
- 如果确认发生火灾，立即采取紧急停车措施；停车时注意避开隧道、桥梁及人口密集处所。

43. 烟雾/热：探测了通过台

① 故障代码：7829，7853，7877，7901，7925，7949，7973

② 行车控制要求：维持运行，必要时采取紧急停车措施

③ 故障部位：烟火报警装置

④ 故障原因（探测器探测出热/烟雾）：

- 发生火灾；
- 探测器故障。

⑤ 处理措施：

- 调查警报来源；
- 检查发出报警车辆的通风设置是否在"火灾模式"，如是则设置到正常工作模式；
- 检查发出报警车辆的风挡门是否关闭，如关闭，则打开风挡门并锁定在打开位置；
- 如果确认发生火灾，立即采取紧急停车措施；停车时注意避开隧道、桥梁及人口密集处所。

44. 烟雾/热：探测了厕所 1

① 故障代码：7833，7857，7881，7929，7953

② 行车控制要求：维持运行，必要时采取紧急停车措施

③ 故障部位：烟火报警装置

④ 故障原因（探测器探测出热/烟雾）：

- 发生火灾；
- 探测器故障。

⑤ 处理措施：
- 调查警报来源；
- 检查发出报警车辆的通风设置是否在"火灾模式"，如是则设置到正常工作模式；
- 检查发出报警车辆的风挡门是否关闭，如关闭，则打开风档门并锁定在打开位置；
- 如果确认发生火灾，立即采取紧急停车措施；停车时注意避开隧道、桥梁及人口密集处所。

45. 烟雾/热：探测了厕所 2

① 故障代码：7837，7861，7885，7933，7957

② 行车控制要求：维持运行，必要时采取紧急停车措施

③ 故障部位：烟火报警装置

④ 故障原因（探测器探测出热/烟雾）：
- 发生火灾；
- 探测器故障。

⑤ 处理措施：
- 调查警报来源；
- 检查发出报警车辆的通风设置是否在"火灾模式"，如是则设置到正常工作模式；
- 检查发出报警车辆的风挡门是否关闭，如关闭，则打开风档门并锁定在打开位置；
- 如果确认发生火灾，立即采取紧急停车措施；停车时注意避开隧道、桥梁及人口密集处所。

46. 烟雾/热：探测了 B 端客室 2

① 故障代码：7845，7869，7893，7941，7961，7965，7989

② 行车控制要求：维持运行，必要时采取紧急停车措施

③ 故障部位：烟火报警装置

④ 故障原因（探测器探测出热/烟雾）：
- 发生火灾；
- 探测器故障。

⑤ 处理措施：
- 调查警报来源；
- 检查发出报警车辆的通风设置是否在"火灾模式"，如是则设置到正常工作模式；
- 检查发出报警车辆的风挡门是否关闭，如关闭，则打开风档门并锁定在打开位置；
- 如果确认发生火灾，立即采取紧急停车措施；停车时注意避开隧道、桥梁及人口密集处所。

47. 烟雾/热：探测了乘务员室

① 故障代码：7905

② 行车控制要求：维持运行，必要时采取紧急停车措施

③ 故障部位：烟火报警装置

④ 故障原因（探测器探测出热/烟雾）：

- 发生火灾;
- 探测器故障。

⑤ 处理措施:

- 调查警报来源;
- 检查发出报警车辆的通风设置是否在"火灾模式",如是则设置到正常工作模式;
- 检查发出报警车辆的风挡门是否关闭,如关闭,则打开风档门并锁定在打开位置;
- 如果确认发生火灾,立即采取紧急停车措施;停车时注意避开隧道、桥梁及人口密集处所。

48. 烟雾/热:探测了餐厅区

① 故障代码:7913

② 行车控制要求:维持运行,必要时采取紧急停车措施

③ 故障部位:烟火报警装置

④ 故障原因(探测器探测出热/烟雾):

- 发生火灾;
- 探测器故障。

⑤ 处理措施:

- 调查警报来源;
- 检查发出报警车辆的通风设置是否在"火灾模式",如是则设置到正常工作模式;
- 检查发出报警车辆的风挡门是否关闭,如关闭,则打开风档门并锁定在打开位置;
- 如果确认发生火灾,立即采取紧急停车措施;停车时注意避开隧道、桥梁及人口密集处所。

49. 烟雾/热:探测了酒吧间

① 故障代码:7917

② 行车控制要求:维持运行,必要时采取紧急停车措施

③ 故障部位:烟火报警装置

④ 故障原因(探测器探测出热/烟雾):

- 发生火灾;
- 探测器故障。

⑤ 处理措施:

- 调查警报来源;
- 检查发出报警车辆的通风设置是否在"火灾模式",如果则设置到正常工作模式;
- 检查发出报警车辆的风挡门是否关闭,如关闭,则打开风档门并锁定在打开位置;
- 如果确认发生火灾,立即采取紧急停车措施;停车时注意避开隧道、桥梁及人口密集处所。

50. 烟雾/热:探测了司机室

① 故障代码:7977

② 行车控制要求:维持运行,必要时采取紧急停车措施

③ 故障部位：烟火报警装置
④ 故障原因（探测器探测出热/烟雾）：
- 发生火灾；
- 探测器故障。
⑤ 处理措施：
- 调查警报来源；
- 检查发出报警车辆的通风设置是否在"火灾模式"，如是则设置到正常工作模式；
- 检查发出报警车辆的风挡门是否关闭，如关闭，则打开风挡门并锁定在打开位置；
- 如果确认发生火灾，立即采取紧急停车措施；停车时注意避开隧道、桥梁及人口密集处所。

51. 烟雾/热：列车内进行了探测

① 故障代码：7993
② 行车控制要求：维持运行，必要时采取紧急停车措施
③ 故障部位：烟火报警装置
④ 故障原因（探测器探测出热/烟雾）：
- 发生火灾；
- 探测器故障。
⑤ 处理措施：
- 调查警报来源；
- 检查发出报警车辆的通风设置是否在"火灾模式"，如是则设置到正常工作模式；
- 检查发出报警车辆的风挡门是否关闭，如关闭，则打开风挡门并锁定在打开位置；
- 如果确认发生火灾，立即采取紧急停车措施；停车时注意避开隧道、桥梁及人口密集处所。

52. 主控手柄故障

① 故障代码：8205
② 行车控制要求：立即紧急停车
③ 故障部位：控制通信系统
④ 故障原因：主控手柄错一级以上的位置
- 一根或多根电缆断开；
- 主控手柄断裂 。
⑤ 处理措施：进行主控手柄试验，确认主控手柄工作状态。

53. 紧急制动回路电源被切断

① 故障代码：8228
② 行车控制要求：紧急制动停车
③ 故障部位：控制通信系统
④ 故障原因（所有电源设备显示运行故障，或为局部故障，或在任何其他车）：
- 动车组分离；

- 紧急制动回路电缆故障；
- 连接到 DX – 装置（A0 或 E0）的电缆故障；
- DX – 装置故障。

⑤ 处理措施：

- 根据故障原因进行故障查找并修复；
- 不能修复时，申请救援。

54. 紧急制动回路出故障

① 故障代码：8223

② 行车控制要求：立即紧急停车

③ 故障部位：控制通信系统

④ 故障原因（紧急制动显示运行故障）：

- 紧急制动回路电缆故障；
- 连接到 DX – 装置（A0 或 E0）的电缆故障；
- DX – 装置缺陷。

⑤ 处理措施：

- 停车后进行制动试验；
- 故障不能消除时，对司机室主控系统进行复位重启；
- 必要时，申请救援。

55. 紧急制动回路意外断开

① 故障代码：8234

② 行车控制要求：立即紧急停车

③ 故障部位：控制通信系统

④ 故障原因（TCMS 未发出指令，却断开两个紧急制动回路）：

- 紧急制动回路电缆故障；
- 连接到 DX – 装置（A0 或 E0）的电缆故障；
- DX – 装置缺陷。

⑤ 处理措施：

- 停车后进行制动试验，确认制动系统工作状态；
- 如果能够继续运行，则维持运行到前方车站疏散旅客，入库维修；
- 如果不能继续运行，则申请救援；救援时动车组必须手动缓解。

56. 通信控制装置失速继电器故障

① 故障代码：8235

② 行车控制要求：立即停车

③ 故障部位：控制通信系统

④ 故障原因（通信控制装置失速继电器显示故障）：

- 失速继电器出故障；
- 失速继电器的电缆出故障。

⑤ 处理措施：

- 停车后进行司机安全装置试验（确保司机安全装置不被开关旁路），确认工作状态；
- 故障不恢复时，申请救援。

57. 牵引安全回路出故障

① 故障代码：8238

② 行车控制要求：立即停车

③ 故障部位：控制通信系统

④ 故障原因（牵引安全回路有严重故障）：

- 牵引安全回路电缆故障；
- 连接到 DX – 装置（A4 或 E4）的电缆故障；
- DX – 装置缺陷。

⑤ 处理措施：

- 停车后，关闭司机室主控系统并复位重启；
- 必要时，申请救援。

58. 通信控制装置紧急制动失速继电器旁路

① 故障代码：8243

② 行车控制要求：可以维持运行

③ 故障部位：控制通信系统

④ 故障原因：

- 司机通过开关让紧急制动失速继电器旁路；
- 紧急制动继电器的接线故障或失速继电器故障。

⑤ 处理措施：

动车组运行时注意操纵，因为司机安全装置已停止工作，紧急制动的冗余功能丧失，列车计算机不能在所有条件下启动紧急制动。

59. IDU 测试事件——类别 3

① 故障代码：8403，8410

② 行车控制要求：动车组不得上线运行

③ 故障部位：控制通信系统

④ 故障原因（车载信息系统已经显示一个故障）：该事件为人工设置，用于动车组试验

⑤ 处理措施：

- 消除所设置的故障；
- 故障未消除时，动车组不得上线运行。

2.4　CRH1 型动车组随车机械师作业

2.4.1　岗位职责

1. 监控运行技术状态

① 运行中在乘务室通过车载信息系统监控显示器，监控动车组运行及设备工作状态。

② 在运行中巡视检查车辆设备，发现问题正确判断、果断处理。

③ 在始发和折返站进行技术检查作业。

2. 管理和操作动车组设备

① 按规定操作动车组设备设施。

② 控制车内空调换气装置，设置调节空调及换气装置运行模式。

③ 控制车内客室照明，设置调节照明工况。

④ 控制车内旅客信息系统显示。

⑤ 指导客运服务人员正确使用车内设备。

3. 应急处理途中突发故障

① 运行中发生突发故障时，积极进行应急处理。

② 车载信息系统提示报警的动车组突发故障分为三类。属司机独立处置的。需加强与司机联系，了解故障处理情况；属与司机协作处置的，在司机指挥下，共同处理；属随车机械师独立处理的，处理完成后及时将情况通报司机。

③ 记录突发故障处置情况，及时向运用所调度室汇报。

4. 承担部分行车组织职能

① 运行途中因动车组故障或其他原因在区间被迫停车时，加强与司机联系，掌握情况，及时报告运用所调度室，并在司机指挥下，做好有关行车及安全防护。

② 动车组故障需要救援时，负责安装过渡车钩、连接风管，配合司机做好救援准备工作。

2.4.2 一次往返作业标准

1. 接车作业

① 出乘时随车机师按规定着装，佩戴标志，提前到调度室报到，领取 IC 卡、动车组钥匙，听取命令、要求及注意事项。

② 按规定设置安全号志，进行动车组下部车体两侧检查。检查重点是转向架、车体、头罩及排障器、车端连接装置等。

③ 作业完毕，撤除安全号志。

④ 在非驾驶端司机室与司机交接主控钥匙，申请供电。

⑤ 进行动车组上部设施检查。作业重点是乘务室信息系统显示，设定空调、照明、车次、车站、编组、旅客显示信息；与司机配合进行乘务室与前后端司机室联络电话试验；检查车内主要服务设施和安全设施技术状态，检查随车工具、材料及行车备品。

⑥ 向调度室报告作业情况，等待随车出库。

接车作业检查线路见图 2.34。

2. 始发作业

① 动车组出库时，随车机师应从动车组尾部巡视至头部，检查动车组运转情况，发现异常及时处置，并向调度室报告。

② 到达车站后，从前端司机室下车，在站台侧巡视确认外侧车号及目的地显示器状态。

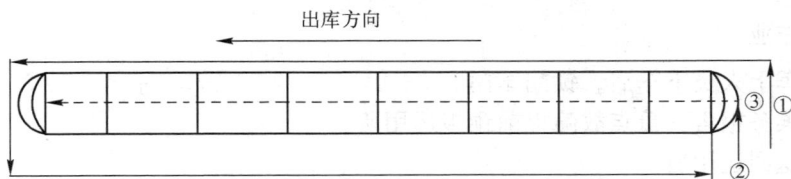

图 2.34　接车作业检查线路
①—下部两侧作业路线；②—交接钥匙，申请供电；③—车内上部检查作业线路

③ 到达乘务室，监视车载信息系统，等待发车。

始发作业检查线路见图 2.35。

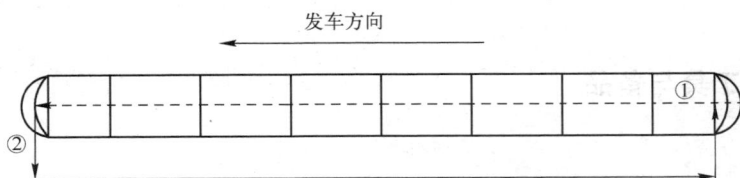

图 2.35　始发作业检查线路
①—车内巡视作业路线；②—站台侧巡视作业线路

3. 途中作业

① 发车后，在车内进行一次巡视检查。重点是列车运行动态和车内主要服务设施技术状态。

② 运行中，在乘务室通过车载信息系统监视列车运行及设备工作情况。发现故障及报警时，按规定程序处理。

③ 在区间内临时停车时，随车机械师配合司机，做好有关行车、安全防护工作，并及时向运用所调度室汇报。需要救援时，负责与司机共同安装过渡车钩和连接风管。

④ 客运服务人员报告设备故障时，及时赶赴现场处理，并做好故障写实记录。

4. 折返站作业

① 到达车站后，与退乘司机、接车司机会合，了解运行情况，做好记录并办理主控钥匙交接、签认（司机换乘时进行）。

② 旅客下车后，从动车组尾部巡视至头部，检查车内设备技术状态，发现故障应进行处理并做好记录。

③ 从前端司机室下车，在站台侧巡视确认外侧车号及目的地显示器状态。

④ 到达乘务室，监视车载信息系统等待发车。

折返作业检查线路如图 2.36 所示。

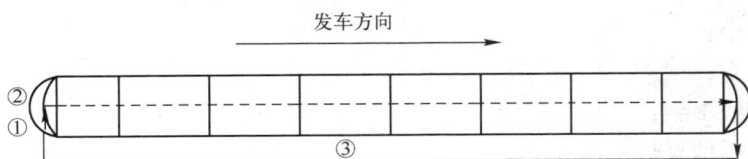

图 2.36　折返作业检查线路
①—与司机交接主控钥匙，了解运行情况；②—车内巡视作业线路；③—站台侧巡视作业线路

5. 终到作业

① 确认车上人员下车后，锁闭车门。

② 填写乘务报告，重点故障提前预报运用所。

③ 随车返回运用所。

④ 进入司机室，在检修模式下用 IC 卡转储运行信息。

⑤ 向司机了解运行情况，做成记录，办理签认。

⑥ 到调度室报告运行情况，签认交接《动车组运用日志》，交接重点故障，交还动车组钥匙及 IC 卡，听取命令、指示和要求。

⑦ 退乘。

2.4.3 随车工具与备品

1. 工具

① GSM-R 移动电话 1 部；

② 钳型电流表 1 只；

③ 红外线测温仪 1 只；

④ 第四种检查器 1 个；

⑤ 38 件套工具 1 套；

⑥ 9 件套梅花扳手 1 套，活扣扳手 1 把；

⑦ 便携工具箱 1 套；

⑧ 充电电钻 1 台；

⑨ 应急照明灯 1 台；

⑩ 管子钳 12、18 寸各 1 把；

⑪ 锉、半圆锉各 1 把；

⑫ 组套螺丝刀 1 套；

⑬ 手锤、撬棍、扁铲各 1 把。

2. 材料

① 过渡车钩 1 个；

② 救援风管 1 个；

③ 铁丝 20 m。

3. 行车备品

① 响墩 6 个；

② 火炬 2 支；

③ 短路铜线 1 副；

④ 红绿色手信号灯 1 盏；

⑤ 红绿信号旗 1 副；

⑥ 防护信号灯 1 盏。

2.5　CRH1 型动车组司机室一、二级检修作业标准

2.5.1　检修周期

1. 一级检修

每次运行结束后或 48 h 以内进行一次（累计运行不超过 4 000 km）。

2. 二级检修

每 15 d 进行一次。

3. 一、二级司机室检修范围

一、二级司机室检修范围见表 2.1。

表 2.1　检修范围

检修项目	检修要求	一　级	二　级
司机室			
（1）驾驶台设备	检查	◎	◎
（2）驾驶台附属设备	检查	◎	◎
	测试		◎
（3）行车安全设备	检查	◎	◎

2.5.2　一级检修作业程序及质量标准

1. 驾驶室静态检查作业

驾驶室静态检查作业一级标准见表 2.2。

表 2.2　驾驶室静态检查作业一级标准

序号	作业程序	质量标准	备注
1	进入 Mc1 车司机室，插入电钥匙，置于"0"位，并挂上禁动牌		
2	驾驶室内外观检查	① 司机室门无变形，作用良好，手柄动作灵活 ② 烟火报警装置传感器、温度传感器外观完整，不松动，开关作用良好。挂衣钩安装牢固 ③ K1 柜锁闭良好，接地线无松脱，网关及各电器安装牢固，接线及插销无松动。按钮开关作用良好，转换开关位置正确，自动开关无脱扣 ④ 侧窗无破损，窗手把安装牢固，锁闭作用良好。AC 220 V 插座安装牢固 ⑤ 瞭望玻璃无破损，刮雨器外观正常、作用良好 ⑥ 操纵台下电气柜内部各插件牢固，自动开关无脱扣，接线无松动、烧损，间隔柜门锁闭良好 ⑦ 后视监视器及显示屏、LKJ、ATP、IDU、CIR、PIS 显示屏显示清晰，安装牢固 ⑧ 左侧、中央、右侧及操纵台面板牢固，按钮开关、指示灯状态良好	两端驾驶室

序号	作业程序	质 量 标 准	备 注
2	驾驶室内外观检查	⑨ 阅读灯安装牢固，开关灵活，主控制手柄安装牢固，锁闭良好 ⑩ K2 电气柜门状态良好，开关灵活；坐椅安装牢固；车辆控制装置安装牢固，插销无松动；LKJ2000 主机插件牢固，电源开关在开位，隔离开关正常位；TAX2 机车安全信息综合监测装置插件牢固，插销无松动，门锁闭良好；救援装置塞门位置正确，各电磁阀安装牢固，铅封齐全；各电器接线良好，救援绳索无丢失 ⑪ 按规定配备灭火器，灭火器检修不过期，放置牢固，铅封及状态良好 ⑫ PIS 鹅颈形麦克风、CIR 手持机、调度电话、PIS 手持机状态良好。CIR 打印终端安装牢固 ⑬ 司机坐椅安装牢固，各活动机构无损坏，座垫无破损。驾驶台脚踏板无变形，DSD 安全装置踏板无卡滞现象，动作良好 ⑭ 遮光板各部件安装紧固，遮光板布无损伤，遮光板作用良好 ⑮ "紧急停车"按钮状态良好，位置正确 ⑯ 司机手柄安装牢固，位置正确。	两端驾驶室

2. 驾驶室通电检查作业

驾驶室通电检查作业一级标准见表2.3。

表2.3 驾驶室通电检查作业一级标准

序号	作业程序	质 量 标 准	备 注
1	启动驾驶室	① 将电钥匙置于"1"位，输入用户 ID，登录 IDU ② 按压"停车制动"按钮，确认按钮灯点亮	
2	运行故障检索	通过 IDU 故障检索菜单检查列车故障信息、触摸显示屏故障报告菜单，查询统计故障，做好台账记录	
3	列车状态确认	① 进入 IDU 列车状态菜单，确认列车关键系统和部件状态、功能限制的概况 ② 根据故障检索，通过系统页面各菜单检查列车主要部件状态 ③ 旋转刮雨器开关并下压，刮雨器应动作良好，喷水正常 ④ PIS 鹅颈形麦克风、PIS 电话功能良好 ⑤ 进入 IDU 舒适系统菜单，设置司机室温度，检查空调作用是否良好	
4	列车检测试验	① 进入 IDU 空压机菜单，确认总风缸压力大于 600 kPa ② 制动试验。进入 IDU 制动试验菜单，根据提示移动手柄完成制动试验 ③ 驾驶控制。进入 IDU 驾驶试验菜单，根据提示移动手柄控制试验 ④ 灯试验。进入 IDU 灯试验菜单，触摸相关按钮启动测试，检查司机台面板按键和指示灯点亮、蜂鸣器报警情况 ⑤ 进入 IDU 舒适系统菜单，根据提示完成客室灯照明试验 ⑥ DSD 测试。主手柄置于"0"位，按压"DSD 模式选择"按钮，当紧急制动启动后，IDU 显示出"DSD 紧急制动"，使用脚踏板确认，并使用"Q"按钮对 IDU 报警进行确认。再次按压"DSD 模式选择"按钮，待警告灯闪亮，蜂鸣器报警，按压司机台 C2 面板 DSD 按钮，解除 DSD 报警	

序号	作业程序	质量标准	备注
5	高压试验	① 按压受电弓上升按钮，（主风缸压力低于 500 kPa 时辅助压缩机启动，辅助压缩机若不能自启，按压 K1 柜"辅助压缩机启动"按钮强迫启动）。确认 7 号车受电弓上升 ② 通过 IDU 系统菜单高压页面，确认网压在正常值范围内，确认MVB 依次接通 ③ 牵引测试。进入 IDU 牵引测试菜单，触摸自动或手动按钮启动测试，完成试验 ④ 按下降弓按钮，确认 MVB 依次断开且 7 号车受电弓降下	升弓后检测，接触网网压正常值
6	前照灯及标志检查	将灯控制开关打至全开位，车下检查灯显示正常	升弓后检测
7	辅助空气压缩机测试	按压"辅助空气压缩机启动"按钮，启动后，压缩机将运行10 min。有警告信息显示	K1 电气柜内
工具	白手套、电钥匙、手电筒、对讲机		

2.5.3　二级检修作业程序及质量标准

1. 驾驶室静态检查作业

驾驶室静态检查作业二级标准见表 2.4。

表 2.4　驾驶室静态检查作业二级标准

序号	作业程序	质量标准	备注
1	进入 Mc1 车司机室，插入电钥匙，置于"0"位，并挂上禁动牌		
2	驾驶室内外观检查	① 司机室门状态作用良好，手柄动作灵活 ② 烟火报警装置传感器、温度传感器外观完整，不松动。开关作用良好。挂衣钩安装牢固 ③ K1 柜锁闭良好，接地线无松脱，网关及各电器安装牢固，接线及插销无松动。按钮开关作用良好，转换开关位置正确，自动开关无脱扣 ④ 侧窗无破损，窗手把安装牢固，锁闭良好。AC 220 V 插座安装牢固 ⑤ 瞭望玻璃无破损，刮雨器外观正常、作用良好 ⑥ 操纵台下电气柜内部各插件牢固，自动开关无脱扣，接线无松动、烧损，间隔柜门锁闭良好 ⑦ 后视监视器及显示屏、LKJ、ATP、IDU、CIR、PIS 显示屏显示清晰，安装牢固 ⑧ 左侧、中央、右侧及操纵台面板牢固，按钮开关、指示灯状态良好 ⑨ 阅读灯安装牢固，开关灵活，主控制手柄安装牢固、锁闭良好 ⑩ K2 柜门状态良好，开关灵活；坐椅安装牢固；车辆控制装置安装牢固，插销无松动；LKJ2000 主机插件牢固，电源开关在开位，隔离开关正常位；TAX2 机车安全信息综合监测装置插件牢固、插销无松动，门锁闭良好；救援装置塞门位置正确，各电磁阀安装牢固，铅封齐全；各电器接线良好，救援绳索无丢失 ⑪ 按规定配备灭火器，灭火器检修不过期，灭火器放置牢固，铅封及状态良好 ⑫ PIS 鹅颈形麦克风、CIR 手持机、调度电话、PIS 手持机状态良好。CIR 打印终端安装牢固 ⑬ 司机坐椅状态良好，各活动机构无损坏，座垫无破损。驾驶台脚踏板无变形，DSD 安全装置踏板无卡滞现象，动作良好 ⑭ 遮光板各部件安装紧固，遮光板无损伤，遮光板作用良好 ⑮ "紧急停车"按钮状态良好，位置正确 ⑯ 司机手柄安装牢固，位置正确	两驾驶室

2. 驾驶室通电检查作业

驾驶室通电检查作业二极标准见表2.5。

表2.5　驾驶室通电检查作业二极标准

序号	作业程序	质量标准	备注
1	启动驾驶室	① 将电钥匙置于"1"位，输入用户 ID，登录 IDU ② 按压"停车制动"按钮，确认按钮灯点亮	
2	打开车前罩开闭机构，伸出自动车钩	按"前部车钩伸出"按钮，打开前罩盖板，伸出自动车钩。伸出期间按钮开始闪亮，车钩全部伸出时，按钮灯亮	
3	运行故障检索	通过 IDU 故障检索菜单检查列车故障信息、触摸显示屏故障报告菜单，查询统计故障，做好台账记录	
4	列车状态确认	① 进入 IDU 列车状态菜单，确认列车关键系统和部件状态、功能限制的概况 ② 根据故障检索，通过系统页面各菜单检查列车主要部件状态 ③ 旋转刮雨器开关并下压，刮雨器应动作良好，喷水正常 ④ PIS 鹅颈形麦克风、PIS 电话功能良好 ⑤ 进入 IDU 舒适系统菜单，设置司机室温度，检查空调作用是否良好	
5	列车检测试验	① 进入 IDU 空压机菜单，确认总风缸压力大于 600 kPa ② 制动试验。进入 IDU 制动试验菜单，根据提示移动手柄完成制动试验 ③ 驾驶控制。进入 IDU 驾驶试验菜单，根据提示移动手柄完成手柄控制试验 ④ 灯试验。进入 IDU 灯试验菜单，触摸相关按钮启动测试，检查司机台面板按钮和指示灯点亮、蜂鸣器报警状况 ⑤ 进入 IDU 舒适系统菜单，根据提示完成客室灯照明试验 ⑥ DSD 测试。主手柄置于"0"位，按压"DSD 模式选择"按钮，当紧急制动启动后，IDU 显示出"DSD 紧急制动"，使用脚踏板确认，并使用"Q"按钮对 IDU 报警进行确认。再次按压"DSD 模式选择"按钮，待警告灯闪亮，蜂鸣器报警，按压司机台 C2 面板 DSD 按钮，解除 DSD 报警	
6	高压试验	① 按压"受电弓上升"按钮，（主风缸压力低于 500 kPa 时辅助压缩机启动，辅助压缩机若不能自启，按压 K1 柜"辅助压缩机启动"按钮强迫启动）。确认 7 号车受电弓上升 ② 通过 IDU 系统菜单高压页面，确认网压在正常值范围内，确认 MVB 依次接通 ③ 牵引测试。进入 IDU 牵引测试菜单，触摸自动或手动按钮启动测试，完成试验 ④ 按下"降弓"按钮，确认 MVB 依次断开且 7 号车受电弓降下	升弓后检测，接触网网压正常值
7	前照灯及标志检查	将灯控制开关扳至全开位，车下检查灯显示正常	升弓后检测
8	辅助空气压缩机测试	按压"辅助空气压缩机启动"按钮，启动后，压缩机将运行 10 min。有警告信息显示	K1 电气柜内
9	开闭机构及自动车钩测试	按下操作按键后，开闭机构打开，自动车钩伸出，再次按下操作按键，自动车钩缩回，开闭机构关闭。通过 IDU 监控其状态是否正常	确认车头部分检查完毕
工具	白手套、电钥匙、手电筒、对讲机		

第3章　CRH₂型动车组司机室

3.1　司机室布置

3.1.1　司机室概述

1. 司机室的主要功能

CRH₂司机室是指从气密隔墙至司机室后部通过台隔墙的区域。在每列编组的两端（T1c、T2c车）分别设置一个司机室，由前端司机室实施列车控制，后端司机室可作乘务员室。两个司机室具有相同的结构与功能。

司机室布置了动车组的主要操纵设备，对全列车的牵引、制动、空调、车门和广播等系统进行控制，同时可检测列车运行信息，以保证列车高速、准时、安全运行。

司机室的设计除了保证正常的操作功能，还尽可能地使整个司机室整洁、美观、舒适。

2. 司机室设计原则

CRH₂司机室的设计遵循人机工程学原理。

人机工程学将人类的需求和能力置于设计技术体系的核心位置，为产品、系统和环境的设计提供与人类相关的科学数据，追求实现人与环境完美和谐融合的目标，使人机良好匹配。其基本原则包括：

① 选用最有利于发挥人的能力和提高人的操作可靠性的人机匹配方式；

② 匹配方式有利于使整个系统能够达到最大的效率，避免对人提出能力所不及的要求；

③ 使人操作设备方便、省力、准确；

④ 避免选用在大部分工作时间内操作少的匹配方式，这种方式使司机工作负荷过低，导致其注意力松弛，一旦事件发生，容易漏检或误检；

⑤ 采用信息流程和信息加工过程自然的、使人容易学习的、差错少的匹配方式；

⑥ 不可把人安排为设备的辅助物，应使人感到自己工作很有意义而不是为设备服务。

应用人机工程学原理设计的设备和环境系统更适合人的生理、心理特点，使操作者高效、安全、健康和舒适地工作，降低人为误操作率，提高系统运行的可靠性。所以，人、机和环境的信息交互方式的研究成果应充分反映到司机室的设计中。

3. 司机室特点

基于人机工程学，CRH₂司机室的设计体现了"以人为本"的理念。下面简要介绍CRH₂司机室的特点。

1）充分的瞭望视野

CRH₂ 司机室内部空间及设备布置充分考虑了司机视野、操作空间、舒适度等内容。为了便于瞭望，扩大视野，司机室采用高地板结构，以减小司机对枕木高速闪动的疲劳感。

CRH₂ 司机室安装设备较多。为了拓展空间，将机罩内部空间设计为设备舱，不经常操作的设备安装在设备舱内；同时采用非整体配电柜，使柜内安装尽量多的设备，以扩大司机操作空间。

2）适合人手结构的手柄设计

操纵手柄包括司机控制器的牵引手柄和换向手柄、司机制动控制器手柄（简称制动手柄）。其中，牵引手柄采用细长的滴状型设计，换向手柄采用了方便手掌包容的形状，使用方便、舒适、手感好，见图 3.1；制动手柄因使用率高，采用外表面平整光洁的结构，见图 3.2，手把保持手的自然握持状态，使司机触觉舒适，操作灵活自如。

图 3.1　牵引手柄（左）和换向手柄（右）　　　图 3.2　制动手柄

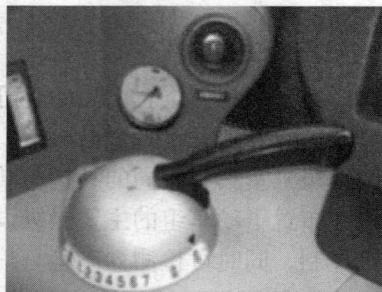

3）适宜的温度

CRH₂ 司机室温度调节由客室空调送风和司机室专用设施共同完成。当客室空调送风不能满足司机室温度要求时，由司机室专用设施完成，司机室专用设施包括暖风机和司机室空调。

暖风机在操纵台的下部设置 2 台，暖风从司机和副司机的腿前方送出，在保证司机室内温度的前提下，又避免了暖风直接吹到人的脸部，舒适性大大增加。

司机室空调采用分体式，只有制冷作用，无换气功能，司机室新鲜空气的送风工作由客室空调完成。

4）防眩目和防雾的前窗玻璃

CRH₂ 司机室的前窗采用了防眩目的透明安全玻璃，并设置遮阳装置，保证刺眼的直射光不会影响司机的操作。

前窗设有刮雨器、自动加热器，具有防止结霜、结冰和防雾的功能，保证了司机的瞭望要求。

5）防眩光设计

为了防止在显示器画面上形成光线反射，带有显示器的仪表盘面板都具有遮光功能。

3.1.2　司机室设备布置

CRH₂ 司机室分为 5 个区域：设备舱、操纵台、驾驶区、配电区、通过台。司机室区域示意图如图 3.3 所示。

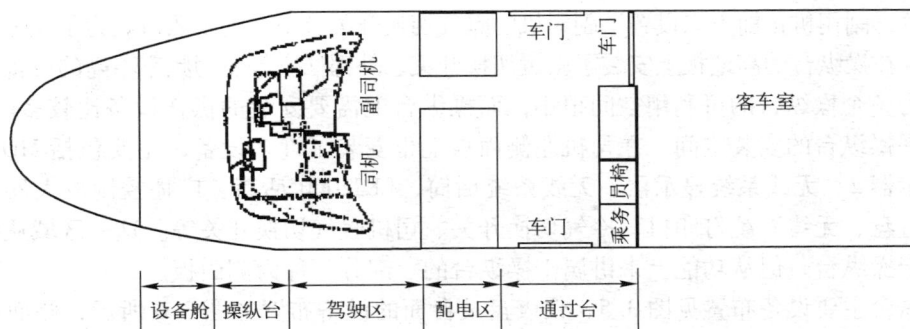

图 3.3　司机室区域示意图

1. 设备舱设备布置

设备舱内主要安装平时行车很少用到或不经常操作的设备。同时，为了方便配管、配线，与车头前部相关设备及前窗玻璃相关设备均安装在设备舱内。设备舱包括车辆广播控制器、列车间隔检测装置、空调室内机、空调电源箱、空调变压器、辅助制动特性发生器、救援用电源变换装置、前窗玻璃温度调节器、气压开关、刮雨器电机、配管单元箱等设备。从操纵台右侧检修门可进入设备舱，进行设备检修、维护。

设备舱与车外相隔的气密墙上还安装了车内压力释放阀、汽笛等设备。

设备舱设备布置见图 3.4。

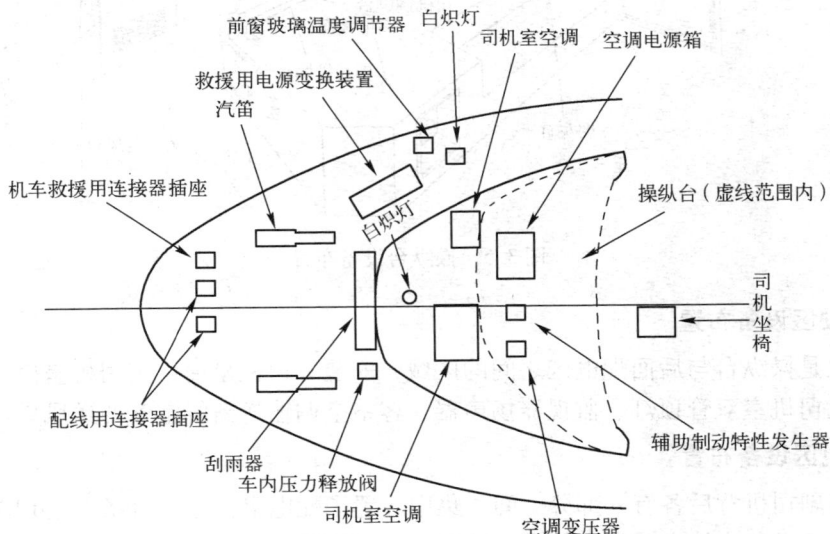

图 3.4　设备舱设备布置

2. 操纵台设备布置

为了确保司机的视野，操纵台安装在高地板上，高地板比司机室普通地板高 300 mm。

操纵台上安装与驾驶活动密切相关的设备，台体上安装司机控制器、司机制动控制器，操纵台前面的仪表盘上从左到右依次安装有故障显示灯、LKJ2000 显示器、关门显示灯、ATP 显示器、按钮开关盘、MON 列车信息显示器 1，司机左前方安装的是压力表和保护接地按钮开关，副司机正前方只设置了副司机的暖气切换开关及空调的出风口。为了充分利用安装空间，在操纵台的高地板上安装了救援切换开关、外部插座等使用频率不高的设备。

因为整个操纵台的可利用空间很小，而操纵台上需要安装的操作设备比较多。所以，为了扩展操纵台的安装空间，在司机左侧面板上也安装了许多设备，主要包括 MON 列车信息显示器 2、无线系统显示器、无线系统话筒、LKJ2000 话筒、广播控制放大器、电压表显示灯盘、无线系统打印机、冷气切换开关、司机暖气切换开关等。这一区域从结构上讲不属于操纵台，但从功能上来讲属于操纵台的一部分，称为侧面板。

操纵台主要设备布置见图 3.5，仪表盘及台面的设备布置如图 3.6 所示，侧面板设备布置如图 3.7 所示。

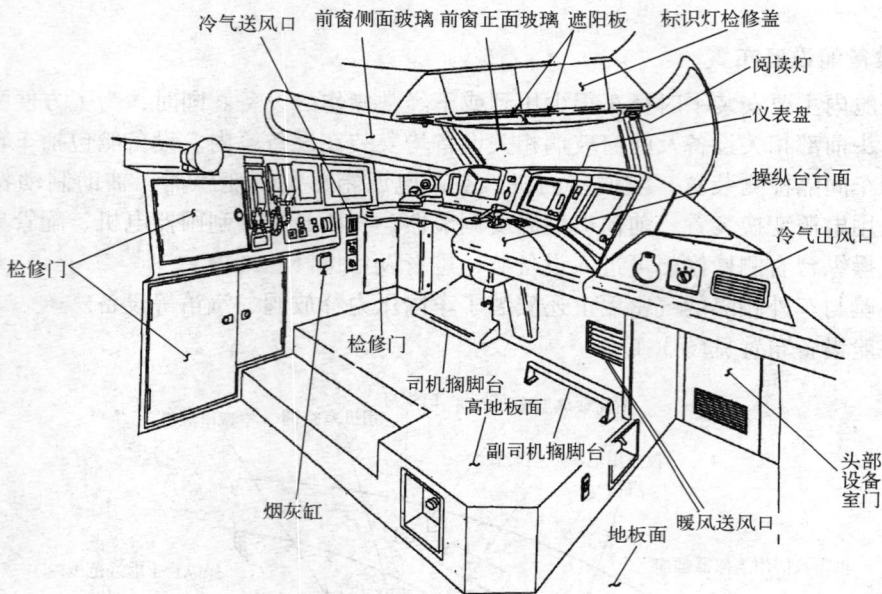

图 3.5　操纵台设备布置

3. 驾驶区设备布置

驾驶区是操纵台与后面配电区之间的区域，安装有司机坐椅、副司机坐椅。此区域的顶板上安装司机室双管顶灯、监视器扬声器、客室空调输送新鲜空气的送风口。

4. 配电区设备布置

司机与副司机背后各有一部分空间，集中放置了配电盘、接地开关盘、LJB 连接器等设备。配电区设备直接安装在车体的安装架上，四周设计相应的内装检修门。

司机背后配电区除了靠车体侧墙侧外，其他三面均设置检修门。驾驶区侧配置有司机室配电盘、司机室开关盘、接地开关盘、制动指令转换装置、大型端子台、LJB 连接器、刮雨器水箱等。通过台侧安装 ATP 装置、TAX2 箱、LKJ2000 主机及 TSC - 1 装置。走廊（从驾驶区到通过台的过道部分，称为走廊）侧安装有联解配电盘、通过台灯开关。具体设备布置参见图 3.8。

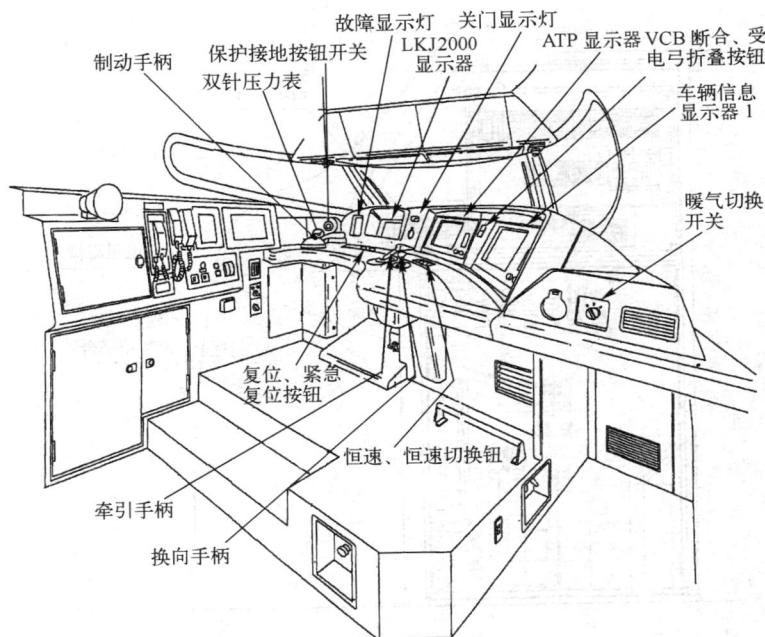

故障显示灯 关门显示灯
保护接地按钮开关 LKJ2000 ATP 显示器 VCB 断合、受
制动手柄 双针压力表 显示器 电弓折叠按钮
车辆信息
显示器 1
暖气切换
开关
复位、紧急
复位按钮
恒速、恒速切换钮
牵引手柄
换向手柄

图 3.6 仪表盘及台面设备布置

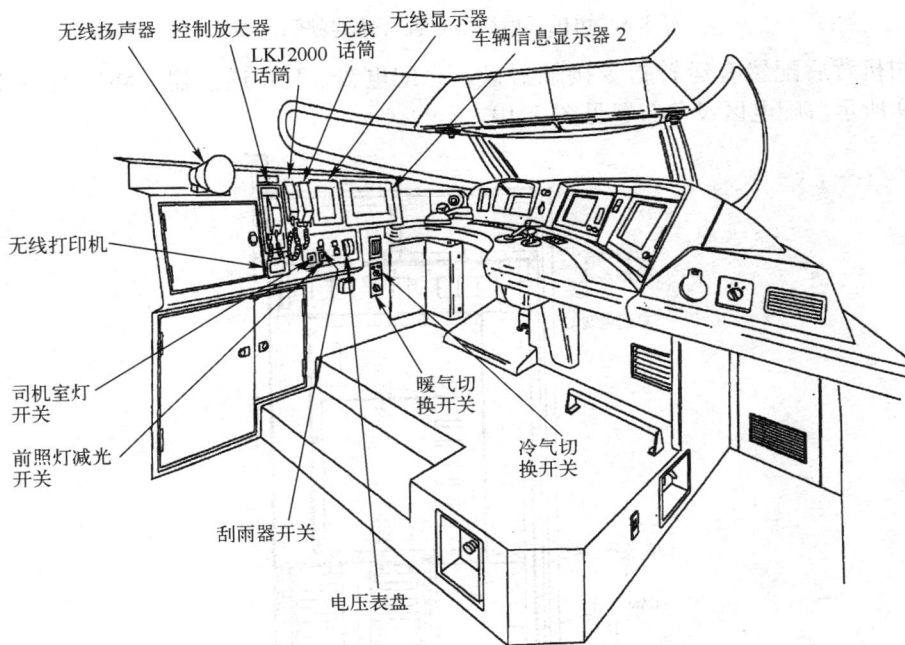

无线扬声器 控制放大器 无线显示器
无线 车辆信息显示器 2
LKJ2000 话筒
话筒
无线打印机
司机室灯 暖气切
开关 换开关
前照灯减光 冷气切
开关 换开关
刮雨器开关
电压表盘

图 3.7 侧面板设备布置

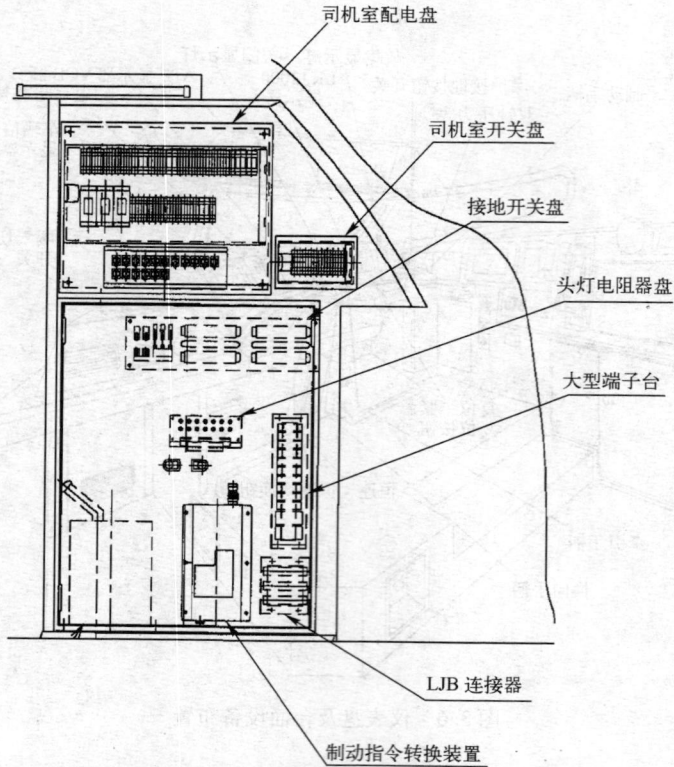

图 3.8　司机背后设备布置（从驾驶侧观察）

　　副司机背后配置有运转指令接触器盘、总配电盘、LJB 连接器、MON 中央装置等，如图 3.9 所示。配电区设备布置见图 3.10。

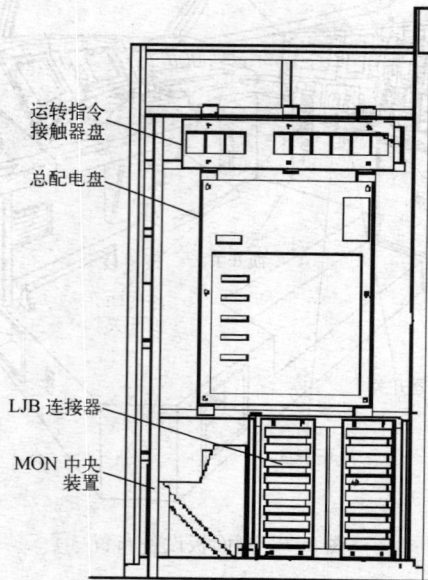

图 3.9　副司机背后设备布置（从走廊侧观察）

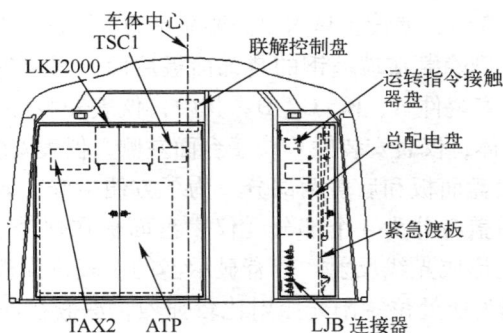

图 3.10　配电区设备布置（从通过台侧观察）

5. 通过台设备布置

配电区至客室的区域称为通过台。

图 3.11 是通过台内端墙设备布置。站在通过台上，面向 2 位端，右边下方设置了 2 个可折叠的坐椅，供乘务员乘坐。中间检修门内安装有无线系统主机、显示控制装置等设备。左侧设有通向客室的隔门。通过台的两侧各有一扇司机室侧门。

在每个司机室侧门旁边均设有紧急制动开关、广播联络装置和车长开关。乘务员坐椅所在的隔墙上设有搁物平台，平台上方设有灭火器、应急灯、扩音器。此外，通过台顶部安装了 2 个单管顶灯，供通过台的照明。

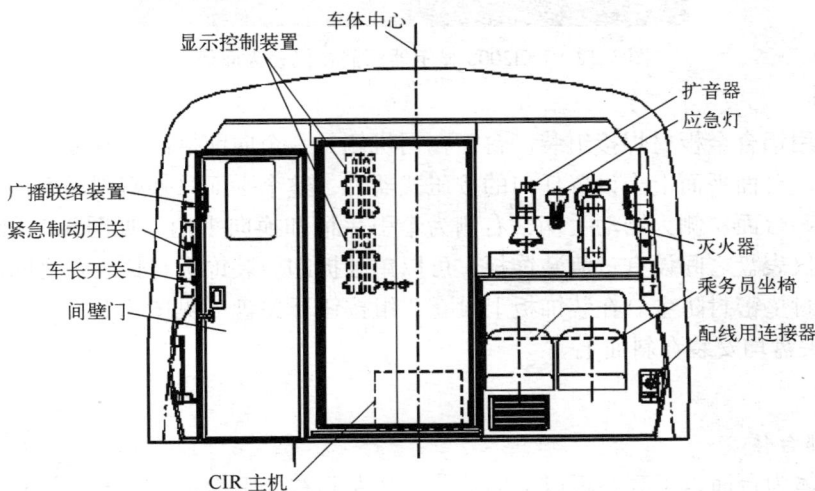

图 3.11　通过台内端墙设备布置

3.1.3　操纵台

操纵台自上往下可以划分为仪表盘、台面及台体三部分。司机左侧设有侧面板。

1. 仪表盘

CRH₂的操纵台采用钢质安装件安装设备，玻璃纤维增强塑料（俗称玻璃钢）作为装饰面板罩在设备外面。这种安装，使设备只露出需要显示或操作的部分，与显示和操作无关的部分（比如紧固螺钉等）则隐藏在玻璃钢的装饰面板后面。固定各种仪表设备的焊接组件可以分为4个部分：仪表安装件A、B、C、D。其中，仪表安装件A、B，位于整个台面的正前方，构成仪表盘的主体，仪表安装件C位于台面左侧，仪表安装件D位于台面右侧。

仪表盘罩板分为仪表盘面板和后盖两部分。为了方便检修，同时也为了减小玻璃钢板的变形，仪表盘面板和后盖各分为4个部分。仪表盘面板在保养、维护时可以自由拆卸。为了防止在显示器画面上形成光线反射，带有显示器的仪表盘面板都设计了帽檐结构用以遮光。LKJ2000显示器因为所处位置阳光照射比较强烈，深嵌在面板里，这样显示器的四周均有面板挡光。具体可以参见图3.12。

图3.12 LKJ2000显示器深嵌在仪表盘面板中

2. 台面

台面采用铝合金板材焊接组装。台面在司机侧是一个向前拱出的圆弧，充分保证了司机操作空间。台面平面上未设置任何的按压式器件，整个平面只外露制动手柄、牵引手柄和换向手柄。台面左侧为制动手柄，右侧为牵引手柄和换向手柄，见图3.1和图3.2。台面与前面的仪表盘之间设有过渡装饰板，可以单独拆卸。装饰板与仪表盘之间的缝隙利用海绵橡胶密封垫密封防尘。在装饰板上设有2组按钮开关盘（见图3.5），为了操作方便，2组按钮开关盘均安装在斜面上。

3. 台体

1）下部台体

下部台体为台面以下高地板以上的部分，从左到右分别为1、2、3三部分。司机正前方部分为下部台体1；司机左侧部分为下部台体2；司机右侧部分为下部台体3。下部台体2和下部台体3分别用螺栓、螺母连接在下部台体1的左右两侧。下部台体均采用铝合金型材和板材焊接组装的结构。

（1）下部台体1

该部分设有司机搁脚台、气笛阀及司机用暖风机等设备。

（2）下部台体2

该部分设有司机制动控制器及其检修门等。司机制动控制器盖也固定在台体上。

（3）下部台体 3

该部分设有副司机用暖风机和 IC 卡控制装置。气体减震器、搭扣锁、司机控制器盖均固定在台体上。

2）上部台体

上部台体分为 1、2 两部分，左侧为上部台体 1，右侧为上部台体 2。整个台体采用铝合金板材焊接结构。

4. 侧面板

为了方便司机操作，各种设备主要配置在上部面板上，下部面板仅配置了一些不常操作的解联开关及烟灰缸等。同时，为了检修面板内部的设备，分别在需要的地方设置了检修门。

1）上部面板

采用钢板焊接组成，重量轻的设备首先安装在面板上，然后整体装车。大设备如空气管开闭器则采用直接装车，在面板上设检修门的安装方式。

2）下部面板

下部面板上安装了解联开关、冷气切换开关、暖气切换开关、烟灰缸等设备。面板内部装有联接切换器、压力调整阀等设备，面板上设置了检修门，以方便内部设备的保养维护。

3.1.4 配电区主要设备

司机室配电区的主要设备包括：总配电盘、司机室配电盘、司机室开关盘、联解控制盘、运转指令接触器盘和 LJB 连接器。

1. 总配电盘

总配电盘安装在副司机背后配电区，配电盘上主要布置了实行列车控制的各种继电器等，设备布置参见图 3.13。

图 3.13　总配电盘设备布置

2. 司机室配电盘

司机室配电盘安装在司机背后配电区，配电盘上主要配置了小型断路器和转换开关。司机室配电盘设备布置参见图3.14。

图3.14 司机室配电盘设备布置

3. 司机室开关盘

司机室配电盘的右边设有司机室开关盘，集中布置了各种拨动式开关。其设备布置参见图3.15。

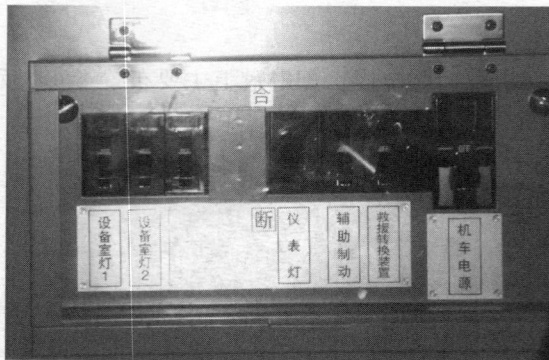

图3.15 司机室开关盘设备布置

4. 联解控制盘

联解控制盘用于两列动车组联挂和解联时，控制头部开闭机构、空气管开闭器及车头电气连接器的各种动作，完成两列动车组的联挂或解联。联解控制盘的设备布置参见图3.16。

5. 运转指令接触器盘

运转指令接触器盘主要布置了与司机控制指令相关的接触器。其设备布置参见图3.17。

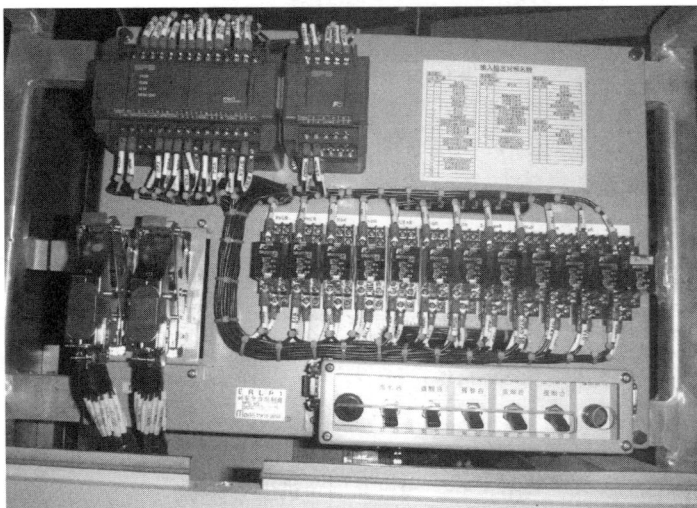

图 3.16　联解控制盘布置图

图 3.17　运转指令接触器盘设备布置

6. LJB 连接器

配电区在司机和副司机背后分别设有 LJB 连接器，主要作用是完成低电压电路的转接。LJB 连接器是一种较特殊的连接器，通过专用的短接片实现接线端子的转接作用。

3.1.5　坐椅

司机室内设机坐椅、副司机坐椅和乘务员坐椅，分别设置在驾驶区和通过台区域。

1. 司机及副司机坐椅

司机与副司机的坐椅完全相同。具有以下调整功能：上下高度调整、前后移动调整、坐椅转动调整、靠背倾斜度调整、扶手角度调整、靠枕高度调整、体重调整。司机和副司机坐椅外形图参见图 3.18。

2. 乘务员坐椅

通过台设有两组可供乘务员乘坐的折叠坐椅。

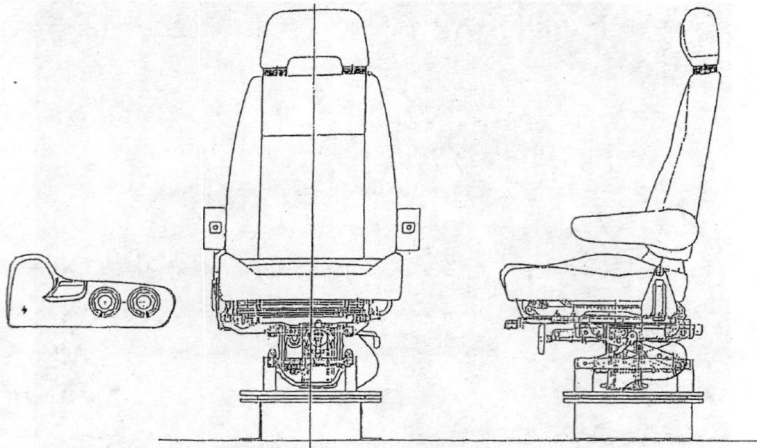

图 3.18 司机及副司机坐椅外形

3.1.6 门

司机室设有司机室侧门、隔门及气密门。

1. 司机室侧门

1) 司机室侧门布置

每个司机室设置左1右1两个司机室侧门，如图 3.19 所示。

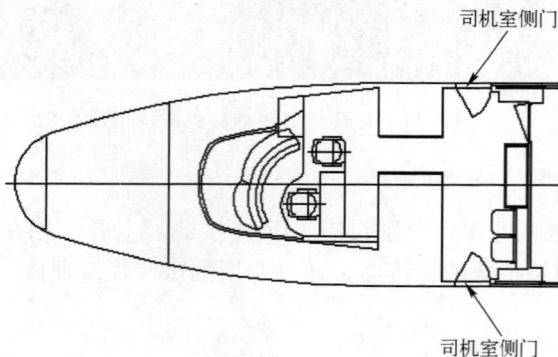

图 3.19 司机室侧门的分布

2) 司机室侧门结构（见图 3.20）

① 司机室侧门采用充气密封式折页门。

② 司机室侧门包括门板、活动窗、门框、铰链、门锁装置、充气密封胶条、门止挡、空气阀及其配管等。

③ 门板采用三维曲面外形结构。外形尺寸为：1 820 mm×616 mm。外门板表面进行防腐处理；内门板及骨架采用耐候钢板。门板一侧装有两副不锈钢折页，另一侧装有门锁，门锁为上中下三点锁闭。中部锁盒内装有充气密封胶条用空气阀。

④ 门板强度：能够承受 8 kPa 的均布载荷，同时承受一个作用于门板中心的 800 N 的

图 3.20 司机室侧门结构

集中力而不产生永久变形。

⑤ 机构耐久性：折页及门锁机构应能可靠循环操作 15 万次。

3）司机室侧门的使用

（1）司机室侧门的关门

① 从车内关门：手握中部锁盒上的手柄将门关上，此时，中部锁舌将空气阀打开，充气密封胶条开始充气，侧门密封；然后旋转内动手把到关闭位置，门完全关闭。

② 从车外关门：手握门板外部的内嵌式手把将门关上，此时，中部锁舌将空气阀打开，充气密封胶条开始充气，侧门密封；然后用钥匙插入平滑锁的锁眼中旋转 90°，将门锁闭。

（2）司机室侧门的开门

① 从车内开门：旋转内动手把到开门位置，手握中部锁盒上的手柄向下旋转，此时，中部锁舌收回，空气阀自动关闭，充气密封胶条开始放气；然后将门拉开。

② 从车外开门：用钥匙插入平滑锁的锁眼中旋转 90°，推开平滑锁上部盖板，将手伸进开口部，按下滑杆，此时，中部锁舌收回，空气阀自动关闭，充气密封胶条开始放气，然后将门推开。

4）司机室门锁

司机室门锁是 3 点锁闭的构造，外侧锁为减低噪声采用的是平滑锁。为了提高司机的上下车效率，呈自动上锁方式。

2. 司机室隔门

司机室隔门位于司机室与客室之间。其具体布置见图 3.21。

门板及观察窗框采用铝板组焊而成，门板表面贴膜。门板司机室侧设镜子。门板上设观察窗，司机室侧贴有反射膜，通过观察窗，从司机室侧可以看到客室的情况，反之不可以。

司机室隔门设保险锁，可自客室通过专用钥匙打开，并在司机室侧设插销。

门口尺寸：1 825 mm × 600 mm。

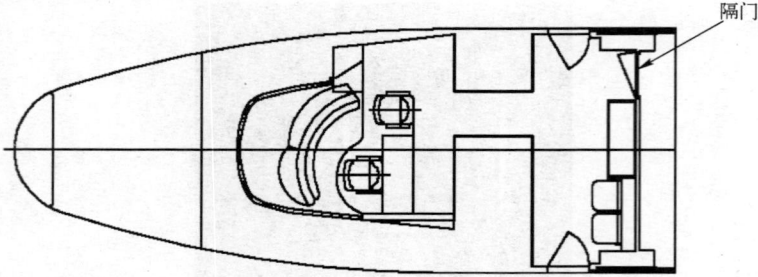

图 3.21　司机室隔门布置

3. 气密门

1）布置

气密门位于司机室设备舱与外界的隔墙上，见图 3.22。

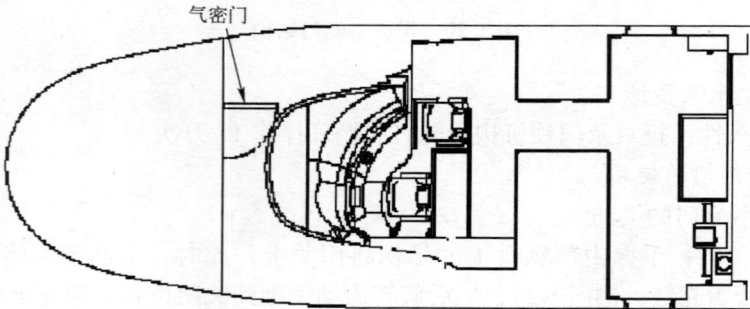

图 3.22　气密门的布置

2）结构和性能要求

门板采用耐候钢板组焊而成，表面喷涂防蚀涂层，压紧锁座、压紧锁挡安装件采用不锈钢板制作，压紧锁采用压铸铝合金制作，折页采用不锈钢板制作。

气密门通过两个折页固定于车体上。门板与门框之间采用气密橡胶密封。气密橡胶采用海绵橡胶制成。

气密门能承受动车组的气动载荷要求。车门的气密性能满足整车气密性要求。

3.1.7　司机室前窗

司机室前窗采用适应曲面的窗户玻璃，为降低噪声采用了与车体外板平滑的固定窗。在前窗正面玻璃上采用防雾用导电加热丝，由玻璃温度控制器来进行温度控制。

司机室前窗的名称及数量如表 3.1 所示，前窗的位置见图 3.23。

表 3.1　司机室前窗等设备的名称及数量

名　　称	数　　量
司机室前窗正面玻璃	1
司机室前窗侧面玻璃	左 1，右 1

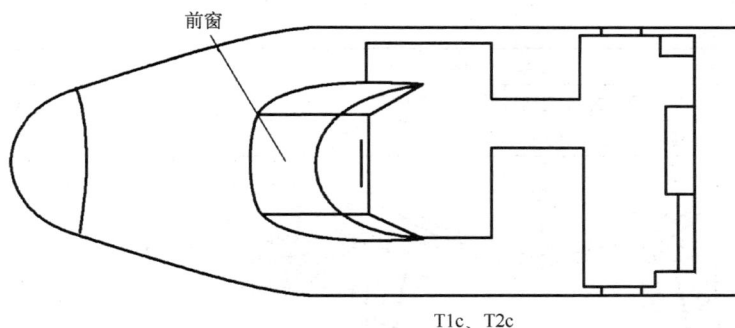

图 3.23　司机室前窗位置

1. 前窗正面玻璃

1）司机室前窗玻璃的性能

司机室前窗玻璃采用透明安全窗玻璃，具备防霜冻性能，在最低环境温度下，在动车组运行过程中满足远方眺望要求。

① 可见光线透率依据 JIS R 3213 铁路车辆用安全玻璃规定，为 50% 以上。

② 强度根据 RIS 218 的规定，用相同前窗玻璃的构成实施 1.8 kg 模拟鸟和石渣的 227 g（275 km/h）钢球冲击试验。

③ 曲光率根据 JIS R3213 规定，在透过的图像中，没有变形的图像，图像形求在 ±6.9 mm 以内。（不包括玻璃边缘 150 mm 以内部分）

④ 前窗玻璃应能承受 ±8 050 Pa 的气动载荷。

2）前窗正面玻璃结构

司机室前窗正面玻璃为四层玻璃，中间夹三层 PVB 胶片，内部采用钨丝进行加热。司机前窗正面玻璃依靠铝压板固定在车体骨架上，外面涂密封胶。

2. 前窗侧面玻璃

司机室侧面玻璃采用夹层玻璃，具有三层玻璃中间夹两层 PVB 胶片的结构。为遮光，中间层采用褐色玻璃，玻璃的更换在车外进行，即割开密封材，拆下玻璃挡块后进行更换。

司机室侧面玻璃性能和试验要求同正面玻璃。

3.1.8　刮雨器

1. 概要

刮雨器采用双臂式电动刮雨器。规格见表 3.2，刮刷效果参见图 3.24。

表 3.2　刮雨器规格

项　目	规　格	备　注
模式	连杆驱动式	
刮刷角度	司机：75°、副司机：60°	
刮臂长	司机：615 mm、副司机：635 mm	
刮片长	司机、副司机：600 mm	

项　　目	规　　格	备　　注
橡胶	合成橡胶配合天然橡胶＋石墨涂层	
刮片结合方式	高刚度型 U 钩	

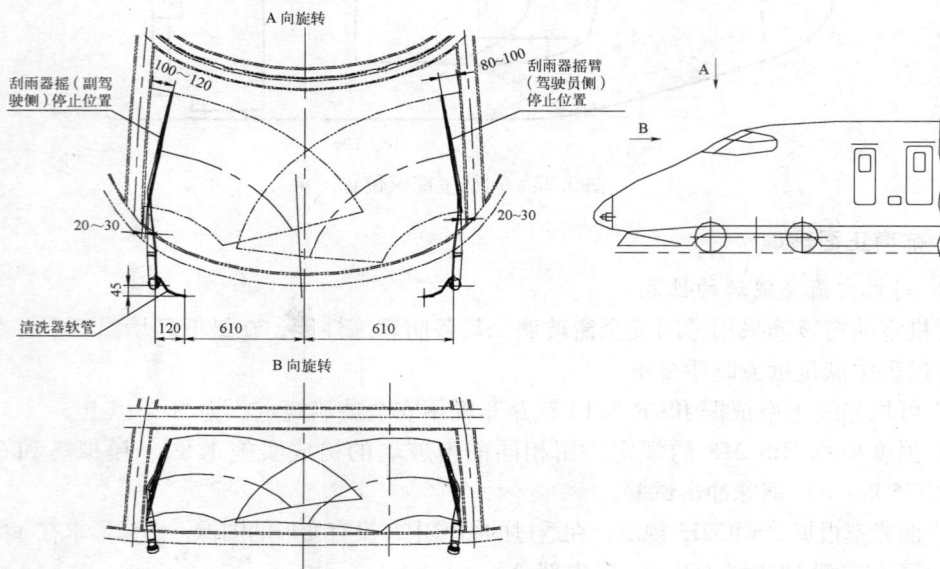

图 3.24　刮雨器刮刷效果

2. 构成

1）刮臂

在前窗玻璃左右各设 1 个刮臂。双臂动作时，刮刷范围在前窗中央附近重叠。双臂共用 1 台电动机驱动，工作时，双臂互不干涉，刮刷速度可调节。

2）喷淋装置

刮臂设喷淋装置。需要时喷水，以保证刮刷效果。

3. 控制

1）控制模式

通过司机左侧面的刮雨器开关，进行高速、低速及间歇控制。

2）自动复位控制

刮雨器开关关闭后，刮臂自动停止在前窗的起始位置。

3.1.9　头灯

1. 布置图

在司机室前窗上部中央位置安装头灯（包括前照灯和标识灯）。前照灯使用带减光的封闭式大灯，标识灯使用 LED 显示灯。头灯采用模块化设计，每个模块包括 1 个标识灯、3 个前照灯，每个司机室左右各安装 1 个头灯模块（即 2 个标识灯、6 个前照灯）。司机室头灯布置参见图 3.25。

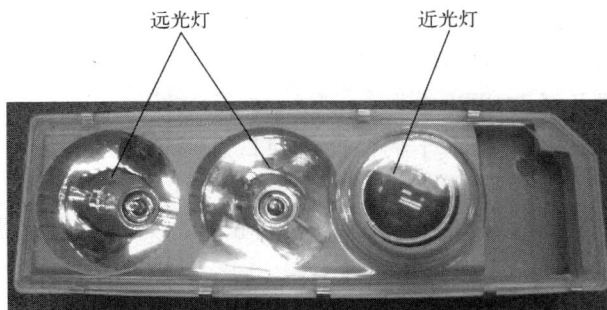

图 3.25　司机室头灯布置

2. 照度

CRH2 选用的头灯体积小巧，位置适于安装维修。头灯前方 400 m 处，照度达到 3.5 ～ 4.0 lx，满足实际使用要求。

3.2　CRH2 型动车组车载信息系统

3.2.1　主要功能

（1）实现牵引和制动的指令系统信息的串行传输，通过界面传输司机的控制指令。

（2）设备的切除、复位功能：

① 向牵引变流器、辅助电源装置及配电盘传送复位指令；

② 设备远程切除指令的传送；

③ 辅助绕组电源感应电路的控制；

④ 三相 AC 400 V 电源感应电路的控制（BKK 远程断开及闭合操作）。

（3）空调温度控制器的开启/复位及温度和工作模式的设定。

（4）司乘人员提示功能：

① 发生故障时自动显示故障名称、部位及应急处理办法，并鸣响蜂鸣器；

② 通过 IC 卡输入并显示担当区段、车次、时刻表、站名等信息；

③ 显示应急故障处理手册；

④ 显示两列动车组重联状态及联挂信息；

⑤ 显示最新故障信息。

（5）服务设备控制功能：

① 控制车内信息显示器、目的地显示器的显示内容；

② 控制车号显示器的显示内容；

③ 向自动广播装置传送播音时间信息；

④ 向广播服务装置传送公里里程信息；

⑤ 解编时关闭其他编组广播输出；

⑥ 服务设备（空调、室内灯、广播）的控制及状态显示。

（6）数据记录功能：

① 故障时记录设备动作信息；

② 主故障发生时记录状态信息；

③ 累计走行公里及牵引/再生电力；

④ 正式运行或试运行中记录车辆性能、项目选择、空调运转率、空调运行状态等信息。

（7）车上试验功能：判断相关设备工作是否正常，如牵引变流器、APU、车门等的状态试验。

（8）自诊断功能：确保设备自身的正确工作。

3.2.2 显示模式及硬件切换方法

系统分为一般、检修和诊断三个模式，通过 MON 中央装置的模式切换开关进行三种模式之间的转换。

1. 一般模式

共 62 项，是司乘人员在动车组运行中使用的操作模式，分为司机模式、列车员模式和记录模式。

① 司机模式：查看列车行驶状态、车辆信息、出库信息、制动信息、电源电压、配电盘信息、车门状态及车次设定等 38 项功能。

② 列车员模式：查看车门信息、空调状态，实现对服务设施、广告显示、空调模式等项目的设定等 21 项功能。

③ 记录模式：实现动车组正常运行及试运行信息的记录下载等 3 项功能。

2. 检修模式

在动车组入库或在检修基地检修时所使用的模式，共有 42 项功能，以及以下几个方面：

① 实现动车组主变流器、总风管压力、常用和非常用制动试验、辅助制动试验、加压和非加压辅助电源检查，以及车门开关的测试，并对检查试验的信息进行记录和存储；

② 设定车轮直径、编组信息、车号车次、停车站等项目；

③ 查询主故障记录信息；

④ 读取和写入 IC 卡信息；

⑤ 设定模拟故障。

3. 诊断模式

实现对车载信息系统设备的自诊断，以及对网络的诊断。

3.2.3 页面转换关系框图

1. 司机模式

司机模式的页面转换关系框图如图 3.26 所示。

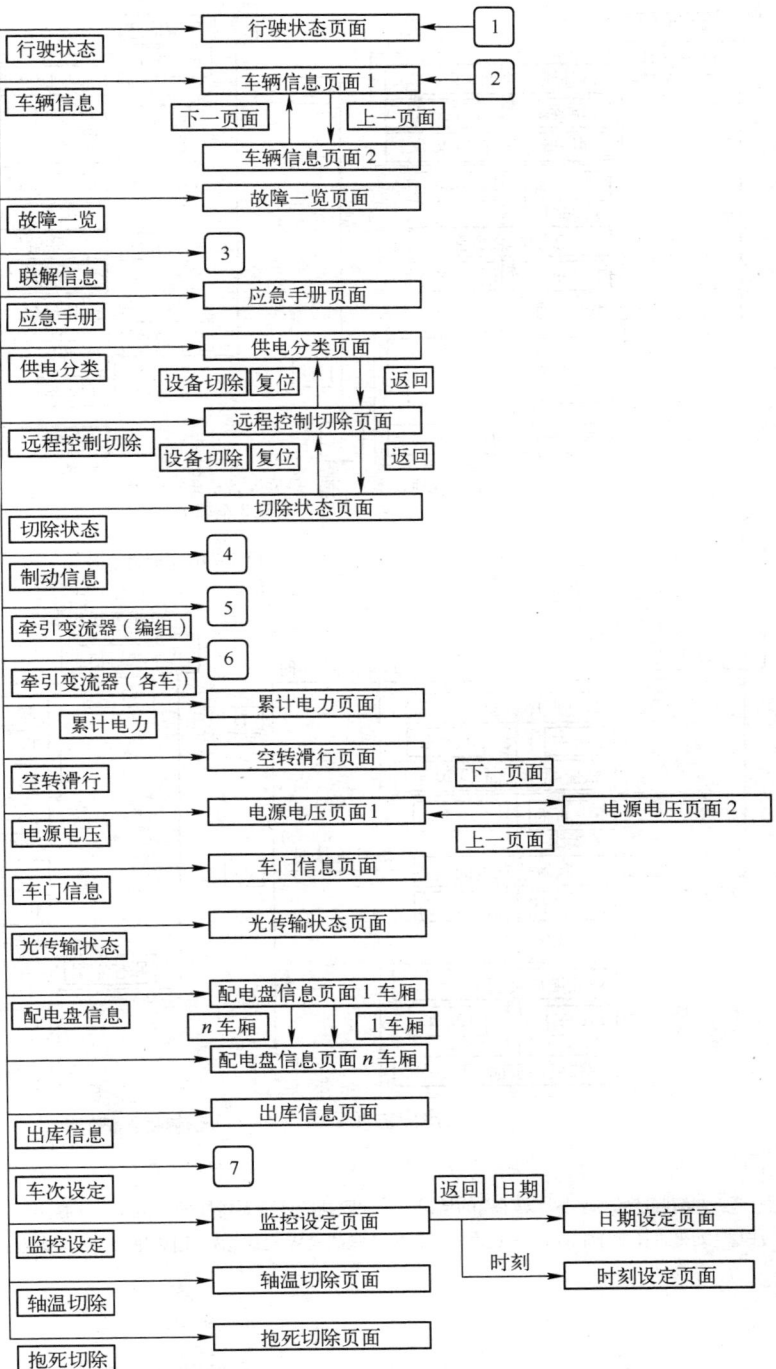

可通过司机模式菜单页面受理

司机模式菜单页面

可通过显示菜单键的页面受理。此外，可在其他模式菜单页面触摸司机 + 确认键。

- 行驶状态 → 行驶状态页面 ← 1
- 车辆信息 → 车辆信息页面 1 ← 2
  - 下一页面 / 上一页面
  - 车辆信息页面 2
- 故障一览 → 故障一览页面
- 联解信息 → 3
- 应急手册 → 应急手册页面
- 供电分类 → 供电分类页面
  - 设备切除 / 复位 / 返回
- 远程控制切除 → 远程控制切除页面
  - 设备切除 / 复位 / 返回
- 切除状态 → 切除状态页面
- 制动信息 → 4
- 牵引变流器（编组）→ 5
- 牵引变流器（各车）→ 6
- 累计电力 → 累计电力页面
- 空转滑行 → 空转滑行页面
- 电源电压 → 电源电压页面 1 ⇄ 电源电压页面 2（下一页面 / 上一页面）
- 车门信息 → 车门信息页面
- 光传输状态 → 光传输状态页面
- 配电盘信息 → 配电盘信息页面 1 车厢
  - n 车厢 / 1 车厢
  - 配电盘信息页面 n 车厢
- 出库信息 → 出库信息页面
- 车次设定 → 7
- 监控设定 → 监控设定页面
  - 返回 / 日期 → 日期设定页面
  - 时刻 → 时刻设定页面
- 轴温切除 → 轴温切除页面
- 抱死切除 → 抱死切除页面

（a）转换流程

图 3.26　司机模式页面转换关系框图

1,8,16 车厢显示器 1

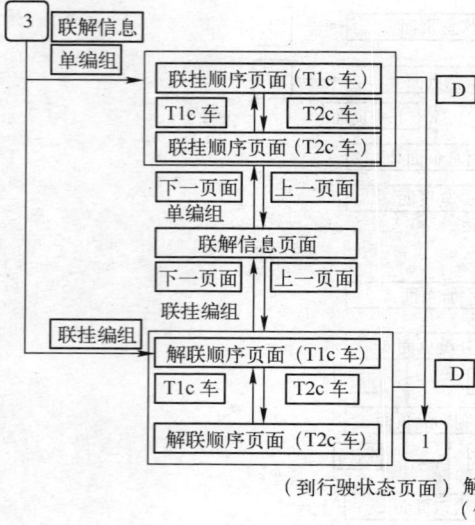

1,8,16 车厢显示器 2

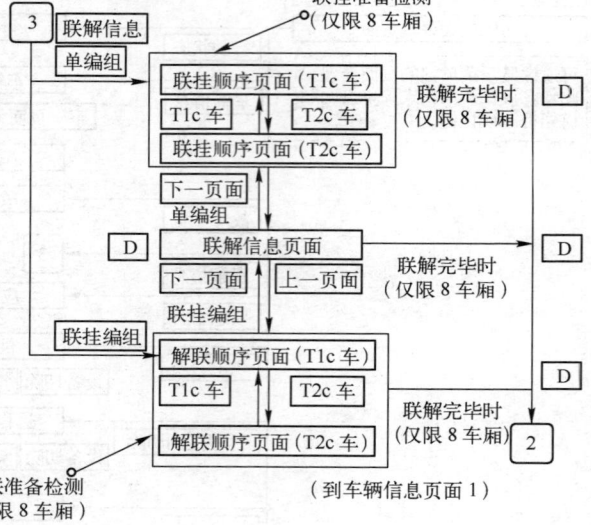

联挂准备检测
（仅限 8 车厢）

（到行驶状态页面） 解联准备检测
（仅限 8 车厢）

（到车辆信息页面 1）

(b) 1,8,16 车厢显示器

9 车厢显示器 1

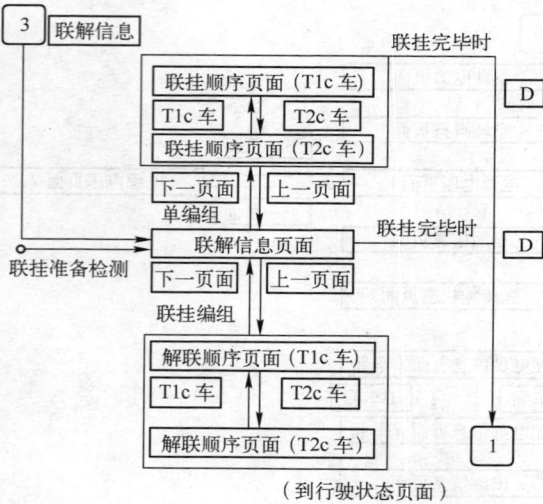

9 车厢显示器 2

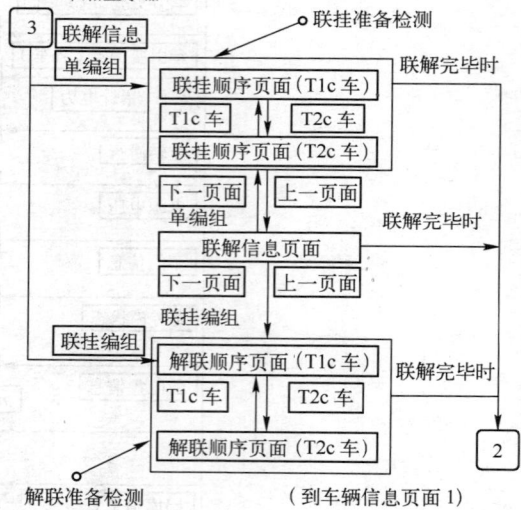

联挂准备检测

（到行驶状态页面） 解联准备检测

（到车辆信息页面 1）

注① 在解联试验 5 V 置于"合"的情况下，向联挂顺序页面转移时，应全部转移至解联顺序页面。

注② 如果正在显示联挂顺序页面的过程中解联试验 W 变成"合"时，则会自动地转移至解联顺序页面。（8,16 车厢的显示器除外。）

(c) 9 车厢显示器

图 3.26 司机模式页面转换关系框图（续）

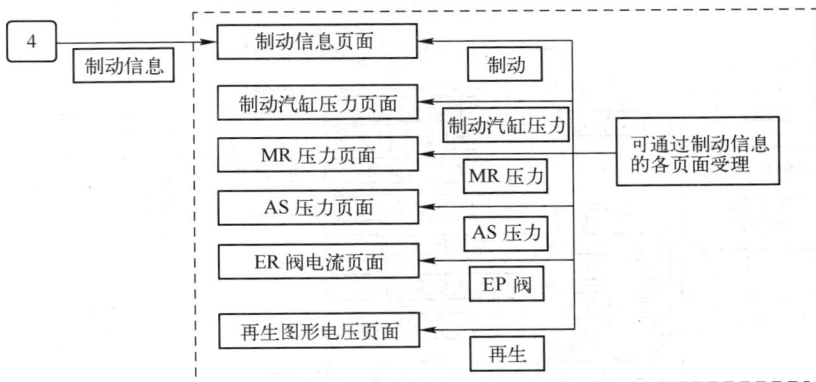

（d）制动信息

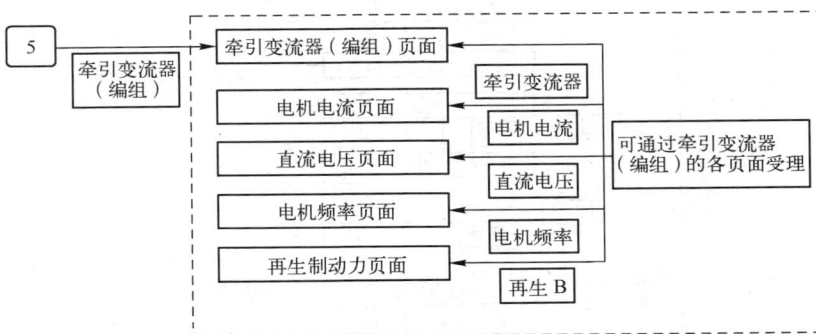

（e）牵引变流器（编组）

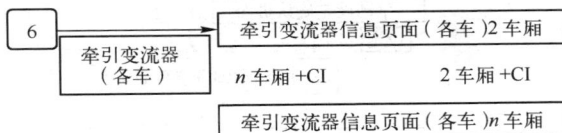

（f）牵引变流器（各车）

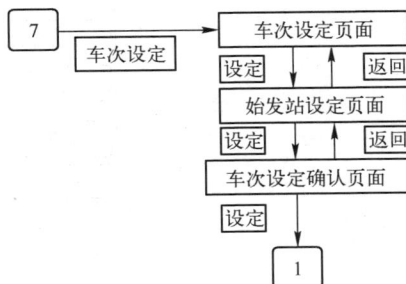

（g）车次设定

图 3.26　司机模式页面转换关系框图（续）

2. 列车员模式

列车员模式页面转换关系框图如图 3.27 所示。

可通过列车员模式菜单页面受理

列车员模式菜单页面

可通过显示菜单键的页面受理。
此外，可在其他模式菜单页面中触摸列车员 + 确认键

火灾报警、紧急蜂鸣器、卫生间蜂鸣器、卫生间故障检测时自动转移。

列车员信息 → 列车员信息页面 1
下一页面 ← → 上一页面
列车员信息页面 2

火灾报警、紧急蜂鸣器、卫生间蜂鸣器、卫生间故障检测时自动转移。

3

空调信息 → 空调信息页面

车门信息 → 车门信息页面

车次检查 → 车次检查页面

标准温度设定 → 标准温度设定页面

紧急文设定 → 紧急文设定页面 1
5 6 7 ｜取消
紧急文设定页面 2 ｜取消
设定 ｜取消
紧急文设定页面 3

5 6 7 以外

手动设定 → 列车分类设定页面
设定 ｜返回
停车站类型设定页面
站名 ｜返回
设定 → 联解信息选择页面
设定 ｜返回
联解设定[无]时
联解站设定页面
设定 ｜返回
车厢号码设定页面
设定 ｜返回
手动设定确认页面
设定

联解设定[无]时

8 （到空调设定页面 1）

服务设备控制 → 服务设备控制页面 ← 返回
空调运转 → 空调运转模式设定页面
广播 → 广播设定页面
乘客信息显示器 → 乘客信息显示器设定页面
室内照明 → 室内照明设定页面
自动广播 → 自动广播设定页面
广播关闭 → 广播关闭设定页面

自动广播、广播关闭仅限联挂时显示

广告文显示 → 广告文显示页面

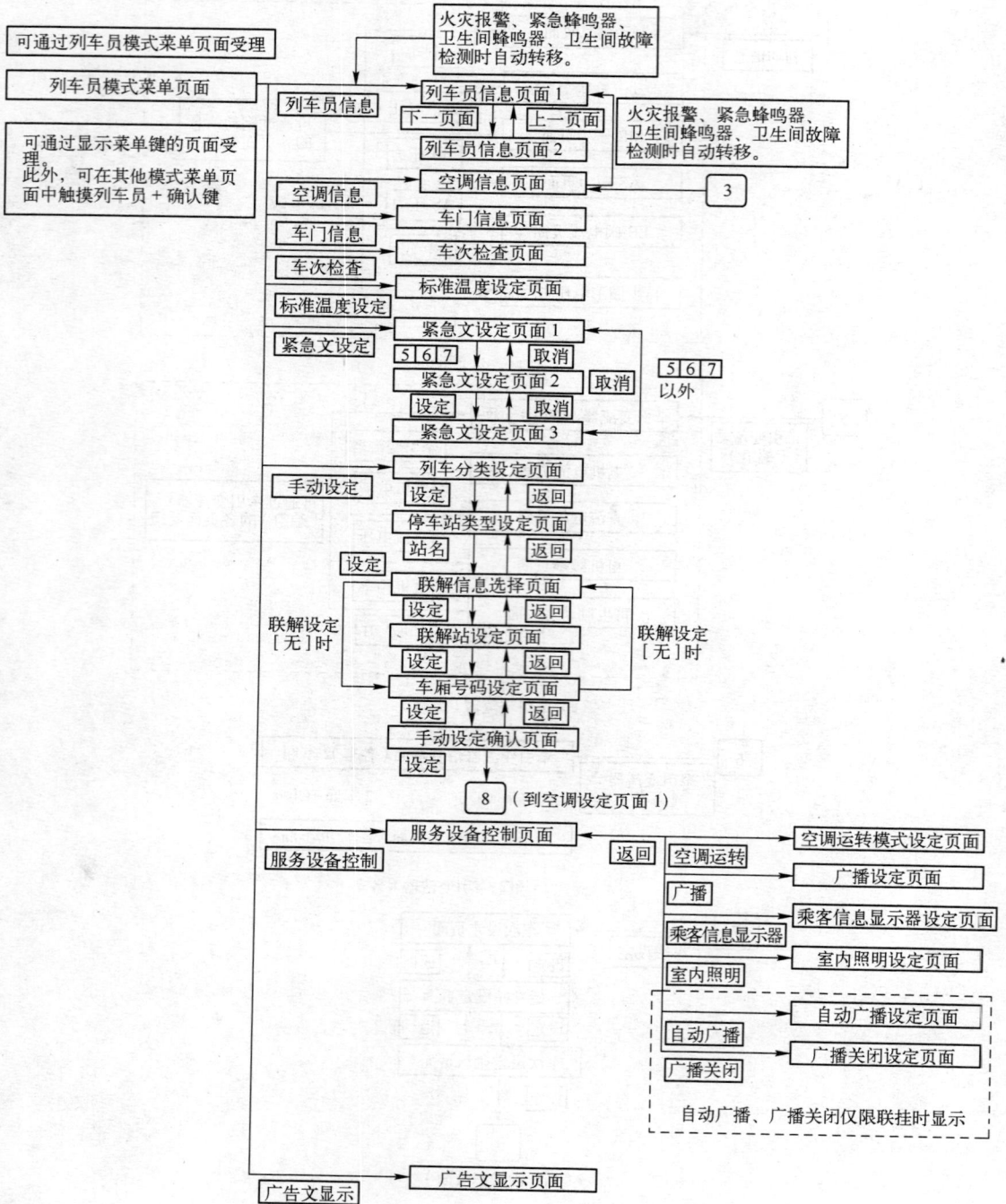

图 3.27 列车员模式页面转换关系框图

3. 记录模式

记录模式页面转换关系框图如图 3.28 所示。

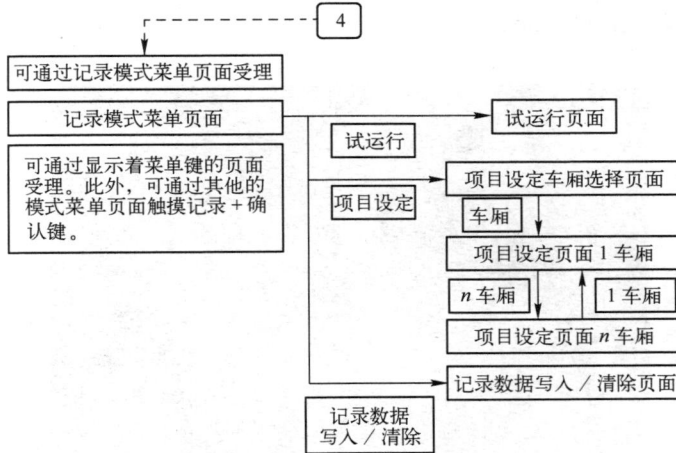

图 3.28　记录模式页面转换关系框图

3.2.4　主页面公共部分说明

1. 标题栏

标题栏如图 3.29 所示，各部分的作用见表 3.3。

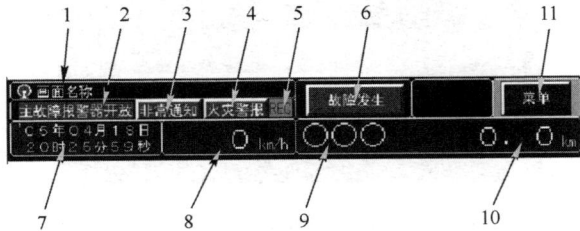

图 3.29　标题栏

表 3.3　标题栏内容说明

号码	名称	说明	备注
1	页面标题	显示页面名称	通常显示
2	主故障蜂鸣器切除	显示主故障蜂鸣器正在切除	
3	紧急报警键	紧急报警发生时显示	报警状态页面，以突出闪烁显示
4	火灾报警键	火灾报警发生时显示	报警状态页面，以突出闪烁显示
5	REC	显示正在进行调试记录	
6	故障发生键	显示故障发生	在故障信息画面上无显示
7	当前日期、时刻	显示当前日期、时刻	
8	当前速度	显示当前速度	
9	线路	显示当前线路	仅限于设定列车编号时显示
10	公里数	显示当前的公里数	仅限于设定列车编号时显示
11	菜单键	用来跳转到各模式的菜单画面	

2. 信息显示区 （见图 3.30）

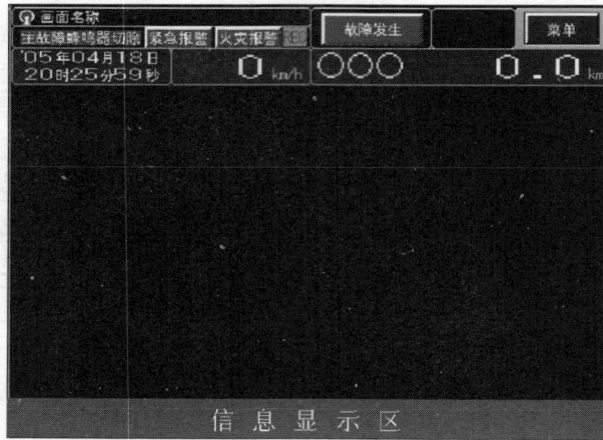

图 3.30　信息显示区

3. 列车显示区 （见图 3.31）

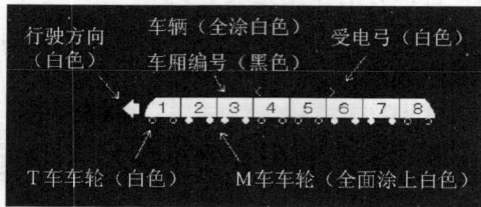

图 3.31　列车显示区

3.2.5　"一般模式" 具体操作方法

在车载信息系统电源接通，并且开始传输之后，监视屏显示如图 3.32 所示的初始选择页面。

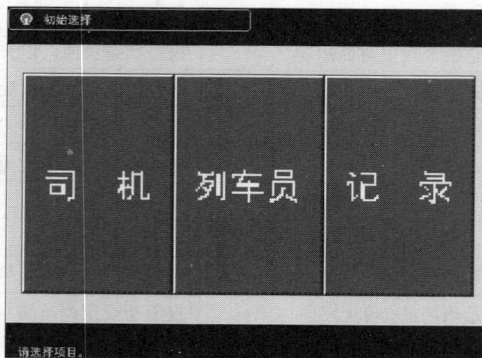

图 3.32　初始选择页面

1. 页面选择

模式选择键在正常情况下文字以白色显示，背景以蓝色显示。触按相应选择键时，被选中的文字以黑色显示，背景以绿色显示。

触按"司机"键切换至"司机模式"页面，如图 3.33 所示。

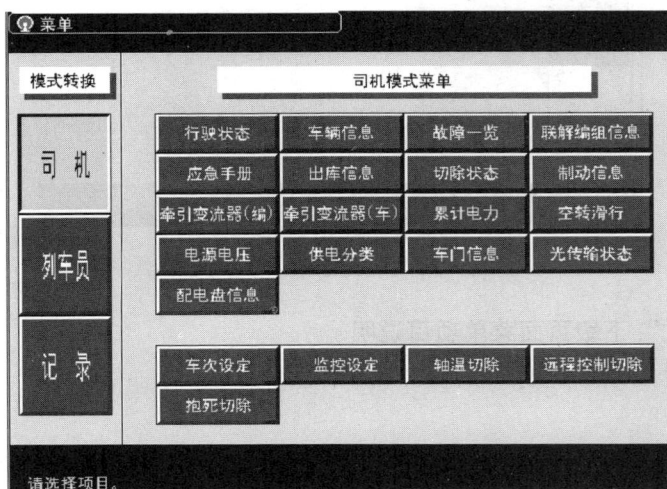

图 3.33　"司机模式"页面

触按"列车员"键切换至"列车员模式"页面，如图 3.34 所示。

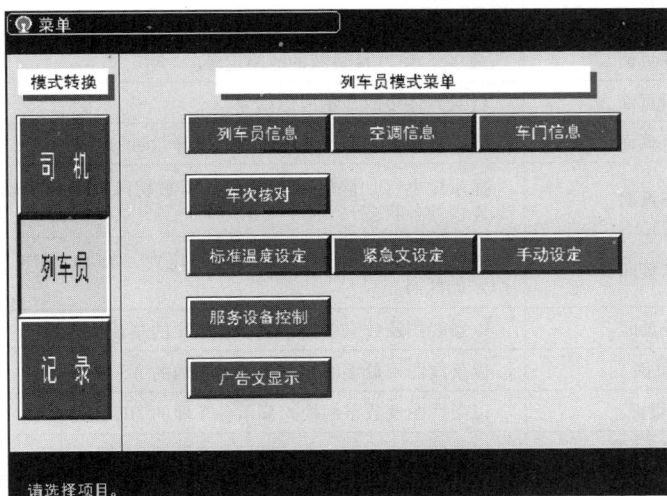

图 3.34　"列车员模式"页面

触按"记录"键切换至"记录模式"页面，如图 3.35 所示。

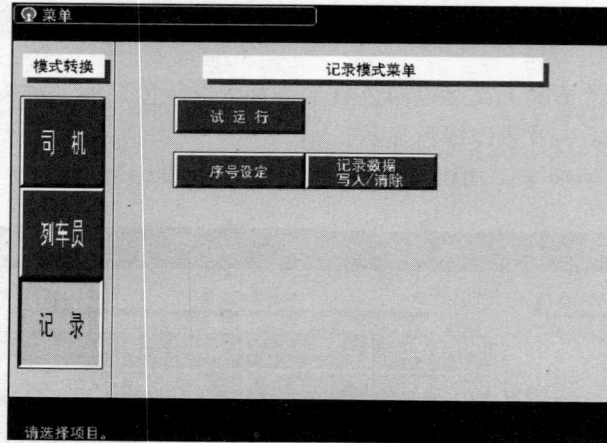

图 3.35　"记录模式"页面

2. "一般模式"下级页面菜单项目说明

1)"司机菜单"项目说明（见表 3.4）

表 3.4　"司机菜单"说明

项目编号	页面名称	说明
1	司机菜单页面	选择司机模式的各页面，以及其他模式的选择
2	行驶状态页面	显示司机必需的信息（级位、制动、车门、单元、牵引/再生工况等）
3	车辆信息页面	第 1 页面显示引发紧急制动的原因，以及主要设备有无故障 第 2 页面显示 CMP、EGS、无电压、MR 压的动作信息
4	故障一览页面	最多显示 20 件最新的故障记录
5	应急手册页面	针对具体事故显示应急指导
6	出库信息页面	显示各设备是否接通电源、有无异常
7	切除状态页面	显示受电弓切除、VCB 切除、M 车切除、压缩机切除、空气制动切除、非连锁等各状态
8 – 1	制动信息页面	以数字模式显示各压力（制动缸压力、AS 压、MR 压、EP 阀电流、再生型）的状态
8 – 2	制动信号页面	以条线图及数字的模式显示各车厢的制动缸压力
8 – 3	AS 压力页面	以条线图及数字的模式显示各车厢的 AS 压力
8 – 4	MR 压力页面	以条线图及数字的模式显示各车厢的 MR 压力
8 – 5	EP 阀电流页面	以条线图及数字的模式显示各车厢的 EP 阀电流
8 – 6	再生制动力页面	以条线图及数字的模式显示各车厢的牵引变流器再生型电压
9 – 1	牵引变流器信息（编组）页面	以数字的模式显示各牵引变流器的电机电流、直流电压、电机频率、再生制动力的状态。此外，通过触按键操作可以转移至显示有各信息条线图的页面
9 – 2	电机电流页面	以条线图及数字的模式显示各牵引变流器的电机电流型、电机电流反馈型
9 – 3	直流电压页面	以条线图及数字的模式显示各牵引变流器的直流电压型、直流电压反馈型

续表

项目编号	页 面 名 称	说　　明
9－4	电机频率页面	以条线图及数字的模式显示各牵引变流器的电机频率
9－5	再生制动页面	以条线图及数字的模式显示各牵引变流器的再生制动力
10	牵引变流器信息（各车）页面	显示各车牵引变流器的工作状态
11	累计电力页面	以数字的模式显示各牵引变流器的累计开始日期、牵引电量、再生电量、总消耗电量、累计行车距离
12	空转滑行页面	显示各车空转、滑行的出现次数
13	电源电压页面	显示三相电压、AC 100 V（恒压）、蓄电池电压的状况
14	供电分类页面	显示 AC 400 V、DC 100 V、AC 220 V、AC 100 V、AC 100 V（恒压）等各电压的供电范围
15	车门信息页面	显示各车的车门信息
16	光传输状态信息	显示光传输路径状态
17	配电盘信息页面	显示各车厢的配电盘信息。此外，触按车厢号码键后可以显示被指定车厢的配电盘信息
18－1	车次设定页面	不使用日常卡的情况下设定车次
18－2	始发站选择页面	在车次设定页面设定好车次后，设定始发站
18－3	车次设定确认	对已设定的车次、始发站内容进行确认
19－1	监控信息设定页面	选择设定项目（日期、时刻）
19－2	日期设定页面	设定日期
19－3	时刻设定页面	设定时刻
20	轴温切除页面	设定轴温切除操作
21	远程控制切除页面	设定远程控制切除操作
22	抱死切除页面	设定抱死切除操作
23－1	联解操作页面	显示联挂时的状态
23－2	联挂程序页面	显示联挂时的程序
23－3	解联程序页面	显示解联时的程序
24	故障信息页面（司机）	显示故障发生时的故障信息（故障内容、保护措施、处理措施、注意事项）
25	故障发生页面（司机）	发生故障时，无论处在哪个页面都会在该页面的下方瞬间显示故障信息（故障内容、保护）
26	通知状态页面（司机）	发生紧急报警或发生火灾报警时，显示紧急报警状态和火灾报警状态

2）"列车员菜单"项目说明（见表3.5）

表3.5　"列车员菜单"说明

项目编号	页 面 名 称	说　　明
1	列车员菜单页面	选择列车员模式的各页面，以及其他模式的选择
2	列车员信息页面	第1页面中显示车门、火灾蜂鸣器、紧急蜂鸣器、卫生间蜂鸣器、缺水等状态。第2页面中显示全车广播、室内照明的开/关、车厢指南的各种状态

续表

项目编号	页面名称	说明
3	空调信息页面	显示总运转模式、空调减半，设定温度、室温、运行率等各种状态
4	车门信息页面	显示各车的车门信息
5	车次检查页面	显示目前已设定的类别、车次、联解、停车方式、列车编号
6	标准温度设定页面	对各车厢的制冷、制热温度进行设定
7	紧急文设定页面	发生车辆故障或者晚点的场合，通过此页面选择具体原因（短文），向乘客信息器发送
8-1	列车分类设定页面	输入有关列车的分类、车次等
8-2	停车站方式设定页面	输入有关列车的停车站方式
8-3	联解信息选择页面	输入有关列车的联解信息
8-4	联解站设定页面	输入有关列车的联解站信息
8-5	车厢号码设定页面	输入有关列车的车厢号码
8-6	手动设定确认页面	显示在列车类设定—车厢号码设定页面中设定的分类、车次、停车类型、联解站、车厢号码
9-1	服务设备控制页面	选择空调运转模式、广播、乘客信息显示、室内照明、自动广播（混编列车时）、关闭广播（仅限混编列车时）的控制输入
9-2	空调运转模式设定页面	设定空调运转模式
9-3	广播设定页面	设定整车广播的开/关
9-4	乘客信息显示设定页面	设定乘客信息显示与对象车辆
9-5	室内照明设定页面	设定整车室内照明的开/关
9-6	广播切换设定页面	设定编组间广播的开/关
9-7	自动广播设定页面	进行自动广播的切换
10	广告文显示页面	最多可显示30条通过列车无线装置接收的广告文
11	故障信息页面（列车员）	显示故障发生时的故障信息（故障内容、保护装置、处理措施、注意事项）
12	故障发生信息（列车员）	发生故障时，无论处在哪个页面都会在该页面的下方瞬间显示故障信息（故障内容、保护）
13	通知状态页面（列车员）	发生紧急报警或火灾报警时，显示紧急报警状态和火灾报警状态

3）"记录菜单"项目说明（见表3.6）

表3.6　"记录菜单"项目说明

项目编号	页面名称	说明
1	记录菜单页面	选择记录模式的各页面，以及其他模式的选择
2	试运行页面	最多可在存储卡内记录2000s的车辆性能信息（级位、速度、电机电流、制动气缸压力、行驶距离等）
3	项目设定页面	选择每个车厢记录的数字信息、模拟信息及各信息的触发器（trigger）设定
4	记录数据写入/清除页面	将第3项记录的数据传输至IC卡或清除

3.2.6　"诊断模式"具体操作方法

"诊断模式"的页面功能诊断模式的页面功能如表 3.7 所示。

表 3.7　"诊断模式"的页面功能

项目编号	页面名称	说　明
1	准备页面	显示控制传输装置被初始化之前的图像
2	诊断模式菜单页面	选择诊断模式功能的页面
3	ROM 诊断页面	显示中央、终端各监控装置 ROM 的版本及校验和值
4	RAM 诊断页面	显示中央、终端各监控装置的 RAM 检查结果
5	DI/DO 诊断页面	在每辆车上显示中央、终端各监控装置中输入输出的 DI/DO 信息
6	AI/PI 诊断页面	在每辆车上显示中央、终端各监控装置中输入输出的 AI/PI 信息
7	光传输诊断页面	显示传输系统的传输错误次数
8	设备传输诊断页面	显示过去 10 s 内与车辆信息控制装置的对象设备间的传输错误次数
9	传输信息页面	将用于检查各对象设备之传输状况的传输数据以 16 进制方式转储（dump）显示
10	LCD 诊断页面	在 LCD 中显示测试图（监视器 A 检查用）
11	DSW 诊断页面	显示 CPU3、MDM8、DU 显示控制装置 A 的 DSW 信息

"诊断菜单"页面见图 3.36。

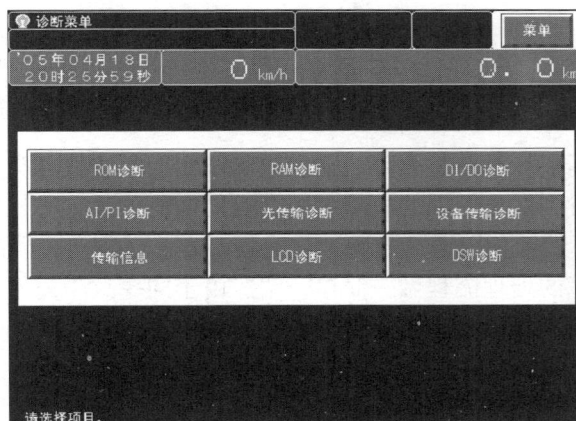

图 3.36　"诊断菜单"页面

通过触摸页面中显示的各键，可切换至指定的功能页面。

3.2.7　"检修模式"具体操作方法

"检修模式"功能见表 3.8。

表 3.8　"检修模式"功能

项目编号	检　修	IC 卡菜单	监控维护
1	车上检查实行	IC 卡读取	监控信息设定
2	车上检查结果	IC 卡写入	记录数据删除
3	主故障记录		模拟故障设定
4	故障记录信息		

"检修菜单"页面见图 3-37。

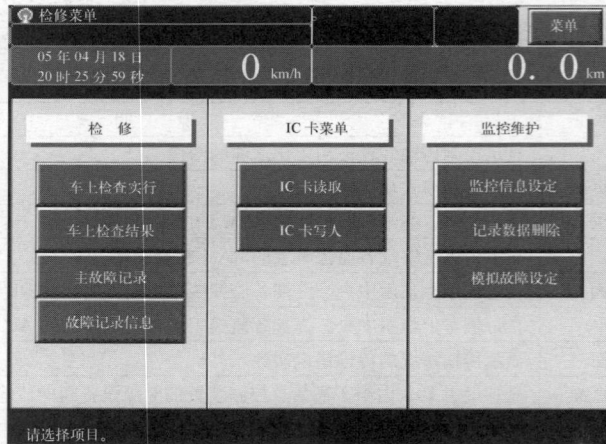

图 3-37 "检修菜单"页面

通过触摸页面中所显示的各键，转移至各页面。

3.3 CRH2 型动车组应急故障处理

CRH2 型动车组包括 78 种应急故障，这些故障基本上是按故障类型、故障发生位置来进行分类，因此可以看到对于不同的故障编码会有同样的故障名称，如抱死 1（151）、抱死 2（152），区别在于故障位置，而故障处理流程与方法是完全相同的。

下面针对上述故障的处理流程做一简单介绍。由于同一故障类型的处理流程一致，只是处理的具体部位不同，介绍时将合并处理。

3.3.1 需要立即停车处理的故障

需要立即停车处理的故障包括：制动控制装置速度发电机断线 1（060）、制动控制装置速度发电机断线 2（061）、制动控制装置速度发电机断线 3（062）、制动控制装置速度发电机断线 4 063、制动不足（123）、抱死 1（151）、抱死 2（152）、制动不缓解（153）、轴温 1（154）、轴温 2（155）。

制动控制装置速度发电机断线 1（060）、制动控制装置速度发电机断线 2（061）、制动控制装置速度发电机断线 3（062）、制动控制装置速度发电机断线 4（063）的处理方法一致，这里仅举例说明。

1. 制动控制装置速度发电机断线 1（060）

（1）处理人：司机，随车机师。

（2）现象：无法进行滑行控制，司机操纵台故障显示灯"转向架"灯点亮。

步骤	处理过程

步骤	处理过程
1	 当 MON 监视屏主菜单页面闪现【故障发生】提示，并伴有声音报警时，触按左下方【故障详情】。
2	 2.1　MON 监视屏切换至【制动控制装置速度发电机断线】故障信息页面。 2.2　快速制动，停车。 2.3　报告调度：停车地点、时间、原因。 2.4　通知机师：×号车出现【制动控制装置速度发电机断线 1（060）】故障，立即下车，检查×车×轴的速度发电机引出线。
3	3.1　行动：立即下车，到×号车。 　　　位置：相应轴端。 　　　部位：速度发电机引出线。 　　　操作：修复断线。 3.2　结果：处理完毕，上车。通知司机确认。 表格： （见下表）
4	 通过 MON 页面，确认故障恢复情况。 4.1　若故障恢复，正常运行。 4.2　若无法恢复，通知机师：切除该车制动系统（关门车）。

号车	位端	型式
1	2、8	AG37
	4、6	AG43
4	2、4、6、8	AG37
5	2、4、6、8	AG37
8	2、8	AG37
	4、6	AG43

步骤	处 理 过 程
5	行动：到×号车 位置：运行配电盘 操作：关闭（红色）紧急阀、（白色）阀门，闭合紧急短路 NFB（UVRS），对该车做关门车操作。 通知司机：关门完毕。
6	6.1 通过 MON，对该车做【抱死切除】操作。 6.2 通过 MON 光传输状态页面，确认处理情况，维持运行。

2. 制动不足（123）

（1）处理人：司机，随车机师。

（2）现象：紧急制动动作。

步骤	处 理 过 程
1	紧急制动停车。
2	当 MON 监视屏主菜单页面闪现【故障发生】提示，并伴有声音报警时，触按左下方【故障详情】。

续表

步骤	处理过程
3	MON 监视屏切换至【制动不足（123）】故障信息页面。 报告调度：停车地点、时间、原因。
4	进行【紧急复位】操作。
5	进行制动系统试验： 5.1　若正常，正常运行。 5.2　若不正常，出现【制动不足（123）】故障，通知机师：将×号车运行配电盘的紧急制动 NFB（UVN）、制动控制装置 NFB（BCUN）断开→再投入。
6	行动：立即到×号车。 位置：运行配电盘。 部位：紧急制动 NFB（UVN）、制动控制装置 NFB（BCUN）。 操作：断开→再投入。

续表

步骤	处理过程	
7		再次进行【紧急复位】操作。
8		再次进行制动系统试验： 8.1 若正常，正常运行。 8.2 若不正常：切除该车制动系统（关门车）。 8.3 通知机师：对故障车做关门操作。
9		9.1 行动：到×号车。 位置：运行配电盘。 操作：关闭（红色）紧急阀、（白色）阀门，闭合紧急短路 NFB（UVRS）。对该车做关门车操作。 9.2 电话通知司机：关门完毕。
10		通过 MON 监控屏确认关门情况，作复位紧急制动，开车。
11	报告调度：×次动车组因 123 故障，无法恢复，×号车作关门处理，需维持运行。	

3. 抱死 1（151）、抱死 2（152）

（1）处理人：司机，随车机师。

（2）现象：司机操纵台故障显示灯"转向架"灯点亮。

步骤	处 理 过 程
1	当 MON 监视屏主菜单页面闪现【故障发生】提示，并伴有声音报警时，触按左下方【故障详情】。
2	2.1 MON 监视屏切换至【抱死 1（151）】故障信息页面。 2.2 快速制动停车。 2.3 报告调度：停车地点、时间、原因。 2.4 通知机师：×号车出现【抱死 1（151）】故障，立即下车检查。
3	行动：立即到×号车，停车后，随车机师下车检查抱死车轮踏面状况及测速发电机连接情况。 结果：检查处理完毕，司机确认。
4	MON 监视屏页面查看故障是否恢复，司机室故障显示灯"转向架"灭。若无异常，司机进行制动系统试验，确认制动正常后通知机师上车，正常运行。
5	确认车轮踏面故障无法正常运行时，应立即报告司机，司机汇报调度，限速运行。如同时有制动不缓解的故障发生，应按制动不缓解的处理方法处理。
6	若故障无法消除，不能继续运行，汇报调度，等待行车指示。

4. 制动不缓解（153）

（1）处理人：司机，随车机师。

（2）现象：缓解列车制动时，BC 压力残留 40 kPa 以上。

步骤	处理过程
1	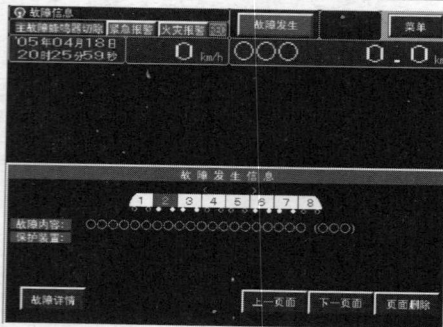 当 MON 监视屏主菜单页面闪现【故障发生】提示，并伴有声音报警时，触按左下方【故障详情】。
2	2.1 MON 监视屏切换至【制动不缓解（153）】故障信息页面。快速制动，停车。 2.2 ☏报告调度：停车地点、时间、原因。
3	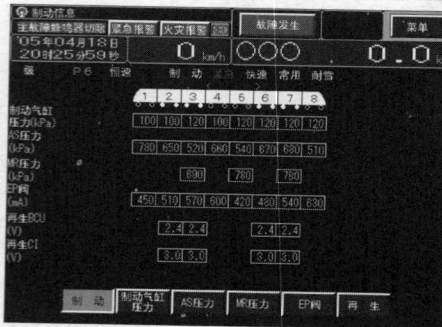 首次进行制动缓解： 3.1 通过 MON，确认故障车辆的制动气缸（BC）压力值。 3.2 当故障车制动气缸（BC）有制动压力时：☏通知机师：到×号车，对制动控制装置 NFB（BCUN），进行断开→再投入操作。

（步骤4）

行动：到×号车。
位置：运行配电盘。
部位：制动控制装置 NFB（BCUN）。
操作：断开→再投入。
结果：处理完毕，☏通知司机确认。

车号	位端	车侧	车内位置	型式
1	2	2	客室侧	SB736 G1
2	1	2	客室侧	SB739 G1
3	2	2	客室侧	SB737 G1
4	1	2	客室侧	SB739 G2
5	2	2	客室侧	SB738
6	1	2	客室侧	SB739 G3
7	2	2	客室侧	SB737 G2
8	1	2	车端侧	SB736 G2

（步骤5）

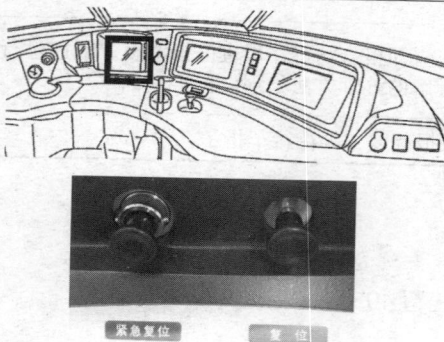

进行【紧急复位】操作。

步骤	处 理 过 程
6	再进行制动、缓解：通过 MON，再次确认故障车辆的制动气缸（BC）压力值。当制动气缸（BC）仍有制动压力时，通知机师：对该车进行关门处理。
7	行动：到×号车。 位置：运行配电盘。 操作：关闭（红色）紧急阀、（白色）阀门，闭合紧急短路 NFB（UVRS），对该车做关门操作。 通知司机：关门完毕。
8	进行制动系统试验，通过 MON，确认制动、缓解作用正常。 报告调度：×次动车组出现 153 故障，经处理，可恢复行车。

5. 轴温 1（154）、轴温 2（155）

（1）处理人：司机，随车机师。

（2）现象：司机室操纵台故障显示灯"转向架"灯点亮。

步骤	处 理 过 程
1	当 MON 监视屏主菜单页面闪现【故障发生】提示，并伴有声音报警时，触按左下方【故障详情】。

续表

步骤	处 理 过 程
2	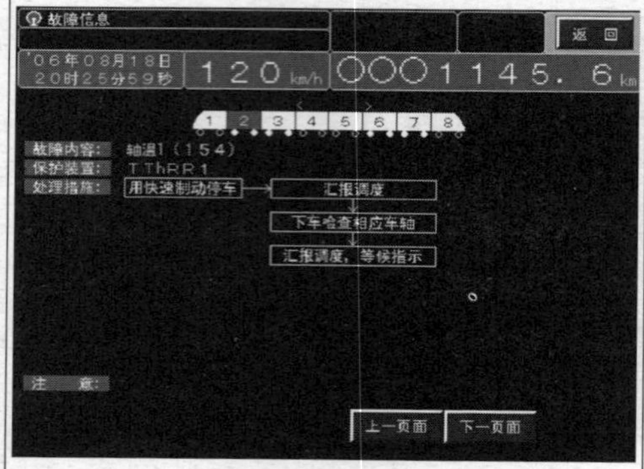 2.1 MON 监视屏切换至【轴温】故障信息页面。快速制动，停车。 2.2 报告调度：停车地点、时间、原因。 2.3 通知机师：×号车轴箱温度异常，下车检查。
3	行动：立即到×号车，停车后下车。 操作：使用红外线点温计测温。 结果：测温完毕，报告司机。
4	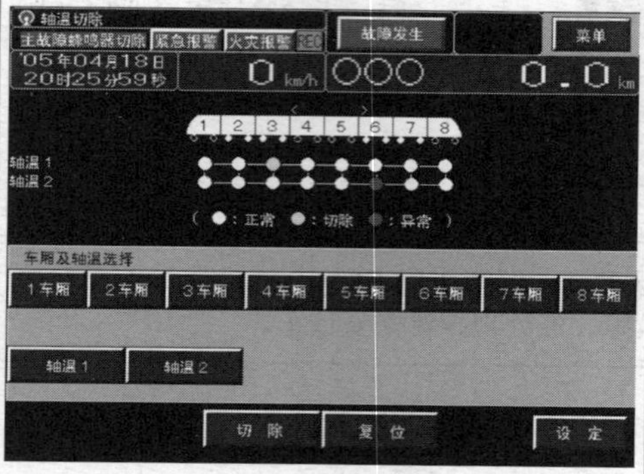 随车机师确认轴温正常，为轴温误报警时，司机通过 MON 切除轴温报警，并汇报调度，维持运行。
5	机师密切注意列车信息系统显示，列车续行后，每一停车站均应下车检查相应车厢的轴温。
6	确认轴温异常时，报告调度：×次动车组因 154 故障，经确认轴温异常升高，等待处理方案。

3.3.2 处置中需要救援的故障

在处置过程中需要救援的故障有：编组间传输不良（826）。

1. 编组间传输不良（826）

（1）处理人：司机，随车机师。

（2）现象：两编组无法正常通信。

步骤	处 理 过 程
1	当 MON 监视屏主菜单页面闪现【故障发生】提示，并伴有声音报警时，触按左下方【故障详情】。
2	2.1　MON 监视屏切换至【编组间传输不良（826）】故障信息页面。 2.2　继续运行。
3	通过 MON【光传输状态】页面，确认故障位置。 📞通知机师：重联时车出现【编组间传输不良（826）】故障，请前、后位动车组的随车机师，分别将8、9车【监控器1、2 NFB（MOTN1、2）】进行断开→再投入操作。

步骤	左栏	右栏
4	**前位动车组** 行动：到尾部车厢。 位置：运行配电盘。 部位：监控器1、2NFB（MOTN1、2）。 操作：断开→再投入。 结果：处理完毕，📞司机确认。	监控器1、2 NFB 为运行配电盘内的监控器 NFB（MOTN1）、控制传输 NFB（MOTN2）。 | 车号	位端	车侧	车内位置	型式
---	---	---	---	---
1	2	2	客室侧	SB736 G1
8	1	2	车端侧	SB736 G2	
5	**后位动车组** 行动：在前部车厢。 位置：运行配电盘。 部位：监控器1、2NFB（MOTN1、2） 操作：断开→再投入。 结果：处理完毕，📞司机确认。	监控器1、2 NFB 为运行配电盘内的监控器 NFB（MOTN1）、控制传输 NFB（MOTN2）。 | 车号	位端	车侧	车内位置	型式
---	---	---	---	---
1	2	2	客室侧	SB736 G1
8	1	2	车端侧	SB736 G2	

续表

步骤	处 理 过 程
6	通过 MON【光传输状态】页面，确认故障位置。 若恢复，正常运行。 若部分恢复，☎报告调度：×次动车组因重联时出现编组间传输不良 826 故障，现部分恢复，需维持运行。 若无法恢复，完全故障，☎报告调度：×次动车组因重联时出现编组间传输不良 826 故障，无法恢复，请求按救援工况处理。

3.3.3 牵引供电类相关故障

牵引供电类相关故障有：牵引变流器传输不良（002）、牵引变流器故障1（004）、牵引变流器故障2（005）、牵引变流器通风机停止（134）、牵引电机通风机1停止（137）、牵引电机通风机2停止（138）、牵引变流器微机故障（139）、牵引变流器故障（141）、主电路接地（142）、主变压器一次侧过电流（162）、主变压器三次侧过电流（163）、主变压器三次侧接地（164）、主变压器油泵停止（165）、受电弓上升位置异常（194）、分相区信号处理装置重故障（682）。

1. 牵引变流器传输不良（002）

（1）处理人：司机，随车机师。
（2）现象：动车无法牵引和再生制动。

步骤	处 理 过 程
1	当 MON 监视屏主菜单页面闪现【故障发生】提示，并伴有声音报警时，触按左下方【故障详情】。

步骤	处 理 过 程	
2		2.1　MON 监视屏切换至【牵引变流器 传输不良（002）】故障信息页面。 2.2　继续运行。
3		通过 MON 光传输状态页面，确认故障车位置。
4		4.1　远程切除相应 M 车。 4.2　通知机师：×号车出现【牵引变流器 传输不良（002）】故障，立即对牵引变流器 1 NFB（CICN1）进行断开→再投入操作。
5	5.1　行动：立即到×号车。 　　　位置：运行配电盘 　　　部位：牵引变流器 1 NFB（CICN1） 　　　操作：断开→再投入。 5.2　结果：处理完毕，司机确认。	见下表

车号	位端	车侧	车内位置	型式
2	1	2	客室侧	SB739 G1
3	2	2	客室侧	SB737 G1
6	1	2	客室侧	SB739 G3
7	2	2	客室侧	SB737 G2

续表

步骤	处 理 过 程
6		6.1 通过 MON 光传输状态页面，确认故障恢复情况。 6.2 若故障恢复： 远程解除 M 车的切除，正常运行。 若无法恢复，维持运行。 6.3 若影响正点运行时，报告调度：×次动车组出现牵引变流器 002 故障，无法恢复，维持运行。

2. 牵引变流器故障 1（004）

（1）处理人：司机。

（2）现象：K 断开，此动车无法牵引和再生制动。

步骤	处 理 过 程
1		当 MON 监视屏主菜单页面闪现【故障发生】提示，并伴有声音报警时，触按左下方【故障详情】。
2		2.1 MON 监视屏切换至【牵引变流器故障 1（004）】故障信息页面。 2.2 继续运行。

步骤	处　理　过　程
3	 3.1　通过 MON 牵引变流器信息页面，确认故障车位置。 3.2　通过 MON 牵引变流器信息面，查看故障原因。
4	 RS 复位 2～3 次。 4.1　若恢复，正常运行。 4.2　若无法恢复，远程切除相应 M 车。 4.3　若影响正点运行时，报告调度：×次动车组出现牵引变流器故障（004），无法恢复，维持运行。

3. 牵引变流器故障 2（005）

（1）处理人：司机。

（2）现象：VCB 或 K 断开，司机操纵台故障显示灯"VCB"灯点亮，且故障未处理前不允许再次闭合 VCB，牵引和再生制动力降低。

步骤	处 理 过 程
1	当 MON 监视屏主菜单页面闪现【故障发生】提示，并伴有声音报警时，触按左下方【故障详情】。
2	2.1 MON 监视屏切换至【牵引变流器故障 2（005）】故障信息页面。 2.2 继续运行。
3	通过 MON 牵引变流器信息页面，确认原因。

步骤	处 理 过 程
4	当故障为二次侧过电流 2 时，切除故障 M 车后，再投入 VCB。 4.1　若故障恢复，继续运行。 4.2　若故障未恢复，影响正点运行时，报告调度：×次动车组出现牵引变流器故障（005），无法恢复，维持运行。
5	5.1　其他故障，远程切除相应 M 车。 5.2　再投入 VCB，维持运行。

4. 牵引变流器通风机停止（134）

（1）处理人：司机。

（2）现象：司机操纵台故障显示灯"电气设备"灯点亮，此动车无法牵引及再生制动。

步骤	处 理 过 程
1	当 MON 监视屏主菜单页面闪现【故障发生】提示，并伴有声音报警时，触按左下方【故障详情】。
2	MON 监视屏切换至【牵引变流器通风机停止（134）】故障信息页面。

步骤	处 理 过 程
3	3.1 通过 MON 远程切除故障 M 车。 3.2 继续运行。

5. 牵引变流器微机故障（139）

（1）处理人：司机，随车机师。

（2）现象：司机操纵台故障显示灯"电气设备"灯点亮，此动车 CI 无法控制。

步骤	处 理 过 程
1	当 MON 监视屏主菜单页面闪现【故障发生】提示，并伴有声音报警时，触按左下方【故障详情】。
2	2.1 MON 监视屏切换至【牵引变流器微机故障（139）】故障信息页面。 2.2 继续运行。

续表

步骤	处理过程
3	进行【RS 复位】操作。若可以复位，正常运行。
4	4.1　若无法恢复，通过 MON 监视屏切除故障 M 车。 4.2　通知机师：×号车【牵引变流器微机故障（139）】，对运行配电盘内牵引变流器 1 NFB（CICN1）断开→再投入。
5	行动：立即到×号车。 位置：运行配电盘。 部位：牵引变流器 1 NFB（CICN1）。 操作：断开→再投入。 结果：处理完毕，🔔 通知司机确认。 表格见右： （见下表）
6	在 MON 远程复位 M 动车。 6.1　若故障恢复，正常运行。 6.2　若故障仍在，切除该动车，维持运行。

步骤 5 对应表格：

车号	位端	车侧	车内位置	型式
1	2	2	客室侧	SB736 G1
2	1	2	客室侧	SB739 G1
3	2	2	客室侧	SB737 G1
4	1	2	客室侧	SB739 G2
5	2	2	客室侧	SB738
6	1	2	客室侧	SB739 G3
7	2	2	客室侧	SB737 G2
8	1	2	车端侧	SB736 G2

6. 牵引变流器故障（141）

（1）处理人：司机，随车机师。

（2）现象：此动车无法控制。

步骤	处 理 过 程
1	当 MON 监视屏主菜单页面闪现【故障发生】提示，并伴有声音报警时，触按左下方【故障详情】。
2	MON 监视屏切换至【牵引变流器故障（141）】故障信息页面。
3	确认 MON 牵引变流器信息页面，查看故障原因。
4	4.1 通过 MON 远程切除该 M 车。 4.2 再投入 VCB，继续运行。

7. 牵引电机通风机 1 停止（137）

（1）处理人：司机。

（2）现象：司机操纵台故障显示灯"电气设备"灯点亮，为防止牵引电机温度过高，相应 CI 的接触器 K 断开，此动车无法牵引及再生制动。

步骤	处 理 过 程
1	当 MON 监视屏主菜单页面闪现【故障发生】提示，并伴有声音报警时，触按左下方【故障详情】。
2	MON 监视屏切换至【牵引电机通风机停止（137）】故障信息页面。
3	3.1　通过 MON 远程切除该 M 车。 3.2　维持运行。

8. 牵引电机通风机 2 停止（138）

（1）处理人：司机。

（2）现象：司机操纵台故障显示灯"电气设备"灯点亮，为防止牵引电机温度过高，相应 CI 的接触器 K 断开，此动车无法牵引及再生制动。

步骤	处 理 过 程
1	当 MON 监视屏主菜单页面闪现【故障发生】提示，并伴有声音报警时，触按左下方【故障详情】。
2	MON 监视屏切换至【牵引电机通风机停止（138）】故障信息页面。
3	3.1　通过 MON 远程切除该 M 车。 3.2　维持运行。

9. 主变压器一次侧过电流（162）

（1）处理人：司机，随车机师。

（2）现象：相应动力单元 VCB 跳闸，司机室操纵台故障显示灯"VCB"灯点亮，相应动力单元 CI 停机。

步骤	处 理 过 程
1	当 MON 监视屏主菜单页面闪现【故障发生】提示，并伴有声音报警时，触按左下方【故障详情】。
2	2.1　MON 监视屏切换至【主变压器一次侧过电流（162）】故障信息页面。 2.2　继续运行。
3	3.1　通过 MON 远程切除相应动力单元。 3.2　通过 MON 远程闭合 ACK2。
4	报告调度：×次动车组主变压器一次侧过电流故障（162），无法恢复，1/2 动力维持运行。

10. 主变压器三次侧过电流（163）

（1）处理人：司机，随车机师。

（2）现象：相应动力单元 VCB 跳闸，司机室操纵台故障显示灯"VCB"灯点亮，相应动力单元 CI 停机。

步骤	处理过程

| 1 | 当 MON 监视屏主菜单页面闪现【故障发生】提示，并伴有声音报警时，触按左下方【故障详情】。 |

| 2 | 3.1　MON 监视屏切换至【主变压器三次侧过电流（163）】故障信息页面。
3.2　继续运行。
3.3　☎ 通知机师：到 2 或 6 号车确认辅助电路过电流 NFB（AOCN）是否跳闸。 |

| 3 | 行动：立即到×号车。
位置：运行配电盘。
部位：辅助电路过电流 NFB（AOCN）。
操作：确认是否跳闸，☎报告司机。 |

表格 (步骤3):

车号	位端	车侧	车内位置	型式
2	1	2	客室侧	SB739 G1
6	1	2	客室侧	SB739 G3

| 4 | 确认 AOCN 跳闸。
行动：再到×号车。
位置：运行配电盘。
部位：辅助电源控制 NFB（APUCN）。
操作：断开。
结果：处理完毕，☎ 司机确认。 |

表格 (步骤4):

车号	位端	车侧	车内位置	型式
1	2	2	客室侧	SB736 G1
8	1	2	车端侧	SB736 G2

| 5 | 5.1　通过 MON 闭合 BKK。按压【BKK投入】或【BKK复位】键，再按压【设定】键。
5.2　重新投入 VCB。
5.3　☎报告调度：×次动车组【主变压器三次侧过电流（163）】故障，无法恢复，1/2 动力维持运行。 |

11. 主变压器三次侧接地（164）

（1）处理人：司机，随车机师。

（2）现象：相应动力单元 VCB 跳闸，司机室操纵台故障显示灯"VCB"灯点亮，相应动力单元 CI 停机。

步骤	处 理 过 程
1	当 MON 监视屏主菜单页面闪现【故障发生】提示，并伴有声音报警时，触按左下方【故障详情】。
2	2.1　MON 监视屏切换至【主变压器三次侧接地（164）】故障信息页面。确认主变压器三次侧接地，VCB 跳闸。 2.2　重新投入 VCB。 如果故障恢复，正常运行。如果无法投入时，通知机师：到 1 或 8 号车，断开辅助电源装置控制 NFB（APUCN）。
3	行动：立即到 1 或 8 号车。 位置：运行配电盘。 部位：辅助电源装置控制 NFB（APUCN）。 操作：断开。 结果：处理完毕，司机确认。

车号	位端	车侧	车内位置	型式
1	2	2	客室侧	SB736 G1
8	1	2	车端侧	SB736 G2

步骤	处 理 过 程
4	4.1　通过 MON 闭合 BKK。按压【BKK 投入】或【BKK 复位】键，再按压【设定】键。 4.2　重新投入 VCB。 4.3　报告调度：×次动车组【主变压器三次侧接地（164）】故障，无法恢复，1/2 动力维持运行。

12. 主变压器油泵停止 (165)

（1）处理人：司机。

（2）现象：相应动力单元 VCB 跳闸，司机室操纵台故障显示灯"VCB"灯点亮，相应动力单元 CI 停机。

步骤	处理过程	
1		当 MON 监视屏主菜单页面闪现【故障发生】提示，并伴有声音报警时，触按左下方【故障详情】。
2		2.1 MON 监视屏切换至【主变压器油泵停止 (165)】故障信息页面。 2.2 继续运行。
3		3.1 通过 MON 闭合 ACK2。 3.2 📞报告调度：×次动车组【主变压器油泵停止 (165)】故障，无法恢复，1/2 动力维持运行。

13. 主电路接地 (142)

（1）处理人：司机。

（2）现象：司机操纵台故障显示灯"VCB"、"电气设备"灯点亮。

步骤	处 理 过 程
1	当 MON 监视屏主菜单页面闪现【故障发生】提示，并伴有声音报警时，触按左下方【故障详情】。
2	2.1　MON 监视屏切换至【主电路接地（142）】故障信息页面。 2.2　继续运行。
3	进行【RS复位】操作，投入 VCB。
4	通过 MON 页面，确认故障恢复情况。若故障恢复，正常运行。

步骤	处 理 过 程
5	若 VCB 无法投入，通过 MON 远程切除相应动力单元。 通过 MON 远程闭合 ACK2。
6	☎报告调度：×次动车组出现主电路接地（142）故障，无法恢复，1/2 动力维持运行。

14. 受电弓上升位置异常（194）

（1）处理人：司机。

（2）现象：司机室操纵台故障显示灯"VCB"灯点亮。

步骤	处 理 过 程
1	当 MON 监视屏主菜单页面闪现【故障发生】提示，并伴有声音报警时，触按左下方【故障详情】。
2	MON 监视屏切换至【受电弓上升位置异常（194）】故障信息页面。 2.1 断开 VCB。 2.2 降下受电弓。 2.3 确认受电弓转换开关位置升起受电弓。 2.4 闭合 VCB。
注意	此故障在两组重联，两受电弓间距小于 190 m 时出现。

15. 分相区信号处理装置重故障（682）

（1）处理人：司机，随车机师。

（2）现象：MON 报警。

步骤	处 理 过 程
1	当 MON 监视屏主菜单页面闪现【故障发生】提示，并伴有声音报警时，触按左下方【故障详情】。
2	2.1 MON 监视屏切换至【分相区信号处理装置重故障（682）】故障信息页面。 2.2 采用手动过分相。

3.3.4 制动类相关故障

制动类相关故障（除去需立即停车的故障类型）有：制动控制装置传输不良（052）、制动控制装置故障（059）。

1. 制动控制装置传输不良（052）

（1）处理人：司机，随车机师。

（2）现象：进行制动时会检测到制动力不足。

步骤	处 理 过 程
1	当 MON 监视屏主菜单页面闪现【故障发生】提示，并伴有声音报警时，触按左下方【故障详情】。

步骤	处 理 过 程	
2		2.1 MON 监视屏切换至【制动控制装置传输不良（052）】故障信息页面。 2.2 继续运行。
3		3.1 通过 MON 光传输状态页面，确认故障车位置。 3.2 ☎通知机师：×号车出现【制动控制装置传输不良（052）】故障，运行至前方××站停车后，将该车制动控制装置 NFB（BCUN）：断开→再投入操作。
4	4.1 停车后，随车机师在故障车运行配电盘：制动控制装置 NFB（BCUN）断开→再投入操作。 4.2 ☎通知司机，确认故障是否恢复。	
5		5.1 通过 MON 光传输状态页面，确认故障恢复情况。若传输恢复，正常运行。 5.2 若故障未恢复，且影响正点运行时，☎报告调度：×次动车组出现制动控制装置故障（052），无法恢复，维持运行。
注意	1. 制动控制装置 NFB 断开，可能导致紧急制动！ 2. 此故障不影响运行。	

2. 制动控制装置故障（059）

（1）处理人：司机、随车机师。

（2）现象：制动力降低，无法进行滑行控制。

步骤	处 理 过 程
1	当 MON 监视屏主菜单页面闪现【故障发生】提示，并伴有声音报警时，触按左下方【故障详情】。
2	2.1　MON 监视屏切换至【制动控制装置（059）】故障信息页面。 2.2　继续运行。
3	通知机师：×号车出现【制动控制装置故障（059）】，运行至前方××站停车后，将该车制动控制装置 NFB（BCUN）：断开→再投入操作。
4	4.1　行动：到 × 号车，待前方停车站停车后。 　　　位置：运行配电盘。 　　　部位：制动控制装置 NFB（BCUN）。 　　　操作：断开→再投入。 4.2　结果：处理完毕，电话通知司机确认。	

车号	位端	车侧	车内位置	型式
1	2	2	客室侧	SB736 G1
2	1	2	客室侧	SB739 G1
3	2	2	客室侧	SB737 G1
4	1	2	客室侧	SB739 G2
5	2	2	客室侧	SB738
6	1	2	客室侧	SB739 G3
7	2	2	客室侧	SB737 G2
8	1	2	车端侧	SB736 G2

步骤	处 理 过 程
5	通过 MON 页面，确认故障恢复情况。 5.1 若故障恢复，正常运行。 5.2 若无法恢复，通知机师对故障车顺序完成以下操作：关闭（红色）紧急阀、（白色）阀门，闭合紧急短路 NFB，断开制动控制装置 NFB。
6	 6.1 行动：到 × 号车。 位置：运行配电盘。 操作：关闭（红色）紧急阀、（白色）阀门，闭合紧急短路 NFB（UVRS），断开制动控制装置 NFB（BCUN） 6.2 结果：处理完毕，电话通知司机确认。
7	通过 MON 光传输状态页面，确认处理情况，维持运行。
注意	1. 制动控制装置 NFB 断开，可能导致紧急制动！ 2. 该故障会引起列车制动能力下降，注意操作！

3.3.5 空调类相关故障

空调类相关故障有：空调装置 1 通风机异常（114）、空调装置 2 通风机异常（115）、空调装置 1 压缩机异常（116）、空调装置 2 压缩机异常（117）、空调装置 1 高压开关动作（118）、空调装置 2 高压开关动作（119）、空调装置 1 加热器异常（120）、空调装置 2 加热器异常（121）、空调装置 1 斩波器异常（122）、空调装置 2 斩波器异常（124）、空调装置 1VVVF 异常（125）、空调装置 2VVVF 异常（126）、空调装置 1CVCF 异常（127）、空调装置 2CVCF 异常（128）、空调装置传输不良（302）、空调装置 1 逆变器传输不良（308）、空调装置 2 逆变器传输不良（309）、空调装置 1 排水泵异常（362）、空调装置 2 排水泵异常（363）、

空调类相关故障基本的处理流程是司机发现故障，然后通知机师，机师确认相应故障显示灯是否点亮，如点亮，则通知司机操作 MON 上"空调服务"键，如无法恢复，则由机师对相应 NFB 进行断开、再投入操作，如还无法恢复，则通过 MON 远程切除故障空调。整个过程列车继续运行。下面仅举例说明上述处置流程。

1. 空调装置 1 通风机异常（114）

（1）处理人：司机，随车机师。

（2）现象：如故障持续，空调逆变器停止工作，空调停机。

步骤	处 理 过 程
1	当 MON 监视屏主菜单页面闪现【故障发生】提示，并伴有声音报警时，触按左下方【故障详情】。
2	MON 监视屏切换至【空调装置 1 通风机异常（114）】故障信息页面。 2.1　继续运行。 2.2　☎通知机师：×号车出现【空调装置 1 通风机异常（114）】故障，确认服务配电盘空调操作显示部故障显示灯亮。
3	3.1　行动：立即到×号车。 　　　位置：服务配电盘。 　　　部位：空调操作显示部。 　　　操作：确认故障显示灯点亮。 3.2　结果：☎通知司机，故障灯亮。

车号	位端	车侧	车内位置	型式
1	2	2	客室侧	SB736 G1
2	1	2	客室侧	SB739 G1
3	2	2	客室侧	SB737 G1
4	1	2	客室侧	SB739 G2
5	2	2	客室侧	SB738
6	1	2	客室侧	SB739 G3
7	2	2	客室侧	SB737 G2
8	1	2	车端侧	SB736 G2

步骤	处 理 过 程
4	在 MON 上按压【空调复位】键，进行【空调复位】操作。 4.1　若恢复，正常运行。 4.2　若无法恢复，☎通知随车机师将该车服务配电盘上的空调控制 NFB 断开，再投入。

步骤	处 理 过 程
5	5.1　位置：服务配电盘。 　　　部位：空调控制 NFB。 　　　操作：断开，再投入。 5.2　回复司机：🕐 操作完毕，确认。
6	6.1 在 MON 再次确认无法恢复时，通过 MON 远程切除故障空调。 6.2 继续运行。

3.3.6　辅助电源类相关故障

辅助电源类相关故障有：辅助电源装置故障（135）、辅助电源装置通风机停止（143）、辅助电源装置 ARfN2 跳闸（144）、辅助电源装置 ACVN1 跳闸（146）、辅助电源装置 ACVN2 跳闸（147）、辅助电源装置 ATN 跳闸（148）、辅助电源装置 VDTN 跳闸（166）、ACK1 接通不良（170）、辅助电源装置传输不良（204）。

辅助电源类相关故障排除操作基本上是采取对相关 NFB 进行断开、再投入操作，如遇到跳闸故障，如上述操作未能解决，还需排查导致跳闸的下级设备。下面仅举例说明。

1. 辅助电源装置通风机停止（143）

（1）处理人：司机，随车机师。

（2）现象：此 APU 停机，此动力单元所有的辅助电源失电。

步骤	处 理 过 程
1	当 MON 监视屏主菜单页面闪现【故障发生】提示，并伴有声音报警时，触按左下方【故障详情】。
2	MON 监视屏切换至【辅助电源装置通风机停止（143）】故障信息页面。 2.1　继续运行。 2.2　通知机师：×号车【辅助电源装置通风机停止（143）】，到×号车运行配电盘对辅助电源装置 NFB（APUBMN）断开→再投入。

续表

<table>
<tr><th>步骤</th><th colspan="2">处 理 过 程</th></tr>
<tr><td>3</td><td>行动：立即到×号车。
位置：运行配电盘。
部位：辅助电源装置 NFB（APUBMN）
操作：断开→再投入。
结果：处理完毕，电话通知司机确认。</td><td><table>
<tr><th>车号</th><th>位端</th><th>车侧</th><th>车内位置</th><th>型式</th></tr>
<tr><td>1</td><td>2</td><td>2</td><td>客室侧</td><td>SB736 G1</td></tr>
<tr><td>8</td><td>1</td><td>2</td><td>车端侧</td><td>SB736 G2</td></tr>
</table></td></tr>
<tr><td>4</td><td>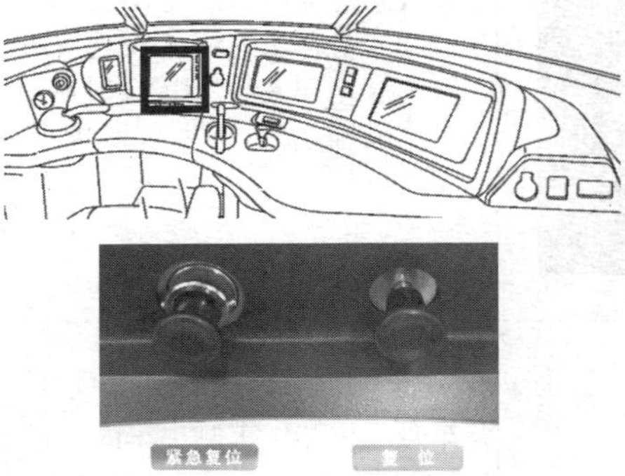</td><td>进行【RS 复位】操作，若故障恢复，正常运行。</td></tr>
<tr><td>5</td><td>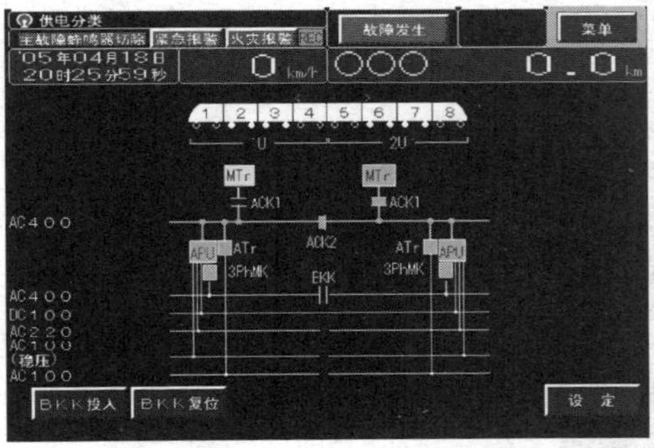</td><td>如果无法恢复，通过 MON 闭合 BKK。按压【BKK 投入】或【BKK 复位】键，再按压【设定】键。
维持运行。</td></tr>
</table>

2. 辅助电源装置 ARfN2 跳闸（144）

（1）处理人：司机，随车机师。

（2）现象：充电能力降低。

<table>
<tr><th>步骤</th><th colspan="2">处 理 过 程</th></tr>
<tr><td>1</td><td>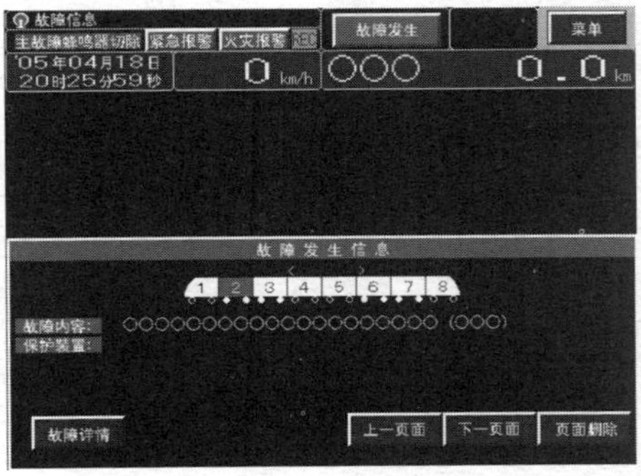</td><td>当 MON 监视屏主菜单页面闪现【故障发生】提示，并伴有声音报警时，触按左下方【故障详情】。</td></tr>
</table>

步骤	处 理 过 程	
2		MON 监视屏切换至【辅助电源装置 ARfN2 跳闸（144）】故障信息页面。 2.1 继续运行。 2.2 通知机师：×号车出现【辅助电源装置 ARfN2 跳闸（144）】故障，立即投入辅助整流器 NFB（ArfN2）。
3	行动：立即到×号车。 位置：运行配电盘。 部位：辅助整流器 NFB（ARfN2）。 操作：再投入。 结果：处理完毕，司机确认。	<table><tr><td>车号</td><td>位端</td><td>车侧</td><td>车内位置</td><td>型式</td></tr><tr><td>1</td><td>2</td><td>2</td><td>客室侧</td><td>SB736 G1</td></tr><tr><td>8</td><td>1</td><td>2</td><td>车端侧</td><td>SB736 G2</td></tr></table>
4		通过 MON，确认故障恢复情况。 4.1 若故障恢复，正常运行。 4.2 若故障未恢复，维持运行，监视蓄电池电压。

3.3.7 车外设施类相关故障

车外设施类相关故障有：距离传感器 2 传输不良（657）、距离传感器 1 传输不良（661）、距离传感器 1 异常（665）、距离传感器 2 异常（666）。该部分的处理流程举例如下。

1. 距离传感器 1 传输不良（661）

（1）处理人：司机，随车机师。

（2）现象：联挂操作时无距离显示。

步骤	处 理 过 程
1	当 MON 监视屏主菜单页面闪现【故障发生】提示，并伴有声音报警时，触按左下方【故障详情】。
2	2.1　MON 监视屏切换至【距离传感器 1 传输不良（661）】故障信息页面。 2.2　距离传感器 NFB 断开，再投入。
3	通过 MON【距离传感器 1 传输不良（661）】页面，确认故障是否消除。 3.1　若故障恢复，正常联挂。 3.2　若无法恢复：在车站工作人员的人工信号引导下进行重联作业。注意联挂引导信号，平稳联挂。

2. 距离传感器 1 异常（665）

（1）处理人：司机，随车机师。

（2）现象：联挂操作时无距离显示。

步骤	处 理 过 程
1	当 MON 监视屏主菜单页面闪现【故障发生】提示，并伴有声音报警时，触按左下方【故障详情】。
2	2.1　MON 监视屏切换至【距离传感器 1 异常（665）】故障信息页面。 2.2　距离传感器 NFB 断开，再投入。
3	通过 MON【距离传感器 1 异常（665）】页面，确认故障是否消除。 3.1　若故障恢复，正常联挂。 3.2　若无法恢复，在车站工作人员的人工信号引导下进行重联作业。注意联挂引导信号，平稳联挂。

3.3.8　车内设施类相关故障

车内设施类相关故障有：车门关闭故障（第 1 位）（108）、车门关闭故障（第 2 位）（109）、车门关闭故障（第 3 位）（110）、车门关闭故障（第 4 位）（111）、污物槽 100%（196）、污物槽 80%（197）、旅客信息显示器 1 传输不良（611）、旅客信息显示器 1 故障（617）、旅客信息显示器 2 传输不良（619）、旅客信息显示器 2 故障（625）、目的地显示器 1 故障（631）、目的地显示器 2 故障（632）、自动广播装置传输不良（641）、自动广播装置故障（646）、车上检查开关"开"（695、696）、监控器传输不良中央 1（830、832、850、852）、监控器传输不良中央 2（831、833、851、853）、LKJ 装置传输不良（911）。

该类故障中除车门关闭故障（第 1 位）（108）、车门关闭故障（第 2 位）（109）、车门关闭故障（第 3 位）（110）、车门关闭故障（第 4 位）（111）的处理方法是将故障车门关闭、并锁闭隔离锁，污物槽 100%（196）、污物槽 80%（197）为直接锁闭卫生间停止使用外，其余相关操纵基本上是采取对相关 NFB 进行断开、再投入操作，如上述操作未能解决，则切除该设备。下面仅举例说明。

1. 车门关闭故障（第 1 位）（108）

（1）处理人：司机，随车机师。

（2）现象：车侧显示灯亮灯、司机操纵台显示灯"关门"熄灭。如果是在出发前，则无法起动；如果是在运行中，则丧失牵引力。

步骤	处理过程
1	当 MON 监视屏主菜单页面闪现【故障发生】提示，并伴有声音报警时，触按左下方【故障详情】。
2	MON 监视屏切换至【车门关闭故障（第 1 位）（108）】故障信息页面。
3	3.1 通过 MON，确认故障车门位置。 3.2 通知机师：×号车出现〖车门关闭故障（第 1 位）（108）〗故障，立即检查处理。

步骤	处理过程					

步骤	处理过程	车号	位端	车侧	车内位置	型式
4	4.1 行动：到×车厢，将故障车门关闭，并锁闭隔离锁。 操作：该车运行配电盘： （1）闭合，〖关门车连锁 1 or 2〗，（DICOS1 or DICOS2） （2）断开〖关门 1 or 2 NFB〗，（DVCN1 or DVCN2） 4.2 结果：☎通知司机，处理完毕。	1	2	2	客室侧	SB736 G1
		2	1	2	客室侧	SB739 G1
		3	2	2	客室侧	SB737 G1
		4	1	2	客室侧	SB739 G2
		5	2	2	客室侧	SB738
		6	1	2	客室侧	SB739 G3
		7	2	2	客室侧	SB737 G2
		8	1	2	车端侧	SB736 G2
5	通过 MON，确认故障车门处理情况，维持运行。					

2. 污物槽 100%（196）、污物槽 80%（197）

（1）处理人：司机，随车机师。

（2）现象：MON 报警。

步骤	处理过程	
1		当 MON 监视屏主菜单页面闪现【故障发生】提示，并伴有声音报警时，触按左下方【故障详情】。
2		MON 监视屏切换至【污物槽 100%（196）】故障信息页面。 3.1 继续运行。 3.2 ☎通知机师：×号车出现〖污物槽 100%（196）〗故障，立即锁闭该车厕所。
3	行动：立即到×号车 操作：锁闭厕所。	

3. 旅客信息显示器 1 传输不良（611）

（1）处理人：司机，随车机师。

（2）现象：车内显示器无法显示。

步骤	处理过程	
1		当 MON 监视屏主菜单页面闪现【故障发生】提示，并伴有声音报警时，触按左下方【故障详情】。
2		MON 监视屏切换至【乘客信息显示器 1 传输不良（611）】故障信息页面。 2.1 继续运行。 2.2 ⏎通知机师：×号车出现〖乘客信息显示器 1 传输不良（611）〗故障，立即对该车乘客信息显示器 NFB 进行断开→再投入操作。
3	行动：到×号车。 位置：服务配电盘。 部位：乘客信息显示器 NFB。 操作：断开→再投入。 结果：处理完毕，⏎司机确认故障是否消除。	车号 位端 车侧 车内位置 型式 1 2 1 客室侧 SB740 G1 2 2 2 客室侧 SB741 G1 3 2 1 客室侧 SB743 G1 4 2 2 客室侧 SB741 G2 5 2 1 客室侧 SB742 6 2 2 客室侧 SB741 G3 7 2 1 客室侧 SB743 G2 8 1 1 车端侧 SB740 G2
4		确认【旅客信息显示器 1 传输不良（611）】故障消除情况。若故障未消除，⏎通知机师断开乘客信息显示器 NFB。
5	切断该车乘客信息显示器 NFB。 ⏎报告司机，继续运行。	

4. LKJ 装置传输不良 （911）

（1）处理人：司机，随车机师。
（2）现象：MON 报警。

步骤	处 理 过 程	
1		当 MON 监视屏主菜单页面闪现【故障发生】提示，并伴有声音报警时，触按左下方【故障详情】。
2		2.1 MON 监视屏切换至【LKJ 装置传输不良（911）】故障信息页面。 2.2 报告调度：×次动车组出现911 故障，需维持运行。

第 4 章　CRH₃ 型动车组司机室

4.1　司机室概述

CRH₃ 型动车组为 8 车编制的电动车组，如图 4.1 所示，在头车 EC01 和 EC08 上各设一个司机室，两端的司机室具有相同设置与功能。CRH₃ 型车司机室车体采用了新型的板梁结构，由六部分组成，即司机室前端、司机室后框、司机室左侧墙、司机室右侧墙、司机室车顶和司机室前窗玻璃安装框。CRH₃ 司机室内部主要分司机控制台和二级操作区两个部分，司机控制台位于司机正前方，它包括通常需要或行驶期间需要使用的控制和指示元件。二级操作区包括行驶时不需要但必须进行监测和部分操作的元件，例如司机室空调操作元件等。

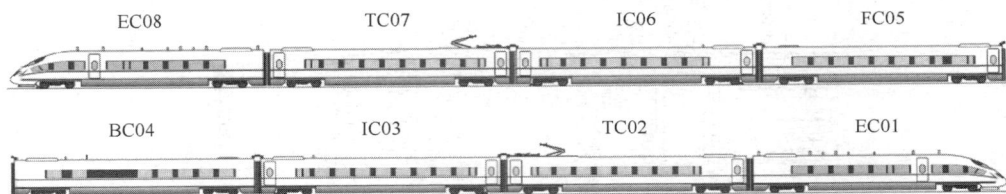

图 4.1　CRH₃ 型动车组

司机室设计为单人驾驶模式，司机控制台在中央（如图 4.2 所示）。司机室的设置遵行 UIC 651 标准，符合现代的人机工程学设计原则。

图 4.2　CRH₃ 司机室

4.2 司机室布置

4.2.1 司机室的布置

CRH3 型动车组司机室的布置如图 4.3 所示，各部分的名称见表 4.1。

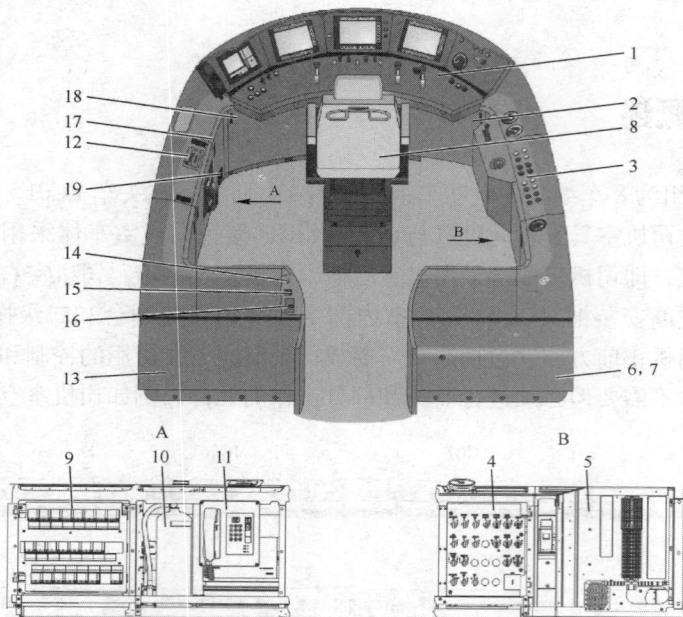

图 4.3 司机室布置

表 4.1 司机室各部分名称

编号	名　称	编号	名　称	编号	名　称
1	司机控制台	8	司机坐椅	15	总计 km 计数器
2	旋球塞刮水系统，麦克风	9	LSS 面板 112.11	16	"电压调节" 旋转开关
3	二级操作区	10	灭火器	17	废物箱
4	故障开关控制台	11	内部通信装置	18	手提灯
5	CCU1/2	12	CIR 中心用打印机	19	杯托
6	LSS 面板 115.10	13	辅助坐椅		
7	LSS 面板 115.20	14	MVB 服务插座		

4.2.2 司机室空调

1. 概述

司机室设有空调系统，设计符合 UIC 651 标准。司机室中的空调系统为分体式空调，即压缩单元（冷却单元）位于车底板下，而空调单元位于司机室后休息室的天花板区域。所有的装置通过冷却管路进行连接。

车 EC01/EC08 配有相同的空调系统。正常运行模式下，司机室中的空调系统独立于主客室空调系统运行。

新鲜空气通过主空调系统的混合气体箱供应，并且完全独立于客室的新风和回风供应。新鲜空气通过客室主风道附近的单独风道供给到司机室的空调中，然后新鲜空气同司机室（天花板上的格栅）的返回空气混合，根据温度设置进行空气调节，然后通过不同位置（地板区，前窗，司机控制台上的可调节喷嘴，天花板）的风道吹入室内。

如司机室的冷却或空调系统功能失效，则通过阀控制，客室的主空调系统将取而代之，以确保司机室空调系统一直运转。

2. 操作

使用下列二级操作区域中的操作元件：使用旋转开关改变空调系统的温度设定点"Temperature"，使用旋转开关"Ventilation（通风）"改变风扇速度。

4.3　司机控制台

司机控制台位于司机正前方，它包括通常需要或行驶期间需要使用的控制和指示元件。司机室的控制台主要包括下列部分：

① 主操纵台（包括主控区）；
② 司机室右侧柜（包括第二和第三操纵区）；
③ 司机室左侧柜（包括灭火器）。

司机室操纵台适于驾驶列车所需的各种控制和显示部件的布置，驾驶列车所需的电子和电气、空气和机械的设备设于司机室柜中，设备组件按功能分组安装并用 FRP 遮盖元件，脚部空间单元为左右侧司机柜的连接元件。

4.3.1　仪表板

司机控制台（主控区）在司机前方居中布置，包括经常用到的元件或驾驶列车需要的元件。而仪表板位于主操纵台的上部，以便于司机观察。司机控制台布置如图 4.4 所示，各部位的名称见表 4.2。

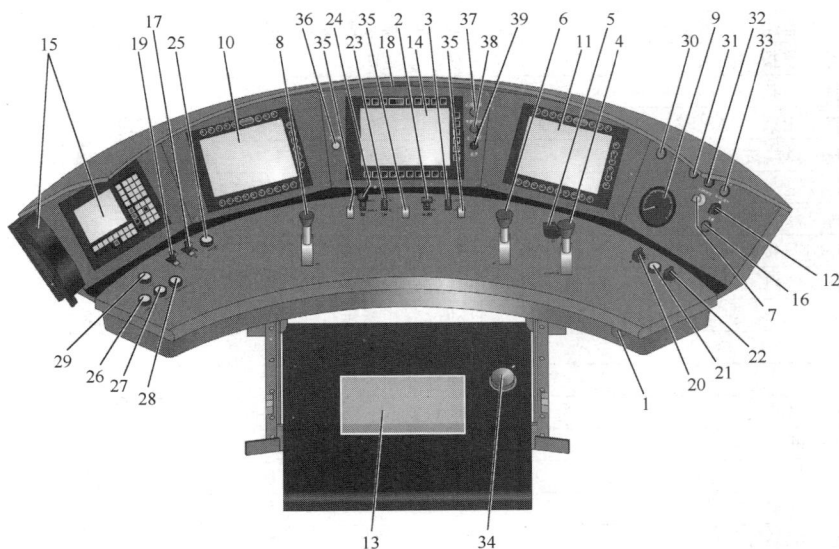

图 4.4　司机控制台布置

表 4.2　司机控制台各部件名称

位置	名　　称	用　途　说　明
1	"紧急停车"红色蘑菇形按钮	紧急停车指令，断开主断路器，降弓
2	"受电弓"拨动开关	使列车中所有受电弓升起或降落
3	"主断路器"拨动开关	操作主断路器
4	速度设定控制器	设置列车运行速度
5	行驶方向开关	确定行驶方向
6	牵引力控制器	使用电位计确定牵引力
7	钥匙开关	激活司机室；只有钥匙要关处于"关闭"位置时，才可取出钥匙
8	司机制动阀	激活制动
9	模拟显示器	指示列车运行速度
10	司机左侧 MMI	用于控制和监测车辆，与右侧司机 MMI 互为冗余
11	司机右侧 MMI	用于控制和监测车辆，与左侧司机 MMI 互为冗余
12	"指示灯调节"控制开关	用于调节指示灯的明暗度
13	ASD 踏板	激活 ASD
14	Trainguard 系统显示器	通告和操作
15	GSM – R 列车无线电对讲机	GSM – R 列车无线列调和对讲
16	火警按钮	红色，指示火警回路已触发
17	"前照灯/信号/远照灯"拨动开关	起动外部照明设备，五种照明模式： "远照灯"≣ "远照灯变暗"≋ "信号灯"（基本设置）≣ "信号灯变暗"≋ "关闭"D
18	时刻表灯	为司机台上的时刻表照明
19	"司机室照明设备"拨动开关	起动司机室照明设备
20	"风挡玻璃刮水器"旋转开关	起动风挡玻璃刮水器。 "0"—关闭；"Ⅰ"—停止位置；"Ⅱ"—间歇刮水；"Ⅲ"—连续刮水
21	"清洗"白色按钮	起动风挡玻璃刮水器的清洗装置
22	"刮水器速度"旋转开关	起动风挡玻璃刮水器的刮水速度（8 种速度设置）
23	"喇叭"拨动开关	手动起动喇叭
24	"撒砂"拨动开关	起动撒砂功能
25	"前车钩罩开/ASC 2 km/h"按钮	白色，打开车钩罩，激活 ASC 联挂模式
26	左侧门释放按钮	白色，释放列车左侧门
27	关门按钮	白色，关上列车左、右侧门
28	右侧门释放按钮	白色，释放列车右侧门
29	"开门"按钮	打开释放的车门
30	手动过分相	手动过分相按钮
31	工作	自动过分相指示灯
32	故障	自动过分相故障灯
33	预告	自动过分相预告灯
34	喇叭脚踏开关	喇叭开关
35	时刻表框	
36	ATP 确认	
37	机信 – 正常	
38	机信 – 制动	
39	上、下行机信	

4.3.2　二级操作区的操作和显示元件

二级操作区略低于司机室右侧的司机控制台，它包括行驶时不需要但必需进行监测和部分操作的元件，例如司机室空调的操作元件。

二级操作区的操作和显示元件如图 4.5 所示，各部件名称及用途说明如表 4.3 所示。

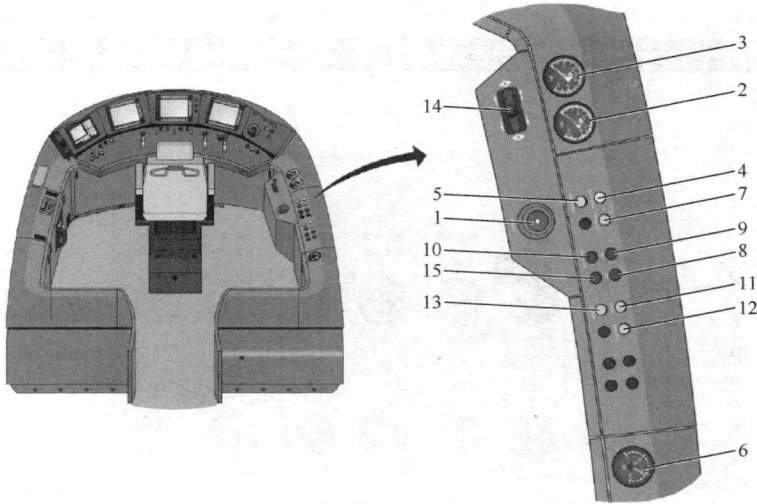

图 4.5　二级操作区的操作和显示元件概览

表 4.3　二级操作区各部件名称及用途

位置	名　称	用途说明
1	快速制动阀	快速制动阀直接使制动管通风，紧急制动回路也是在阀打开时通过电气触点断开
2	双压力计	显示主储气管（MRP，红色指针）和制动管（BP，黄色指针）中的压力
3	HFBV 压力计	显示实施制动时的精确的制动管道压力
4	"实施停车制动"按钮	对整辆列车实施停车制动
5	"缓解停车制动"执行机构按钮	对整辆列车实施缓解停车制动
6	电池电压表	显示当前的电池电压（110 V）
7	"检测指示灯"按扭	启用司机室中定义的指示灯以供测试用
8	旋转开关	更改司机室中空调系统的温度设定值（9 个设定值）
9	"通风"旋转开关	设置司机室的风扇转速（7 个设置值）
10	"司机脚踏取暖"旋转开关	用于控制司机脚踏取暖设置
11	"已联挂"指示灯	机械联挂时指示灯将闪烁并且在整个联挂程序成功完成后指示灯点亮
12	"后车钩罩开"按钮	断开列车另一端的车钩罩，车钩罩断开时指示灯点亮
13	"近端解编"按钮	触发近端司机室的解编程序
14	司机制动阀	电气直接作用制动器故障时，可通过控制制动管压力的司机制动阀控制制动器（备用模式）

4.3.3　故障开关控制台

故障开关控制台位于二级操作区下司机室右侧挡板后，它包括维护期间或发生故障时需要的元件。故障开关控制台上各控制元件如图4.6所示，各元件的名称及用途见表4.4。

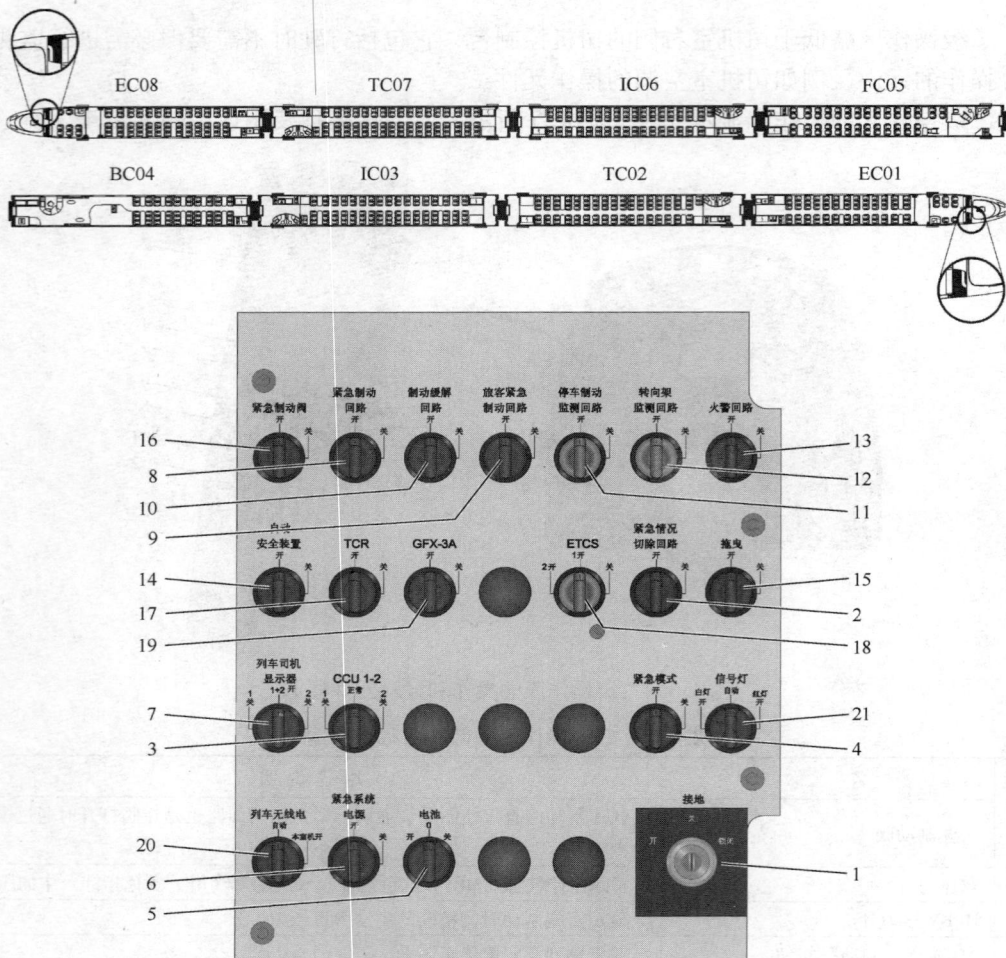

图 4.6　故障开关控制台上的控制元件

表 4.4　故障开关控制台各元件的名称及用途

位置	名　　称	用　途　说　明
1	"接地车辆 A 钥匙" 钥匙开关	①"开"：列车的所有 A 钥匙均处于此位置时，列车处于就绪状态 ②"关"（至少一个司机室中）：CCU 将所有的主断路器断开并降落所有受电弓 ③"锁闭"（至少一个司机室中）：同"关"功能相同，但是执行接地程序的钥匙可以从此位置拔出
2	"紧急情况切除回路" 控制开关	用于旁通紧急停车回路（牵引单元 1/2 近端）
3	控制开关	禁用 CCU 1 或 CCU 2
4	"紧急模式" 控制开关	启动紧急模式
5	"电池" 控制开关	接通或切断整列车的主电池接触器

位置	名　称	用途说明
6	"紧急系统电源"控制开关	此开关启用后，紧急系统（紧急照明、列车无线电、固定对讲机站）均通过"BD"电池母线供电，即与主电池接触器无关
7	"列车司机显示器"控制开关	禁用左侧和右侧司机人机界面
8	"紧急制动回路"控制开关	用于旁通紧急制动回路
9	"旅客紧急制动回路"控制开关	用于旁通旅客紧急制动回路
10	"制动缓解回路"控制开关	用于旁通制动缓解回路
11	红色控制开关	用于旁通停车制动监测回路
12	"转向架监测回路"红色控制开关	用于旁通转向架监测回路
13	"火警回路"控制开关	用于旁通火警回路
14	"自动安全装置"控制开关	禁用 ASD 功能
15	"拖曳"控制开关	如果主电池接触器切断，禁用拖曳功能
16	"紧急制动阀"控制开关	禁用此车中的紧急制动器
17	TCR 控制开关	禁用紧急停车
18	ETCS 红色控制开关	CTCS1/CTCS2/关
19	"GFX – 3A"控制开关	启用/禁用 GFX
20	"列车无线电"控制开关	启用空司机室内的列车无线电装置
21	"信号灯"控制开关	将前灯从"自动"（即前灯由车辆控制系统控制）模式切换为"白灯开"、"红灯开"

4.3.4　司机室中的气动控制元件

司机室中的气动控制元件如图 4.7 所示。

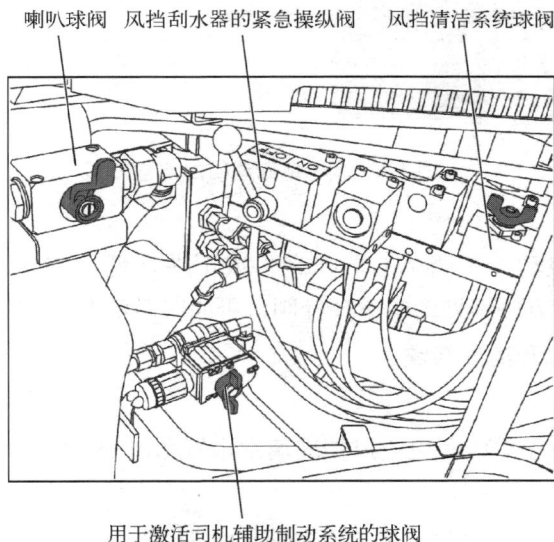

图 4.7　气动控制元件在司机控制台下的位置

气动控制元件位于司机控制台右下方，包括以下元件：

① 用于隔离喇叭和压缩气源的球阀；

② 风挡刮水器紧急操纵阀：如果电源电压断开，或者向电子控制装置发送了故障信号或未发送任何信号，抑或电动气动装置出现故障，则将手动阀手柄从"正常操作"旋转至"紧急操作"，从而以气动方式操纵刮水器驱动器；

③ 用于隔离风挡清洁系统和压缩气源的球阀。

1. 喇叭

1）概述

EC01/EC08 车的车端都安装有两个喇叭，分别为高音喇叭和低音喇叭。

起动喇叭的压缩空气储存在储气罐中，以防压力降低。

通过关闭如图 4.8 所示位于司机操作台下方的球阀，喇叭可以从压缩空气断开。

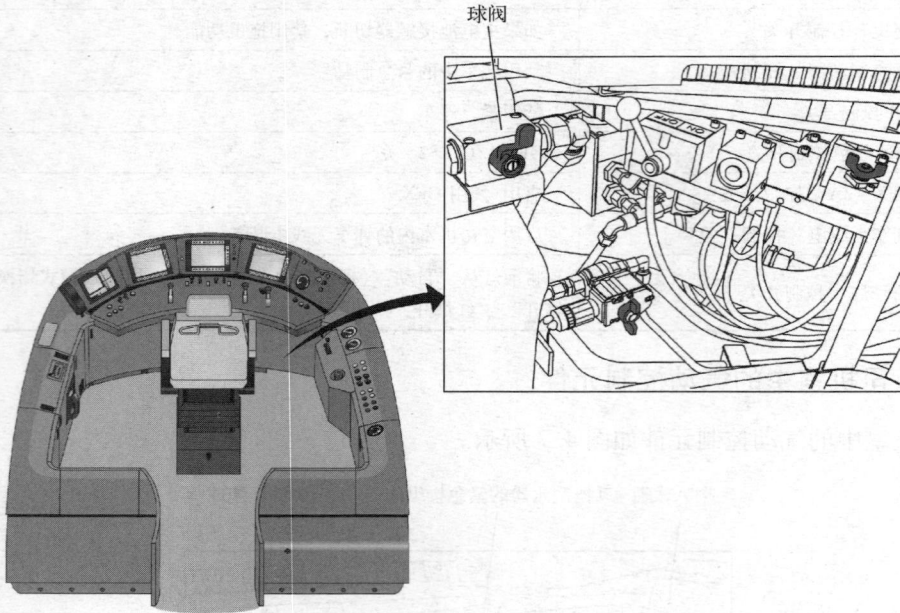

图 4.8　喇叭遮断塞门的位置

2）操作

通过将"喇叭"拨动开关调至上端（高）或下端（低）来起动相应的喇叭。此外，通过操作位于司机台下方脚踏处的转子杠杆阀，可同时激活两个喇叭。

2. 风挡玻璃刮水器和清洗系统

1）概述

EC01/EC08 车配备了电控和电空风挡玻璃刮水器和清洗系统。该系统通过球旋塞直接连接至列车管（MR）。

如果车辆速度大于 5 km/h 时，无人端的 EC01/EC08 车的刮水器臂将自动从中间位置移向停止位置，并使用气压将其保持在该位置。司机室的刮水器臂通常自动移向中间位置。清洗时，处于停止位置的所有刮水器臂都处于压力之下。

如果无电或电控设备出现故障，可使用手控阀进行紧急操作。

刮水器臂在紧急刮水模式中连续运作。只有存在压缩空气的时候，才可进行上述操作。

需要注意的是：列车速度超过 200 km/h 时，无法保证彻底清洁前风挡玻璃。

2）操作

通过司机操纵台上的"风挡玻璃刮水器"控制开关可起动以下手动功能：

①"0"位置：刮水器上无压力，即刮水器可在前风挡玻璃上自由移动；

②"Ⅰ"（停止）位置：刮水器臂上有压力，保持在停止位置（从司机室看，位于左侧）；

③"Ⅱ"（间歇刮水）位置：刮水器臂开始清洁，随后保持在停止位置直至时间间隔（8 种设置）结束；时间间隔可通过控制开关"刮水器速度"设置，共有 8 种设置；

④"Ⅲ"（刮水）位置：刮水器臂持续刮水，使用控制开关"刮水器速度"可设置刮水器速度，共有 8 种不同的设置。

使用"清洗"按钮可将含玻璃清洁剂和/或防冻剂的水喷至前风挡玻璃上。

使用如图 4.9 所示球阀从压缩空气断开风挡玻璃清洗系统。通过电压发生故障，或故障信号或没有信号送至电气控制装置或电空装置故障，通过将紧急操作阀的手柄从"正常运行"（OFF）转至"紧急运行"（ON）就可起动驱动刮水器。

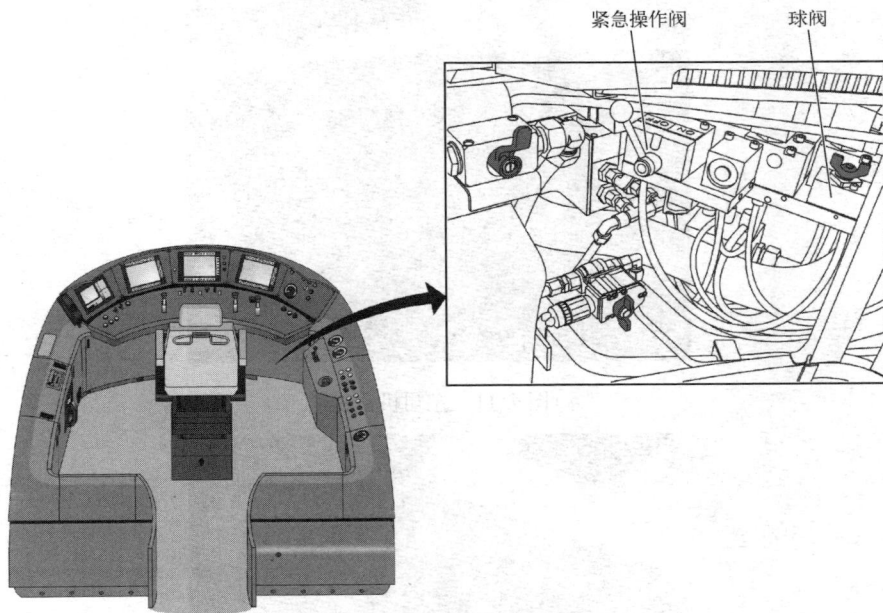

图 4.9　风挡玻璃刮水器控制塞门/阀的位置

4.4　电气柜

CRH₃ 型车的电气柜分布于司机室的两侧及后墙四周，采用半高的设计形式，与司机操纵台同高，电气柜门的设计亦采用与司机操纵台柜门相同的形式，从而在视觉上形成一个统一的整体效果。

电气柜的布置如图4.3所示。右后电气柜主要是列车线开关和CCU，而左侧电气柜主要是SIBASKIP输入输出站、辅助接触器、断路器及应急坐椅。

4.4.1 柜体

司机室电气柜的内部布置如图4.10～图4.13所示。

图4.10 右司机室柜

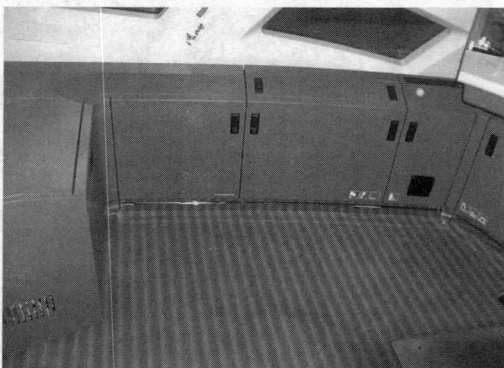

图4.11 左司机室柜

图4.12 右后司机室柜

图 4.13　左后司机室柜

4.4.2　设置

驾驶室左侧线路安全开关（LSS）面板如图 4.14 所示，各部位名称及说明见表 4.5。

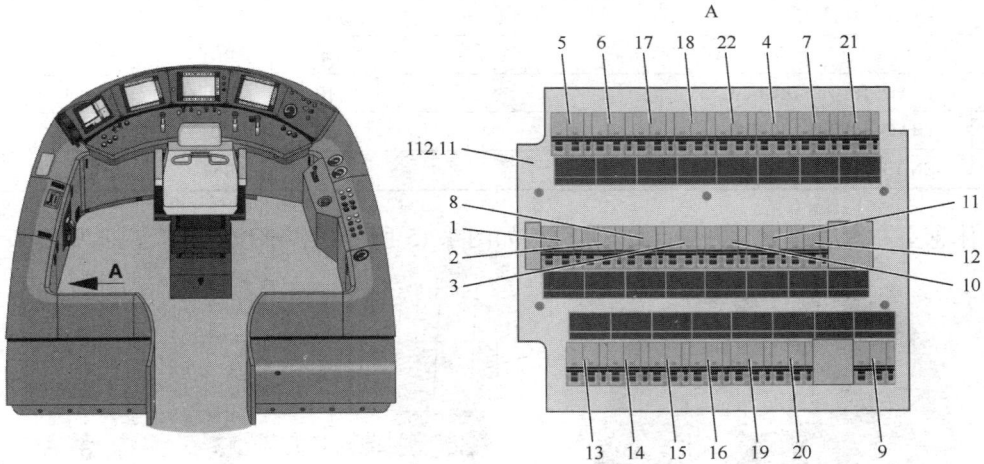

图 4.14　驾驶室左侧 LSS 面板

表 4.5　驾驶室左侧 LSS 面板各部位名称及说明

位置	LSS	电　压	母线段上的负荷 BD（直流电池） BN1/2（普通电池）
1	EMER. – OFF CONTROL	4	BN1
2	CONTROL DIRECTION SWITCH	2	BN1
3	EMER. MODE	4	BN1
4	BCU 1	10	BD
5	BCU 2	10	BD
6	BEB	4	BN
7	CONTROL CABLE PARKING BRAKE	4	BD

续表

位置	LSS	电 压	母线段上的负荷 BD（直流电池） BN1/2（普通电池）
8	CAB DISPLAYS	2	BD
9	TD – HMI 1&2 ON	2	BN1
10	LOOP CONTROL	2	BN1/BD
11	JUMPERING EBL, CFAS, OCS	2	BN1/BD
12	PBML, FAL, BML, BRL	2	BN1/BD
13	PEBL	2	BN1/BD
14	TOWING	6	BN1/BD
15	ASDLOOP	2	BN1/BD
16	EBL	2	BN1/BD
17	ETCS/TCC1	6	BN1
18	ETCS	6	BN1
19	TCR	4	BN1
20	TRAIN RADIO DIGITAL	10	BN1/BD
21	TRAIN RADIO DIGITAL	10	BD
22	END FLAPS/END COUPLER	6	BN1

　　休息室右侧线路安全开关（LSS）面板如图4.15所示，各部位名称及说明见表4.16。

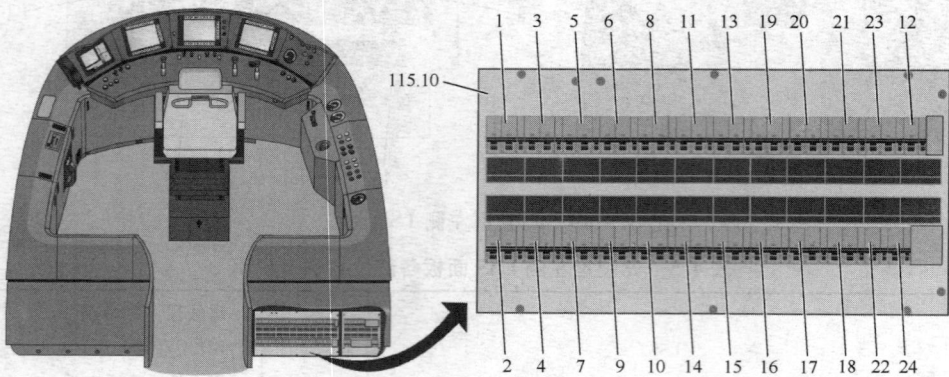

图 4.15　休息室右侧 LSS 面板

表 4.6　休息室右侧 LSS 面板各部位名称及说明

位置	LSS	电 压	母线段上的负荷 BD（直流电池） BN1/2（普通电池）
1	CCU1	16	BN1
2	CCU2	16	BN1

位置	LSS	电　压	母线段上的负荷 BD（直流电池） BN1/2（普通电池）
3	SKS 4/8	4	BN1
4	SKS 5/9 /TD—HMI2	4	BN1
5	SKS 6/7	4	BN1
6	REPEATER 2 LINE A	2	BN1
7	REPEATER 2 LINE B	2	BN2
8	24V DC/DC TRANSFORMER 1	8	BN1
9	24V DC/DC TRANSFORMER 2	8	BN1
10	ETCS/TCC 2	6	BN2
11	ETCS—DMI	2	BN1
12	LDDT	2	24 V
13	DC/DC VC LIGHT 1	10	BN1
14	DC/DC VC LIGHT 2	10	BN1
15	HEADLIGHT R	6	24 V
16	HEADLIGHT TOP	6	24 V
17	HEADLIGHT L	6	24 V
18	HEADLIGHT R	6	24 V
19	CONTROL EXT. LIGHT	6	BN1
20	CAB LIGHT	6	BN1
21	HORN/WIPER	2	BN1
22	ROLLER BLIND	2	24 V
23	WINDSCREENWASH	6	BN1
24	END FLAPS/ INSTRUMENT LIGHT	2	24 V

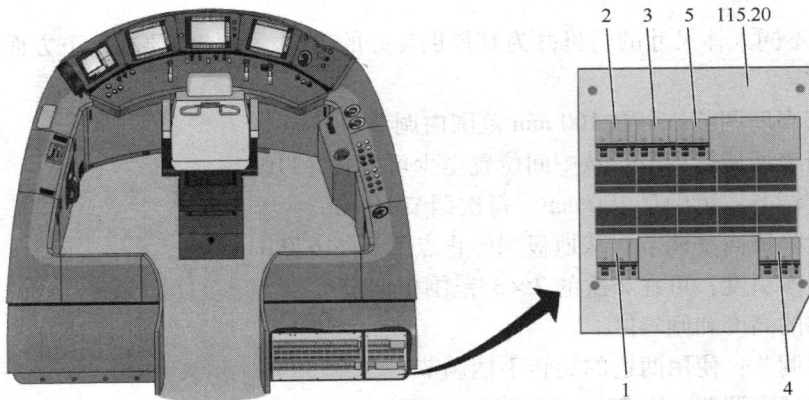

图 4.16　休息室右侧 LSS 面板

表 4.7　休息室右侧 LSS 面板各部位名称及说明

位置	LSS	电　压	母线段上的负荷 BD（直流电池） BN1/2（普通电池）
1	BN1 BUSBAR A	63	BN1
2	BATTERY CONTROL	6	BD
3	TD—HMI 1	2	BD
4	TD—HMI 2	2	BD
5	EMER. CONTROL EXT. LIGHT	10	BD

4.5　坐椅

4.5.1　司机坐椅

CRH3 每个头车里各设一个司机坐椅。

1. 使用环境

司机坐椅允许的存储温度范围：$-30℃ \sim +85℃$，工作温度范围：$-25℃ \sim +40℃$，相对湿度最高为 95%。

2. 相关技术条件

坐椅主体结构材料为钢，所有使用的原料须符合已经批准的标准条件，不使用那些对乘务员健康有风险的原料。此外，原料的搭配和选取，应确保腐蚀和老化现象及磨损，清洁剂和润滑剂都不会对其产生有害影响。填充的面料对皮肤好、通气、耐磨损、避免静电、防火。司机坐椅机构的强度设计必须保证在车辆加速、铁路员工使用等产生的各种力的影响下不会发生永久变形和损坏，对功能也不产生有害影响。在列车运行中，在司机坐椅或其中的单个零件上不会产生破裂性的噪声或振动。司机坐椅的重量不超过 39 kg。

坐椅箱设置有两个抽屉，一个放工具，另一个放应急梯，两个抽屉都有可以锁闭的活板。

为适应不同人体尺寸的司机并为其提供良好的支撑，坐椅需要在以下方面通过单手操作调节与固定。

① 座基高度调节：可在 100 mm 范围内调节。

② 坐椅表面旋转调节：从中间位置至少可旋转 $±110°$。

③ 长度调节：范围是 190 mm，每次调节 10 mm。

④ 持续坐椅高度调节：从地板到停止点 $550 \sim 670$ mm。

⑤ 坐椅倾斜度：可在 2 次的 $2 \times 3°$ 范围中调节。

⑥ 头靠的高度和倾斜度。

⑦ 靠背调节：使用两边的旋转手柄调节。

⑧ 头靠高度调节：在 70 mm 的范围内调节。

⑨ 扶手调节：能够折叠起来和靠背平行，并能够设置倾斜度，两扶手之间最小间距

是 450 mm，扶手的长度大约是 345 mm。

3. 维护

司机坐椅的技术服务寿命为 30 年，检查和检修的时间间隔为每运行 40 000 h 或 8 年。

4. 司机坐椅结构

司机坐椅如图 4.17 所示，各部位名称见表 4.8。

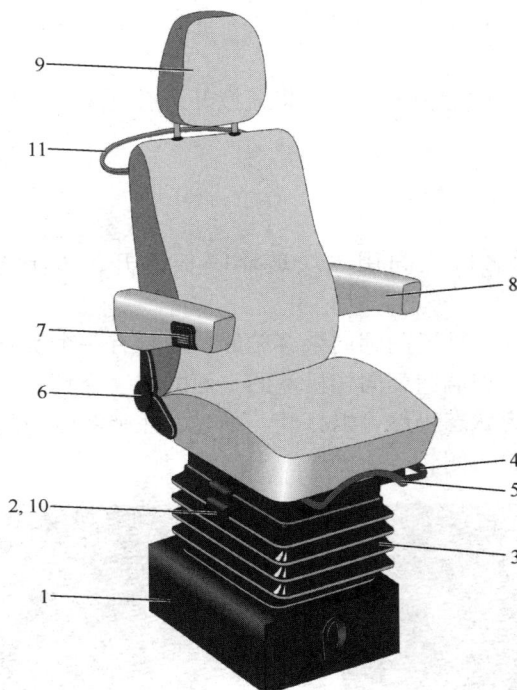

图 4.17　司机坐椅

表 4.8　司机坐椅各部位名称

位　置	名　称	位　置	名　称
1	工具箱	7	靠背倾斜度调节旋钮
2	底座	8	扶手向上折叠
3	旋转附件	9	安全头枕
4	倾斜调节用把手	10	连续高度调节把手
5	坐椅高度调节把手	11	衣架
6	靠背调节旋钮		

司机坐椅的工具箱中一个室用来存储工具，另一个室中存储应急梯，两个室中均有可锁定的盖罩，坐椅底座配有可牢固固定在不同位置的调节式气弹簧。坐在坐椅上同时按下连续高度调节把手可通过体重使坐椅下降，坐椅高度可在 130 mm 范围内进行连续调节。旋转附件在其行程方向被锁死，用力旋转可解除此锁定。提升倾斜调节把手可以松开锁销，旋转区域为 2×3°，一旦松开，则此把手会立即自行固定，按住锁销的同时向后倾斜

将锁销解除。坐椅高度调节把手可进行坐椅高度调节，调节范围为 190 mm，步进值为 10 mm，一旦松手，它将立即自行固定。靠背倾斜度调节旋钮可不断调节靠背倾斜度，松手后，它将立即自行固定在任意位置。通过操作靠背倾斜度调节旋钮可对靠背进行连续性调节。扶手可向上折叠至极限位置（同靠背平行）并可自动固定就位。通过拉出或推入三步即可调节头枕的高度，头枕可使用拉出固定在最后一个锁销位置，将靠背盖下的弹簧夹向前推可解锁。

4.5.2 乘务员坐椅

乘务员坐椅位于左侧后壁柜上，可在将盖掀开折叠起来后使用此坐椅。

4.6 门

司机室的后部与乘客区之间用一块玻璃隔板隔开，隔板上具有一扇玻璃门，如图 4.18 所示。

玻璃门密封在门框内。玻璃门朝向乘客舱的一面具有一个实心门钮，而朝向司机室的一面则具有一个门把手。玻璃门朝向司机室的一面配有一个具有应急功能的门锁，借助于该功能，即使门处于锁定状态仍然可以打开。不过，在乘客舱一侧，该门只能使用安全钥匙打开。此门开向乘客舱一侧。

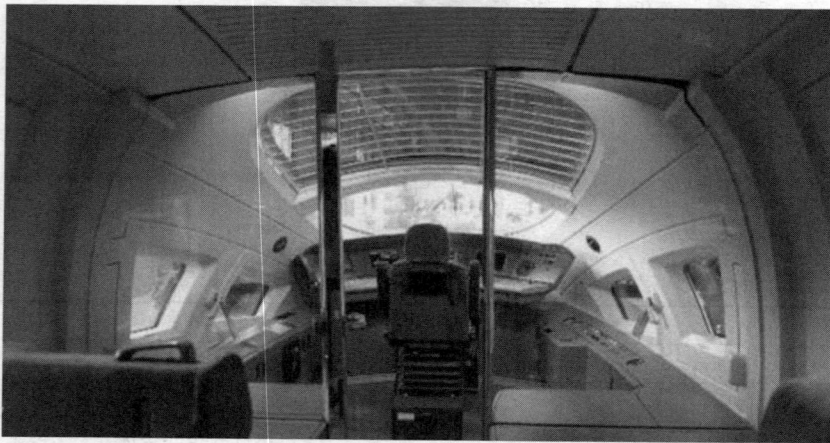

图 4.18　司机室玻璃门

4.7 窗

CRH3 司机室窗包括前窗（风挡玻璃窗）和侧窗（旋转打开车窗），司机室窗用于司机的瞭望，旋转打开车窗在紧急情况下可作为司机的逃生出口。

4.7.1 前窗

前风挡玻璃为多层结构并集成了加热膜。下风挡玻璃由透明的夹层玻璃组成；这样就确保了可正确接收彩色信号。上风挡玻璃则完全着色以防止强光耀眼并防止司机室升温。

1. 前风挡玻璃加热器

前风挡玻璃加热具有三种操作模式：

① 关闭前风挡玻璃加热——前风挡玻璃加热中断；

② 前风挡玻璃加热解冻模式——接通前风挡玻璃加热系统电源并高热输出加热，此模式下运行 20 min 后，将自动切换至前风挡玻璃加热正常运行模式；

③ 前风挡玻璃加热正常模式——接通前风挡玻璃加热系统电源并以低热输出加热。

如果选择除霜模式时有以下限制条件：

- 室外温度 > 19℃；
- 当前运行模式为冲洗；
- 选择的解冻模式不应长于 1 min，可根据冲洗完成情况或（停放/就绪状态）运行模式再次选择。

可使用左司机显示器选择此三种模式中的任何一种（选择显示屏中切换至前风挡玻璃加热）。

2. 前风挡玻璃遮阳帘

前风挡玻璃的上部分配有电动式遮阳帘，该窗帘可通过司机座位上方基架处的开关进行调节，如图 4.19 所示。

当动车组中的司机室为无人驾驶端时，必须将遮阳帘关闭。有人驾驶时则必需将其打开。

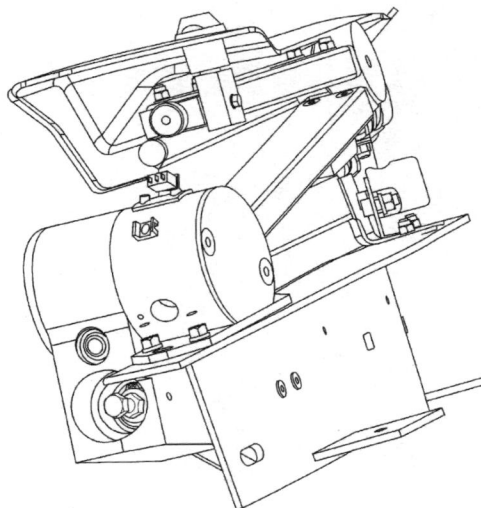

图 4.19　遮阳帘

4.7.2　侧窗

司机室在左右两侧各设一个可旋转打开的侧窗。列车上的人员可通过司机室的侧窗离开列车。在紧急情况下，打开其中一扇侧窗，打开司机坐椅下面的小室，取出里面的折叠式救援梯，将此救援梯挂在侧窗的窗框边缘处，然后从司机室离开列车。侧窗与车体外壳与内墙板接口，侧窗包括安装件（外窗框、内窗框和玻璃）的重量不超过 40 kg。侧窗使用对旅客和工作人员人身健康不造成危险的材料，侧窗所用材料不会因为侵蚀、老化、磨损，以及清洗剂和润滑剂的影响而损害其功能。

侧窗的设计使用专门的层压安全玻璃，设计速度为 330 km/h（包括穿越隧道），层压玻璃粘在内窗框里面，内窗框与外窗框间设有开启和锁闭机构，从而在满足气密性要求的同时可转动开启。侧窗开启的开关力根据 UIC 566 的相关要求标出。侧窗尺寸满足 UIC 651 中紧急出口的相关要求。外窗框与车体外皮镶嵌齐平，窗框通常使用铸铝制造。侧窗组件使用标准尺寸的不锈钢公制螺钉和螺母从内部安装到车体外壳上。

侧窗能防止潮气渗入层压玻璃之间的间隙，能防止气体从充气双层玻璃渗出。

侧窗满足下列性能数据：

- 传热系数　　　　< 1.4 W/(m² · K)
- 透光率　　　　　约 38%
- 能量透射比　　　约 17%
- 吸声　　　　　　> 40 dB（A）

在列车运行期间，侧窗不发生振动和发出令人不快的噪声，并能满足最高试验速度为 350 km/h 时相应的空气动力学要求。

第5章 CRH₅型动车组司机室

CRH₅型动车组两端设供司机操作的司机室。司机室为单司机操作模式，司机台居中布置（见图 5.1）。司机室根据人机工程设计，符合 UIC 651 标准的规定。司机室的密封与环境控制要求符合 UIC 651 标准 10.2 条中关于噪声的要求。

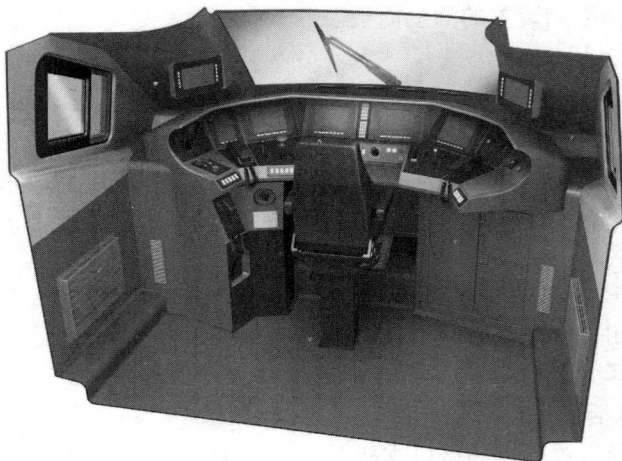

图 5.1 司机室内部效果图

CRH₅型动车组司机室框架上安装有一个空气动力学头部，用合成材料制成。这种空气动力学头部，除了保证列车司机不受飞来之物的侵害（符合 UIC 651 标准的要求），而且可安装风挡玻璃、侧窗、前照灯和前端车钩开闭机构等部件。车头前端的开闭机构可以在司机室中操纵，车头部结构有一个安装在司机室的吸能装置，可以吸收的最大能量为 4 MJ。能量吸收装置由钢板焊接而成，通过产生塑性变形吸收能量，使用螺栓固定在司机室。

CRH₅空气动力学车头基本上由车体的筒形金属结构延伸组成，在车体的侧部和顶部，司机室的前部结构要求有接口。其外部形状由空气动力学决定，而内部设计考虑了司机室设备需要的接口。

5.1 司机室布置

5.1.1 动车组司机室的结构和布置

1. 司机室外部结构

司机室外部结构主要包括：司机室外壳、前部外壳、下侧部导流罩、下部中央导流罩、自动车钩门和底架防雪保护装置。

1）司机室外壳

司机室外壳主要包括：

① 风挡玻璃框和左右侧窗框；

② 上部远光灯和信号灯及相应外部玻璃罩的组成/容纳用的框和箱体；

③ 安装风挡玻璃刮雨器及登车门支撑的接口、管路和风挡玻璃清洗器清洗剂连接的通道；

④ 有关车头结构前部的驾驶室的前部面板，包括电缆和配管的通道；

⑤ 有关车顶结构的司机室的后部的后部连接面板；

⑥ 内部司机室设备、盖板和系统（司机室内衬的所有部件）的接口；

⑦ 后视镜的接口；

⑧ 用于检修车顶空调装置的活动面板。

2）前部外壳

前部外壳主要包括：

① 标志灯和相应外部玻璃罩的组成/容纳用的框和箱体，为灯安装和维修操作方便，这些箱体为一整体结构；灯的安装和维修操作可以通过提供 2 个侧门来完成，每侧 1 个；

② 2 个信号装置，外壳每侧 1 个，它置于外部空气动力学外形上，用来固定外部信号发送设施；

③ 2 个双调风笛和相应检查门组成/容纳用的框和箱体；

④ 用于前端开闭机构的安装接口。

3）下部侧导流罩

下部侧导流罩包括：

① 用于紧固到导流罩支撑的接口支架；

② 导流罩支撑；

③ 用于底架保护紧固的接口支架。

4）下部中央导流罩

下部中央导流罩包含：

① 用于进入紧急救援设施的移动门；

② 底架保护紧固的接口支架。

5）自动车钩门

自动车钩门包含：

① 前端开闭机构的接口支架；

② 门边缘和前部外壳支撑部件之间，和半个门的间隙或叠加之间间隙插入的密封条。

6）底架防雪保护装置

底架防雪保护装置由一个或两个单独件组成，位于转向架和司机室下的区域，它确保司机室底架的紧固以防止雪和冰的累积。盖子固定在下部导流罩上，盖子配备聚碳酸酯材料的窗口，用于天线进入和信号接收。

2. 司机室内部结构

司机室前端下面，安装有一个排障器，排障器中间部分底部可承受 137 kN 的静态压力；排障器符合限界的要求，距轨面高度为（110±10）mm，其高度可以调整。

司机室与客室间采用折页门，向过道打开。经过道的出口可通往旅客车厢或外面。

司机室外部门采用铝制带隔热层的折页门，带有微动开关，可检测此门的开关状态。

司机室和过道的地面覆盖防水层。地板的构造类似于旅客车厢的地板构造。

司机室天花板由自固定面板制成，包括以下配件：

① 与司机室照明灯、过道和电缆支座的接口；

② 与安装在可折面板的扬声器的接口和格栅，以便能接触到；

③ 与风道连接的所有空气格栅；

④ 前可折面板和用于固定面板的接口，以便可接近风挡玻璃的遮阳板和与风挡玻璃加热系统的电气连接；

⑤ 用于接近高空灯的面板，以便更换灯具；

⑥ 用于接近风道的后可折面板。

CRH₅ 型动车组司机室总体布置如图 5.2 所示。

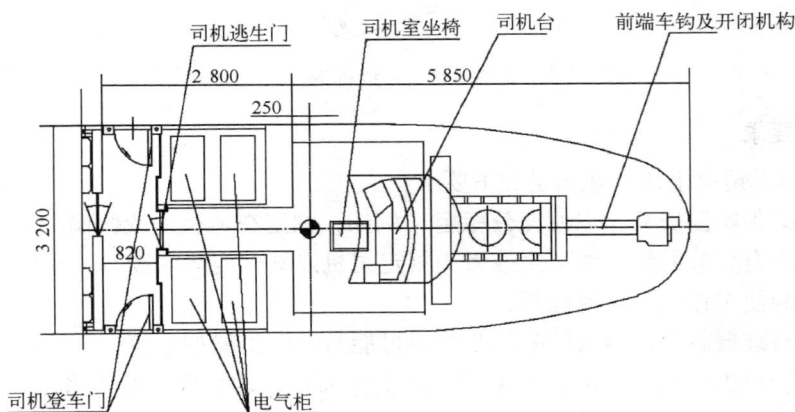

图 5.2　司机室布置图

司机室车内噪声根据 Pr EN ISO 3381 和 Pr EN ISO 3095 标准在有砟长钢轨上进行实测和核对，钢轨和道砟的情况良好。场地开阔（100 m 的距离内无建筑物或反射物）而且没有大的背景噪声（低于 40 dB（A））。

在测试中，牵引系统和其他辅助设备达到其正常的工作温度，而且空调系统全负荷工作。

在速度为 200 km/h 时，LpAeqT≤71 dB（A）

其中，LpAeqT 为 prEN ISO 3381 和 prEN ISO 3095 中定义的 "A" 等效连续声压级。

5.1.2　坐椅

高速动车司机承受着很大的工作负荷，司机室环境的噪声、不利的照明条件、天气及线路和信号的影响，会直接关系到司机的健康状况和工作效率。司机驾驶坐椅与乘客坐椅相比，除了要考虑可调整性以外，还应该考虑下面一些标准，如：身体姿态（脊柱和关节的位置，肌肉张力）、能否够到操作元件、视野条件、自由活动范围及发生事故时的求生区间。坐椅外形如图5.3所示。

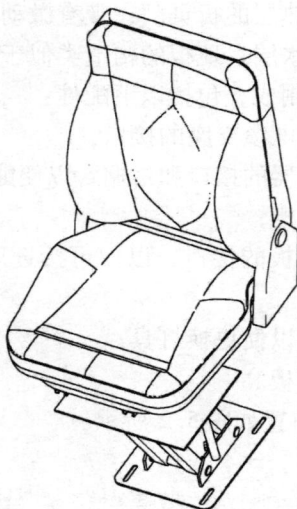

图 5.3　坐椅外形

1. 基本要求

高速动车组司机坐椅必须满足如下要求：

① 坐椅必须牢固安装，以便充分稳定（例如，固定在地板上或侧墙上）；

② 坐椅应有充分的纵向调节度或者当规定司机以站立姿势驾驶时，坐椅应收起；

③ 必须能使工作人员迅速离开；

④ 应配备减振装置，坐椅的阻尼必须尽可能与车体阻尼相适应；

⑤ 尽可能地扩大人与座位之间接触面的支撑面积，调整座位长度和靠背高度，使工作时肌肉得到放松并降低接触面压力，防止血流受阻；

⑥ 靠背可自由调节，使对容易受到损害的腰部、颈部前凸区域形成支撑作用，以免椎间盘畸形；

⑦ 操纵器件便于使用，次序、辨认难度、开启时需要的力量等方面充分考虑人机工程学的要求。

坐椅配件中的座位和靠背用多孔材料覆盖，多孔材料能使人体正常排汗；靠背/座位组件固定或者可以调节；当有肘靠时，肘靠应相距450 mm以上，容易套上套子且易于收起。

从生理学观点来讲，坐椅尺寸必须能让司机保持正确的姿势，并且坐椅易于调节，以适用于不同身高的工作人员。当工作人员就座时，靠背应在高于座位180～230 mm的地方有10～20 mm的向前弯曲。坐椅安装时必须有宽度最小为500 mm的凹进处供工作人员放脚和腿。脚踏板必须覆盖防滑衬套，动警戒装置的踏板应与搁脚板相结合。

2. 基本功能

CRH₅型动车组司机室坐椅具有以下基本功能。

① 综合调整坐椅倾角和前后边缘高度 ±40 mm。

② 在列车轴向的最小 150 mm 调整。

③ 靠背倾角在 5°～ 15°之间的调整。

④ 折叠扶手：

- 高度要由供应商根据人机工程学位置来定义；
- 在任何坐椅倾角或靠背倾角调整的情况下，应能调整可能的操作角度来确保扶手位置水平；
- 为了避免当坐椅处于向前位置时扶手接触桌子边缘，扶手长度应能调整；
- 在任何情况下可以在垂直位置折叠。

⑤ 可调式的头靠。

⑥ 在不改变坐椅组成（配备平行四边形系统或相当的系统的坐椅脚蹬）的情况下，允许简单和快捷地退出。

⑦ 在坐椅和司机台边缘之间最小 200 mm 间距的站立位置用于驾驶。

⑧ 在每侧旋转 90°，在没有作用到任何设备情况下，具有一个带刻度的中心位置。

⑨ 其他值满足 UIC 651 标准。

⑩ 坐椅底座配备一个固定板，以使其固定到司机室地板上。坐椅调整应该能够满足人机工程学要求。

3. 舒适度要求

CRH5 型动车组司机室坐椅舒适度有以下几方面考虑：

① 坐椅的形状和泡沫的刚性将被调整到允许一个平均舒适性应用时间为 5 h 的程度；

② 该布料必须确保能够除去汗液；

③ 固定到地板上的坐椅支撑，应该具有一个高于 30 Hz 的固有振动频率。

坐椅零件和坐椅固定应该承受在 UIC 566 OR 中定义的载荷影响且无永久变型。坐椅的固定方式如图 5.4 所示。GRAMMER FA—404 坐椅如图 5.5 所示。

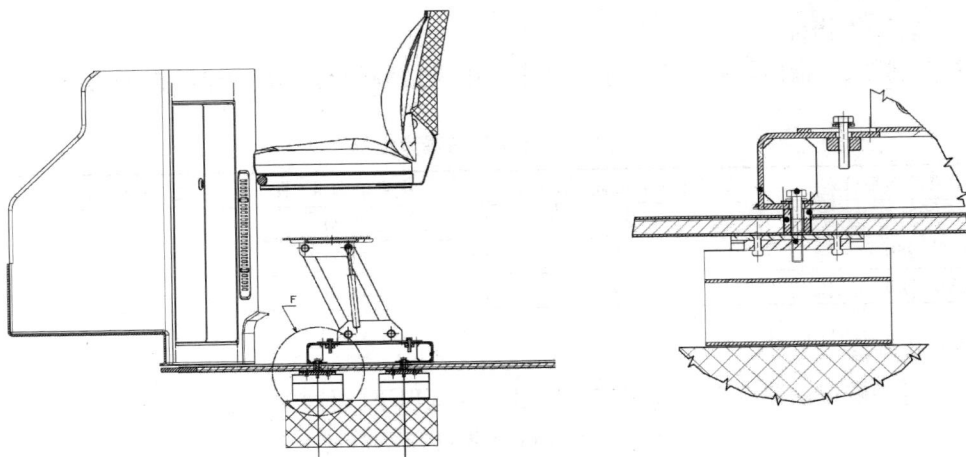

图 5.4　坐椅固定方式

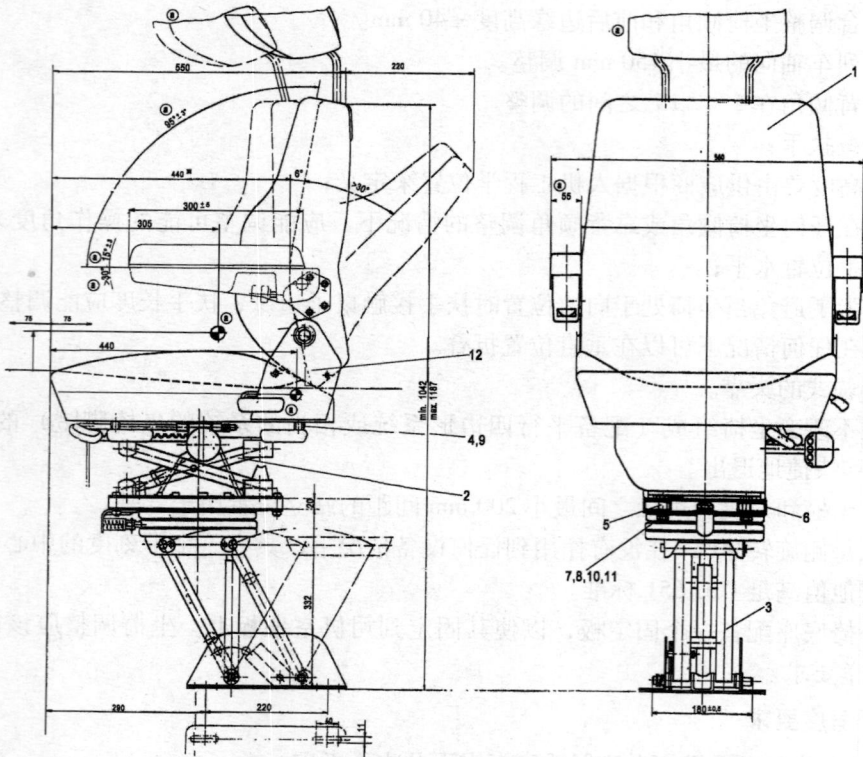

图 5.5　GRAMMER FA—404 坐椅

5.1.3　司机室门

1. 司机登车门

司机登车门是列车人员使用的上车门，安装在靠近司机室的 MC2 和 MC1 车的每侧。

1）技术指标

（1）防噪声指标

登车门防噪声指标如表 5.1 所示。其中，中央倍频带与要求传输的损耗之间的关系见图 5.6。

表 5.1　登车门防噪声指标

中央倍频带/Hz	要求传输的损耗/dB（A）	中央倍频带/Hz	要求传输的损耗/dB（A）
125	28	1 000	43
250	35	2 000	41
500	40	4 000	38

（2）热绝缘

整个门，模拟铁路客车的实际应用，必须保证以下整体热传递值：

$$K = 1.1 \text{ W/(m}^2 \cdot \text{K)（车辆静止）}$$

$$K = 1.4 \text{ W/(m}^2 \cdot \text{K)（车辆以速度 160 km/h 运行）}$$

在考虑包括任何热桥的门整个面积的情况下，必须实现所说的值。

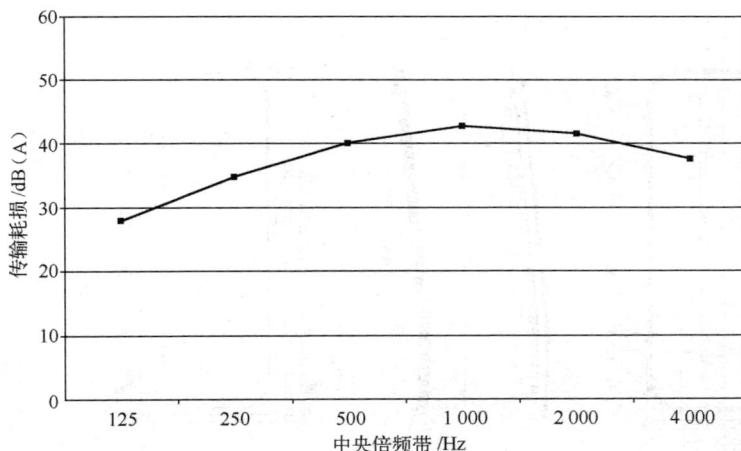

图 5.6　登车门防噪声指标

（3）防火

使用材料满足 UIC 564—2。

（4）防烟

烟雾排放和潜在毒性符合 NFF16—101。

2）结构特征

① 司机登车门用折页连接到一个门框上，然后被刚性紧固到车体上。门立柱必须符合 UIC 651 朝着内部向侧面倾斜。

② 一扇门朝右侧打开，而另一扇朝左侧打开，它取决于门安装在车辆的哪侧。

③ 结构和外部门板为铝或合成材料的门扇具有抗弯的结构；门框是轻合金。整个门（包括所有元件）设计能阻抗压力 ±6 000 Pa 产生的作用在门的外部/内部的一个载荷。

④ 在车内，门覆盖一个由合成材料构成的面板，该面板使用模具制成，具有同该区域内装覆盖物相同型号的材料和表面光洁度。面板的几何形状保证能与该区域内装覆盖物的良好结合。

⑤ 配备一个分别嵌入上部和下部门立柱的双插销锁。

⑥ 在外部的一个舒适的位置必须有一个便于人员站在站台上转动的内置手柄。

⑦ 内部手柄按照在列车内的人员舒适转动的高度来定位。

司机登车门如图 5.7 所示。

3）开门和关门控制

① 不论在车辆内部和外部，如果门先前已经被闭锁，通过松开钥匙，简单移动一个手柄即可打开。所有手柄和钥匙锁连锁在一起，启动一个就会激活另一个。手柄的上部位置必须对应于关闭的门。

② 通过手推门或拉门得到的惯性来机械关闭门；该锁必须适用于从车辆内部或外部用钥匙锁闭。

③ 门控系统包含关门信号。装配一个与微型开关平行的按钮，以使列车人员在门打开和列车静止时有效。

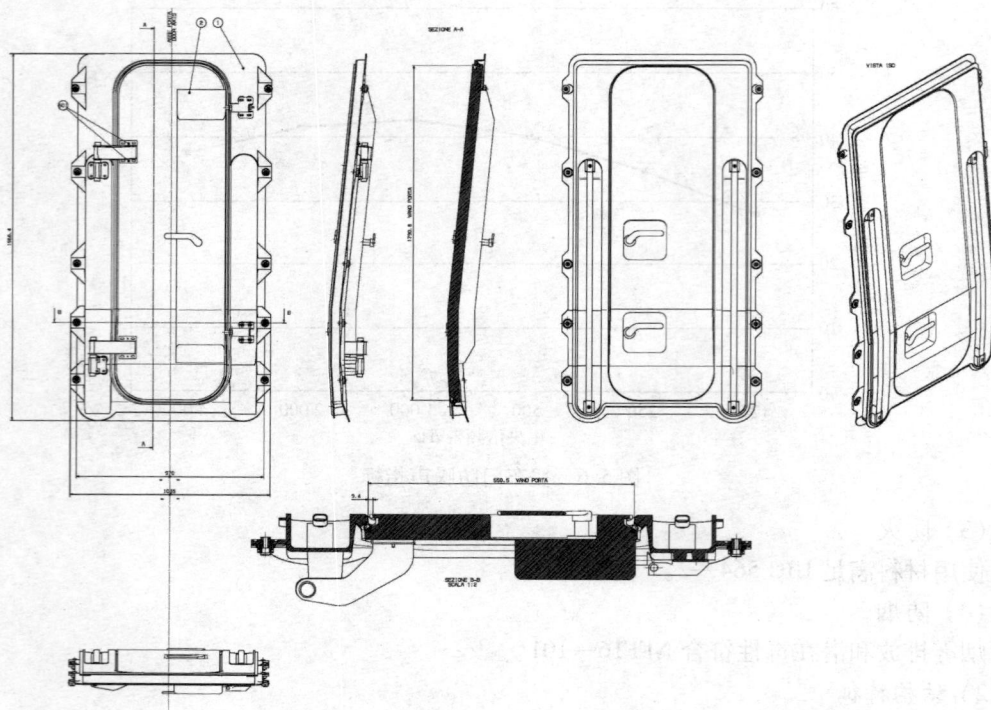

图 5.7　司机登车门

4）试验

① 疲劳试验；

② 气密性试验；

③ 静态测试；

④ 隔音试验；

⑤ 隔热试验。

2. 司机间壁门

1）技术指标

（1）防噪声指标

司机间壁门的传输损耗必须等于或者高于表 5.2 中按照倍音程给定的传输损失（R）等级，如图 5.8 所示。

表 5.2　司机间壁门防噪声指标

中央倍频带/Hz	要求传输的损耗/dB（A）	中央倍频带/Hz	要求传输的损耗/dB（A）
125	28	1 000	43
250	35	2 000	41
500	40	4 000	38

（2）压力密封

车门（包括门锁、手柄等）必须是水密的并且防止漏气。车门的水密性能必须在正

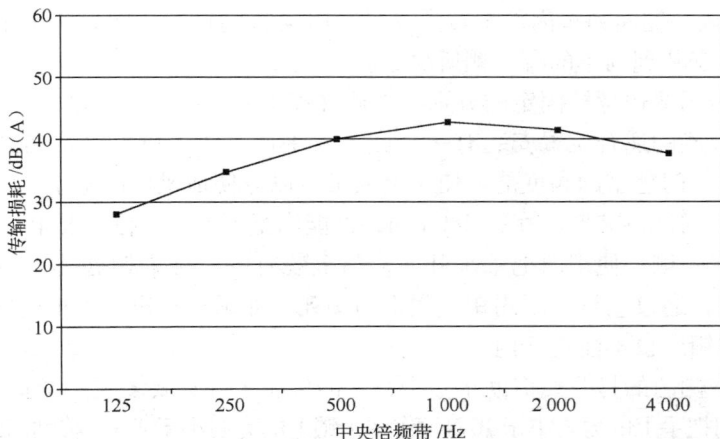

图 5.8　司机间壁门防噪声指标

常运行（在任何大气条件下）和清洗操作过程（手动或自动进行）中得到保证。必须提供一些设计解决方案以使列车内部免受外界压力变化的影响，外界压力可能以诸如 1 500 Pa/s 的梯度达到 ±6 000 Pa 这样的压力值。不得使用充气装饰件。

所要求的列车内部压力变化的限值为：

① 在 10 s 的时间内压力变化的最大值为 1 000 Pa；

② 最大梯度为 500 Pa/s。

为了遵守上面所说明的数值，车门必须遵守下述可充气的密封件要求：

① 对于每个新车门，在标准的体积中（每个车门相当于 6 m³），从 6 kPa 降到 1 kPa 的压力所用的时间不得小于 20 min；

② 对于按规定进行疲劳试验的车门，压力降低的时间不得小于 15 min。

（3）热绝缘

整个车门（模拟铁路客车的实际应用）必须保证下述全部热传递值：

$$K = 1.1 \text{ W/(m}^2 \cdot \text{K)}（列车停车）$$
$$K = 1.4 \text{ W/(m}^2 \cdot \text{K)}（列车以 160 km/h 的速度运行）$$

车门的整个表面（包括所有热桥）必须达到上面所说的数值。

（4）火焰/烟雾性能

① 对火焰的反应符合标准 UIC 564—2 中 A 级关于"火焰反应"的要求。

② 对烟雾的反应根据 NFF 16—101 中 7.1（B 类）节关于"排烟"和"潜在的毒性"（F1 类）的要求。根据 NFF 16—101，当工艺的状态不能满足该要求时，可以采用 NFF 16—101 中 7.2 节的条件。在这种情况下，耐火性能和排烟性能均需要满足 NFF 16—101 所要求的 M–F 分类。

2）结构特征

该门用于从司机室分隔出通过台部分，它应尽可能地具有密封性：考虑到误差，缝隙应尽可能地小。该门应具备下列特点。

① 开向通过台一侧。

② 司机间壁门通过铰链连接到门框上，门框被刚性地固定到列车车体上。侧柱按照

标准 UCI 651，从一侧向列车内部翻转。一半车门向右侧打开，而另一半车门则向左侧打开，这将由车门安装到列车的哪一侧所决定。

③ 车门安装用两边螺栓固定的分别与上侧柱和下侧柱结合的门锁。

④ 在车门外侧的适合位置安装有一个嵌入式手柄，使人员可以站在月台上方便地操作门把手；内部的门把手的高度能够使车上人员可以方便地操作门把手。

⑤ 配有透明的窗口玻璃，直径 280 mm，性能满足 UIC 561 标准要求。

⑥ 在通过台一侧，使用门把手来开门，门上装有一个标准钥匙孔；与之相对的另一侧，有一个按钮，通过它可以不用钥匙就把门锁死；如果从司机室侧把门锁上，那么在通过台侧即使使用钥匙也不能打开门。

⑦ 在司机室侧门的打开要借助于一个特殊的按钮，并且要多配一个备用的按钮。

⑧ 作用于门把手上的力要小于 10 N，作用于锁上的力要小于 4 N，移动门的力小于 50 N。

⑨ 把手周围的凹槽必须确保在门打开的任何角度，手柄在任何情况下都不受限制。

⑩ 在打开状态，门必须具有稳定性，打开的角度必须确保紧急杆不位于门行程内。

⑪ 门板必须能承受从通过台一侧施加到门板中心的 1 500 N 的力。

司机间壁门如图 5.9 所示。

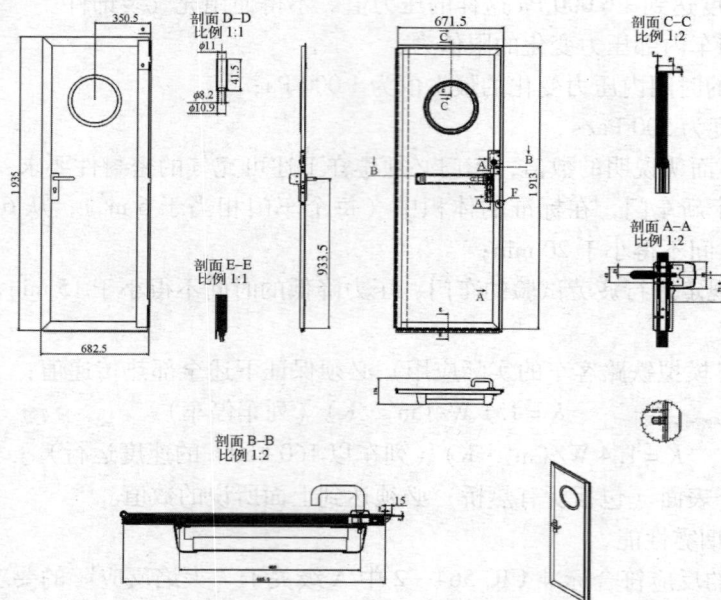

图 5.9　司机间壁门

3）开门和关门控制

（1）打开/锁上车门

如果车门在此之前已经被锁上，无论是在列车的内侧或是外侧，在松开钥匙以后，能够通过门把手的简单移动将车门打开。所有的门把手和钥匙锁装置被连接到一起，这样一个门把手的开启将会使其他门把手同时开启。门把手的向上位置对应于车门的锁上位置。车门能够由用手推或拉所产生的惯量以机械的方式将车门关闭。车门门锁适合于从列车的内部或外侧用钥匙将车门锁上。

（2）车门的关闭控制

车门关闭信号包括在乘客车门的列车控制系统中。与微动开关并排安装有一个按钮，当车门打开并且列车完全停止时，能够使乘务员快捷地对所有"车门关闭"信号进行检查。车门同时也安装有一个专门的 lead sealable 装置，以便当车门由于故障而被以机械的方式锁上并且由于某种原因相应的车门无法发出车门关闭信号时，以提供"车门关闭和锁上"信号。

4）试验

① 疲劳试验；

② 气密性试验；

③ 静态测试；

④ 隔音试验；

⑤ 隔热试验。

5.1.4　司机室窗

1. 前窗

1）前窗技术标准

（1）负载

风挡玻璃与它的附件应该能够经受下列负载状况：

① 纵向加速度 5 g；

② 压力为 $\pm 10\ 000$ Pa，梯度为 1 500 Pa/s；

③ 依照 NF F 31—250 part 16 对石头撞击的抵抗力；

④ 依照 prEN 15152 对子弹冲击的抵抗力；

⑤ 风挡玻璃在密封室中的压降必须在大于 20 min 的时间内从 6 kPa 下降到 1 kPa。

风挡玻璃组成的热透射系数不应该大于：

1.4 W/($m^2 \cdot K$)　　（列车静止）；

1.9 W/($m^2 \cdot K$)　　（列车以 200 km/h 运行）。

（2）附加负载

风挡玻璃还应该设计为能够经受下列附加负载。

① 热机械负载：

- 外界温度和太阳辐射吸收；
- 通过金属镀膜的方式进行电加热。

② 在夏季最大太阳辐射：800 W/m^2，司机室前部的电加热不应该超过 80℃。

（3）隔声

① 声音传输损失

满足标准 ISO 15186 第 1 部分和第 3 部分描述的声强技术测量声音传输损失。

② 声音传输损失要求

满足的最小的声音传输损失（TL）要求作为频率的一项功能，如表 5.3 所列。

表 5.3　风挡玻璃隔声指标

中央倍频带/Hz	TL/dB（A）	中央倍频带/Hz	TL/dB（A）
100	28	800	39
125	27	1 000	39
160	26	1 250	40
200	32	1 600	41
250	33	2 000	42
315	33	2 500	45
400	36	3 150	48
500	37	4 000	51
630	38	5 000	54

（4）光学

- 透光性　　　　>65%
- 外部反射率　　<11%　　　（列车交会时引起耀眼现象）
- 光散射率　　　<2%　　　（引起信号灯信号颜色的畸变）
- 日光系数　　　<60%　　　（吸收太阳光谱红外线辐射）

2）前窗功能

（1）机械功能

前窗通过玻璃/塑料层并使用在内层上施加塑料薄膜的方法，可以防止由于意外接触到打破玻璃的碎片而产生的对司机的伤害。风挡玻璃的机械功能与列车的静态－动态特性及司机室的总体硬度有关，必须能够经受空气动力学压力负载、轨道不连续性及加速引起的负载影响、加热或者外部温度变化引起的热冲击，以及与依照环境和线路而定的预定循环有关的热涨现象。

（2）光学功能

在可见光谱内，能减少光学畸变和图像分裂，在司机室内具有较低的光扩散（混浊度<2%），在基本颜色（黄、绿、红）的最大对比度条件下能保证信号清晰可辨。在冬天的条件下，在风挡玻璃除霜、除水汽、除雾等条件下前窗应具有良好的可见度。前窗的外部反射率应<11 %，在本车与另外的列车会车时，风挡玻璃不可以产生因镜面效果引起的耀眼现象。

（3）舒适性功能

风挡玻璃周边采用丝网印刷，一方面可以延长胶的机械特性和粘着特性，另一方面也可以使通过电气接口进入的阳光能量的日光系数<60%。

3）风挡玻璃的结构

前风挡玻璃由带有塑料多层材料的多层鼓形玻璃制成，玻璃的设计标称厚度能确保风挡玻璃部件的外表面与司机室外壳的外表面对齐。风挡玻璃的外板经过用化学方法回火，内玻璃板标定的最小厚度为 2.5 mm。风挡玻璃如图 5.10 所示。

前风挡玻璃的外层玻璃内表面采用镀膜加热，以便在冬天除去外部表面的霜，目前国内还没有成熟的曲面玻璃镀膜技术。风挡玻璃与铝框架用胶粘接，铝框架与安装框用螺钉固定，安装框与司机室外壳用螺钉固定。风挡玻璃安装框上有 4 个 M8 提升点，方便风挡玻璃的安装与拆卸。

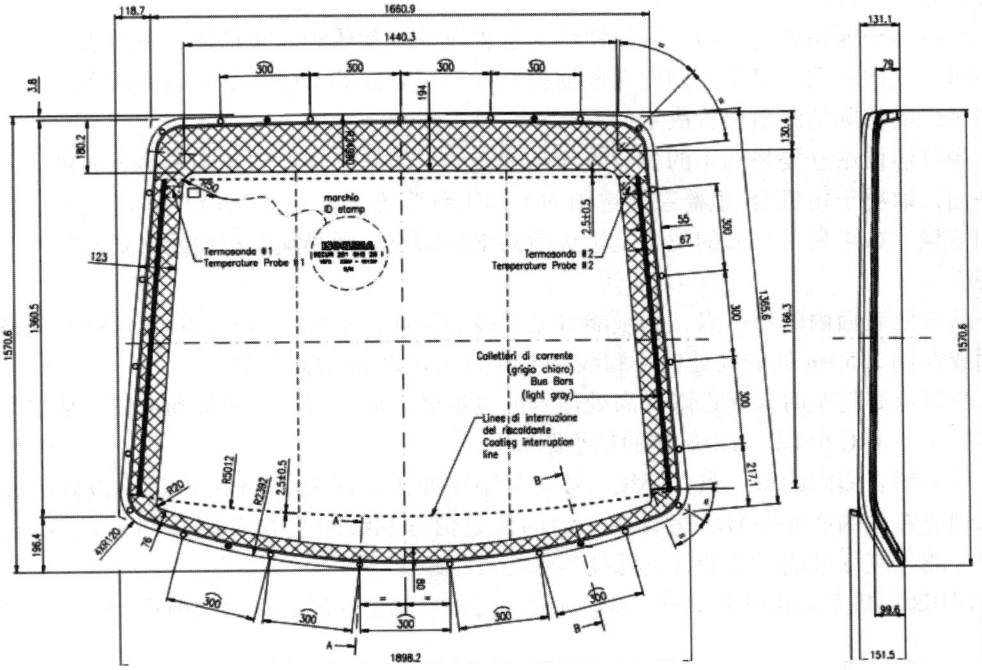

图 5.10　风挡玻璃

　　风挡玻璃与铝框架用胶粘接，铝框架与安装框用螺钉固定，安装框与司机室外壳用螺钉固定。风挡玻璃供电电极隐藏在丝网印刷下，符合 EN 50153 标准。玻璃温度不超过 80℃（粘接层所能承受的最大温度），使用 3 个 4 线 PT100 探针测温。风挡玻璃与司机室外壳接地。风挡玻璃的安装固定如图 5.11 所示。

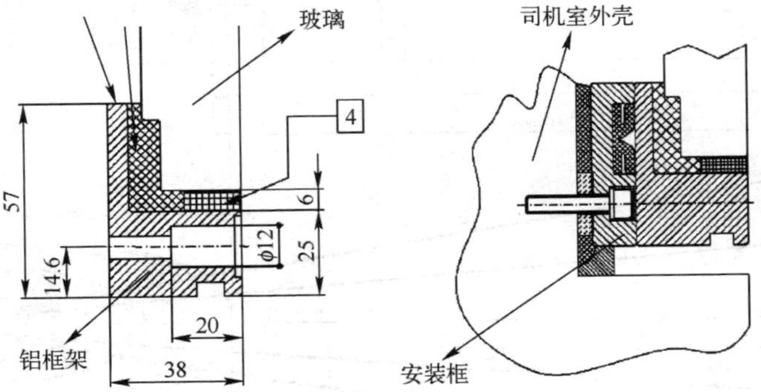

图 5.11　风挡玻璃安装固定

4）前窗视野

　　司机以松弛坐姿坐定在坐椅上和站立操作时通过前窗的了望条件应符合 UIC 651 的规定。司机以松弛坐姿坐定在坐椅上，暸望前方时，至少在水平视线左、右各 35°范围内，前窗结构应对视觉不产生干扰。司机坐定在坐椅上，在最佳视角范围内，透过侧窗几何中心进行瞭望时，司机头部转动的角度不得超过60°。雨刷对前窗的括扫面积，应能确保对前方的瞭望条件。

当以座姿或站姿驾车时，司机眼睛的位置以一个参照表面来描述，参照表面的中心位于司机台纵向轴上。对于不同的驾驶姿势，其参照表面的上限和下限是由所考虑的最矮和最高司机的实际的眼睛位置决定的。

始终假设站立姿势驾车的参照表面是垂直的。但是，座姿驾车的参照表面可以偏离垂直平面，取决于司机台/坐椅系统选用的人体工程学方案，以及坐椅在垂直或水平平面中的调节量。如果另一个人的位置是永久性的工作岗位，则必须以相似的方式确定相应的参照表面。

从参照表面内的每一点，必须能看见距缓冲饼前部平面10 m或10 m以外的线路中央右侧或左侧2.50 m处的高处信号和线路上方高达6.30 m的高处信号。

当以座姿驾车时，允许降低高处信号的可见度，但是司机室地板和前窗上部之间的距离不得小于UIC 651 2.7.2规定的最小距离。

从参照表面内的每一点，必须持续可见距缓冲饼前部平面15 m或15 m以外的线路中央右侧或左侧的低处信号、运行平面内的低处信号和线路上方高达1.75 m的低处信号。如有可能，应尽可能降低能看见低处信号的最小距离。

CHR5司机室前窗视野如图5.12所示，司机室前窗开度的确定如图5.13所示。

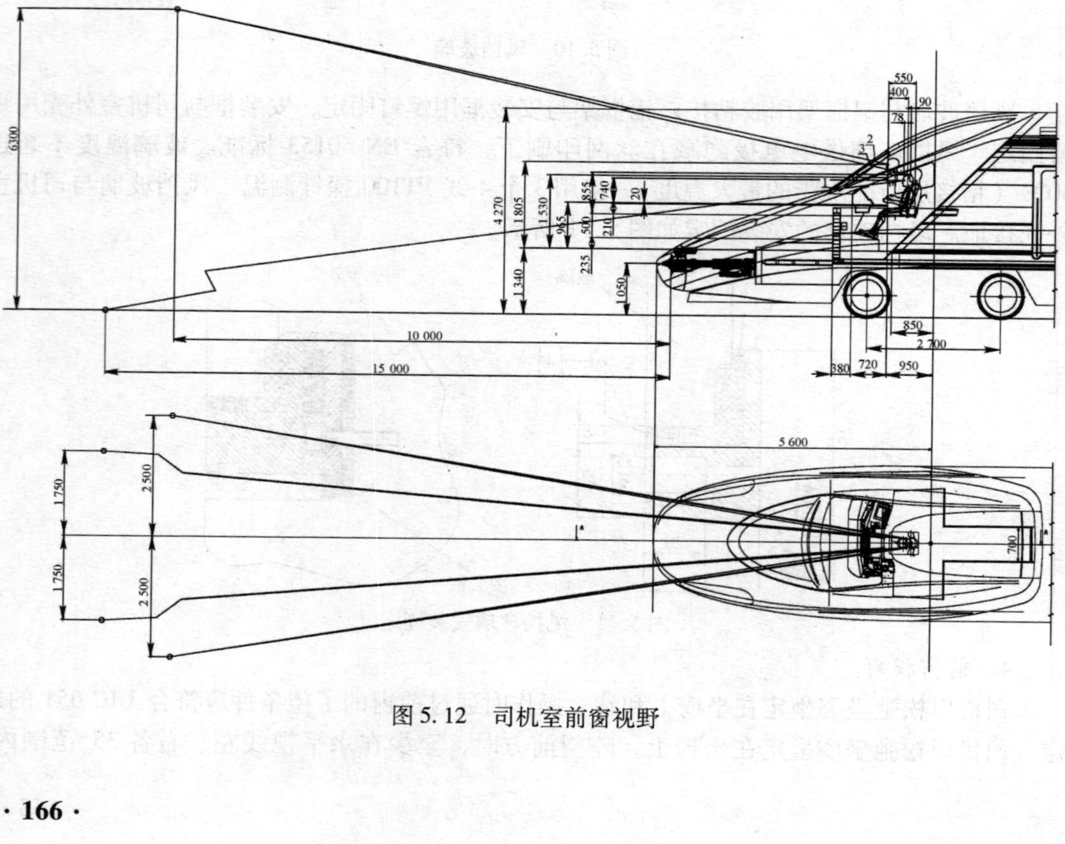

图5.12　司机室前窗视野

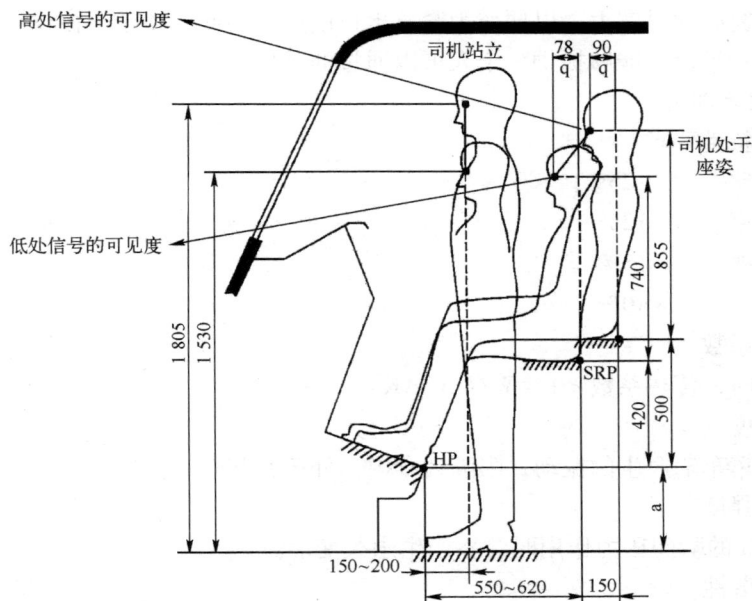

图 5.13　司机室前窗开度的确定

5) 风挡玻璃检修

风挡玻璃检修程序如下：

① 内框通过螺栓固定在司机室外壳上，并用胶粘接；

② 风挡玻璃与外框粘接在一起，通过螺栓固定在内框上；拆卸时，将外框与内框连接的螺栓拆下；

③ 将外框与风挡玻璃取下；

④ 更换新风挡玻璃。

6) 试验

① 碰撞试验；

② 导电膜供电测试；

③ 风挡玻璃绝缘测试；

④ 光学畸变试验；

⑤ 隔热试验；

⑥ 隔声试验；

⑦ 机械强度试验（静态疲劳试验）；

⑧ 耐疲劳试验后，进行抗压力变化试验。

2. 侧窗

司机室侧窗见图 5.14 具有多功能特性，具体如下：

① 在被动和主动安全方面，可以保护使用人员免受环境影响；

② 在被动舒适性方面，可以保护使用人员免受环境影响；

③ 能够让司机探出身看到整列车。

司机室侧窗必须足够大，以便作为紧急出口使用。为此，整个车窗设计上应可以很迅速容易地移动和推出，能够提供一个人可以通过的开口。

1）侧窗技术指标

（1）光学特性要求

光学透射比　　>25%

外部反射率　　<12%

内部反射率　　<15%

日光系数　　　<40%

（2）隔热系数

列车静止时，传热系数 $<1.4\,W/(m^2 \cdot K)$。

（3）舒适度

能消除机车车辆产生的振动，阻隔列车内、外声音和热量传递。

（4）机械强度

在 6 000 Pa 的瞬间压力作用时，不产生永久变形。

（5）抗疲劳性

规定的负载：1 百万次的周期，疲劳负载 ±4 000 Pa。

根据 UIC 566 要求：在平道上，$v \approx 200\,km/h$，风压是 700 N/m^2 时，试验载荷为 2 500 N/m^2。

（6）热传递

在列车体车的情况下，部件的热传递不应大于 $1.4\,W/(m^2 \cdot K)$。应根据 EN 673 标准来确定试验程序。

（7）噪声和振动

根据 ISO140—1:1997（Ed. 3）、ISO 140—3:1995（Ed. 2）、ISO 717—1:1996（Ed. 2）进行声音传递损耗测试。

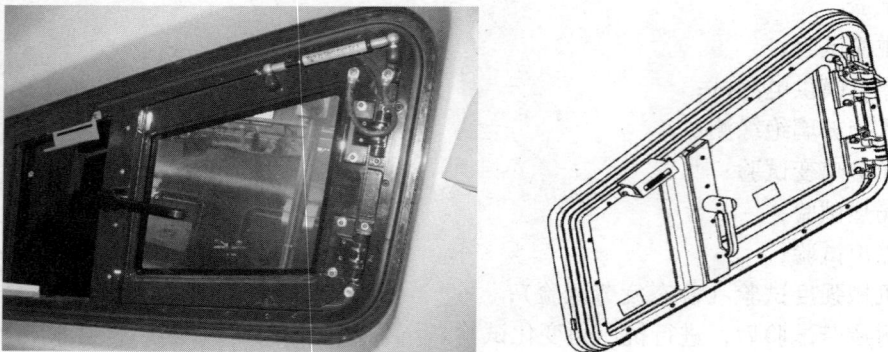

图 5.14　司机室侧窗

2）侧窗结构与功能

（1）组成

由活窗、固定窗、铝框、安装框及密封胶条等组成。玻璃采用的是 10 mm 厚的钢化玻璃，玻璃用胶粘接在窗框上。组成带有窗框和安装垫的司机室侧窗的总质量不应超过 20 kg。

（2）功能

开启手柄可将活动窗锁闭，以防止侧窗向司机室内突然打开而伤害到使用人员。

当车窗完全打开（126°）时，折页组成内装有复位弹簧，可以将活动窗固定在开启位置，防止其被风吹后关闭。

当遇到紧急情况时，司机室侧窗可以作为紧急出口；通过向下拉动铝护罩板，使之变形，露出内部的胶条手柄，拉动胶条手柄，即将周圈压紧胶条拆掉，推动窗体使整窗降下。

3）侧窗的安装

① 松开紧固安装框和窗组成用的锁紧螺栓，直到这两个元件完全被松开。

② 将车外侧的窗组成和车内侧的安装框用锁紧螺栓组装在一起。

4）试验

① 光学畸变试验；

② 隔热试验；

③ 隔声试验；

④ 机械强度试验（静态疲劳试验）；

⑤ 耐疲劳试验后，进行抗压力变化试验。

5.1.5 司机室内装

1. 技术指标

1）总体要求

司机室衬料的组成部件的安装应满足下面的要求：

① 零部件不允许使用自攻螺钉和螺纹铆钉固定；

② 没有特殊机械强度要求的螺钉应选用不锈钢或抗腐蚀的。为便于维修，采用的螺钉应尽可能地在大小、形状和开槽上保持一致，小螺钉最好选用内六角型螺钉，不要采用一字槽螺钉；

③ 零部件的设计方案应允许零部件优先地进行独立的安装和拆除，或者尽量减少相邻零部件的拆装；

④ 零部件上钻的孔，例如安装接口或者与之相连接的部件接口，应使用统一的模板加工以保证可替换性；

⑤ 门和可拆除的面板应保证长期的最佳使用状态，需要特殊强调的是扣件和合页：这些部件的设计应确保门/面板和相关车厢/定位销表面的正确对齐；

⑥ 塑料材料的螺纹连接应配备适当的金属加固件或预埋件，这些件的使用应经过强度试验的考核，即强度应超出使用扭矩的 50%；

⑦ 盖板不能通过 Velcro 形式、螺纹螺钉和螺纹铆接的方式在某个地方锚定；

⑧ 从司机的角度来看，螺钉和固定件应尽可能少；

⑨ 禁止在大表面物体上使用聚碳酸酯；

⑩ 公差：如果由于实际尺寸与图纸设计值的偏离，图纸上的名义尺寸不满足相关公差限制，应执行 ISO 2768—1 和 ISO 2768—2 的规定；司机室衬料的设计原则必须考虑司机室车头和车体之间的公差；

⑪ 固定件及粘合剂/密封胶的特性满足 ISO 标准和 EN 标准；

⑫ 焊缝应满足质量和结构要求，焊缝形式和检验应满足 prEN 15085 和 prEN 30042 标准；供应商应提供上述规范要求的文档，而且在将来的技术报告中说明所有导致焊缝出现危险的因素；

⑬ 接地：所有有电气危险的金属件必须按照 CEI EN 50153 标准通过一根接地电缆来接地。接地电缆的截面尺寸至少不小于电源电缆。

2）机械强度

在零部件各自使用过程中，承受 Fiche UIC 566 OR 标准定义的相关载荷，不应发生永久性变形，这些条件包括：

① 机车车辆运营和冲击条件下；

② 使用人员可能的载荷作用；

③ 暴露在可能冲撞条件下的区域墙板，例如：行李箱、脚、工具等，应满足 ISO 4211/4 标准的要求，即表面强度试验不低于4。

3）重量

司机室衬料项目各部分重量如下：

① 司机台和支撑结构重量：120 kg；

② 司机室衬料和天花板：135 kg；

③ 走廊和通过台衬料：65 kg。

整个重量包括部件与车体结构和司机室流线型车端的接口，包括所有的垫片、密封胶，以及用于安装和固定接口的结构粘接剂。

4）振动

所有的装饰部件应通过具有减振作用和中和内外温差的不连续件锚定到车体结构上。在可预见的运营状态下，内饰面应自由振动，没有噪声。

5）表面装饰

司机室的表面修饰由两种色料的油光涂料组成：司机台一种色料，其他的衬料一种色料。

零部件的表面应保持均匀一致，没有瑕疵，例如：磨损、擦伤、凹坑、空洞、水泡及局部的平整度缺陷和缺角等。

司机室衬料的外表面对磨损、冲击、日光、热、有色液体具有最佳的抵抗能力。它们不能散发出难闻的气味，尤其是在阳光辐射和高温下；它们必须易清洗，污渍易除。涂料必须满足 NF F 01 281 标准要求。

6）健康和安全

与旅行、工作和环境相关的卫生和安全要求必须满足有效的使用规定。

阻燃性应满足 UIC 564—2、NFF 16—101 的要求。

朝下开的门应配备安全挂吊。

朝上开的门应配备止挡以保证可全打开。

7）清洗

司机室零部件安装的设计方案应以尽可能地便于清洗为目标。例如，应回避以下的方案：不连续的表面、裂缝及所有能导致以下情况的方案：

① 在一般清洗操作中不容易接触区域：

- 尘集中区；
- 污水集中区
- 虫子筑巢区。

② 对于清洗周期和清洗剂的影响也应一并考虑。

8）腐蚀防护

尽最大的可能性，应采取所有的防范措施来防止腐蚀。下面列出了高腐蚀风险的情况下应采取的措施：

① 两种不同材料的连接，应注意使用长期有效的产品来绝缘接触面；

② 风道区金属面板的切边，应使用可保护的材料作镶边保护切边；

③ 为了克服渗水，应该在所有可能发生区配备有效的抗氧化的防水保护设施。

9）密封胶

密封胶不能用在检查和维修工作时需要拆卸和重组的零件上。对于其他的零件，密封胶的设计寿命应与车辆等寿命。应根据指定使用功能来进行密封胶的选择，同时考虑以下特征：

① 与密封材料的粘接性；

② 如果暴露在阳光下，能长期抵抗阳光和紫外线的能力；

③ 能长期抵抗油、热和其他大气老化的能力。

应提供一份所使用的全部密封胶的有关技术上的和有毒成分的数据清单，同其他物质比较来表明它们的老化和防火性能。

2. 结构特征

1）司机室内装材质

① 玻璃钢：主要用于司机室内带有曲面造型的零部件。

② 铝蜂窝：主要用于间壁板和平顶板，各部位厚度说明如下：

- 厚度6 mm，用于顶板、平顶板；
- 厚度10 mm，用于间壁板；
- 厚度20 mm，用于司机室中间门门板。

③ 铝板：主要用于侧墙板、通风格栅、电热器罩板。

内装材料应符合 NF F 01—281 标准。

2）室内装颜色

整个司机室应以深色调为主，这样可以减少对阳光的反射，有利于司机对于司机控制台仪表设备的观察。

- RAL 7043——深灰亚光；
- RAL 7043——深灰麻纹理面亚光；
- RAL 7042——浅灰。

3）前部司机室内衬

前部司机室内衬主要为司机室侧墙、司机室天花板、风挡玻璃柱衬料、遮阳板等，如图 5.15 所示。

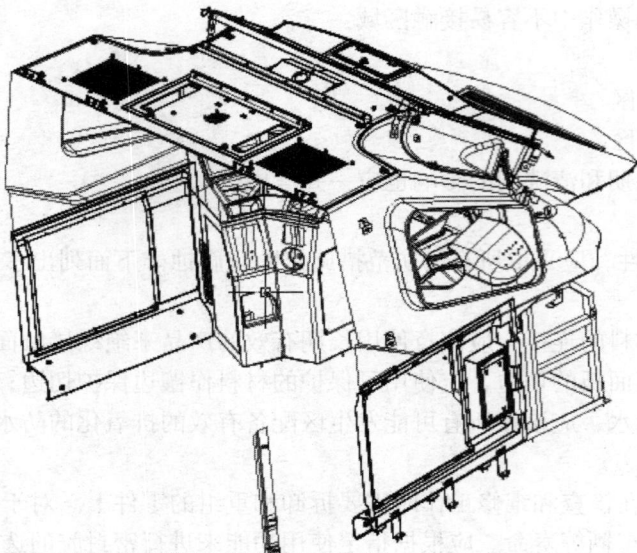

图 5.15　前部司机室内衬

① 风挡玻璃柱衬料相对独立，可以调节来保证遮阳板的正确安装。它配备有与后视镜屏安装的接口和与遮阳板安装的接口。

② 侧墙衬料配备有可调节的框架（方便与侧窗连接）和与侧窗框接地电缆的连接；同时配有 2 个可折叠的由金属合金制成的圆角的衣帽钩。衣帽钩可以承受垂向 300 N 向下的力，在不大于此力作用下不会发生功能丧失或可见的永久变形。

③ 司机室侧墙加热器的连接包括在司机室过道上留出安装加热器和罩的空间，侧墙为可拆除的护墙板，以方便接近设备。

④ 遮阳板能够遮住风挡玻璃的一半面积，高度可调，并能承受 30 000 次完全的开关循环。驱动板受到垂向 100 N 的载荷或横向力时，不会发生功能损伤和永久性变形。易于拆卸：当需要从使用位置拆下来时，必须在 5 min/人的时间内从墙上拆下来，包括拆除整个滑轮。

⑤ 司机室天花板由自固定面板制成，包括以下配件：
- 与司机室照明灯、过道和电缆支座的接口；
- 与安装在可折面板的扬声器的接口和格栅；
- 与风道连接的所有空气格栅；
- 前可折面板和用于固定面板的接口，以便可接近风挡玻璃的遮阳板和与风挡玻璃加热系统的电气连接；
- 用于接近高空灯的面板，以便更换灯具；
- 用于接近风道的后可折面板。

4）司机台

司机台（见图 5.16）主要包括台面、台下结构、台下面板。

① 台面材质为玻璃钢，用于安装各种司机台控制仪表。

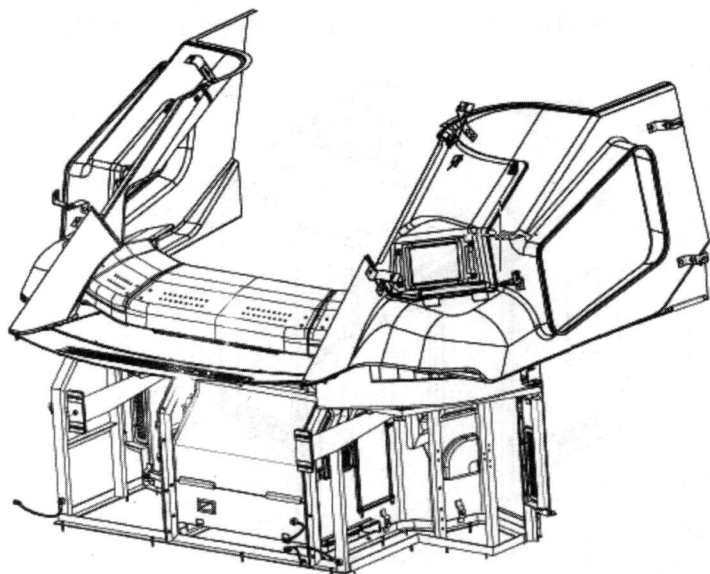

图 5.16　司机台

② 台下结构为钢构架，对司机台形成支撑，并固定风挡玻璃刮雨器水箱。台下结构配备包括：

- 可拆换的面板，从而可以接触到使用防松螺栓安装在台下的设备；
- 装运行手册和工具的箱子，配备带锁的门和抽屉；
- 3 个空气格栅，以及风道的接口和空气流动控制按钮；
- 与电、气和水设备的接口。

台面和台下结构固为一体，可以通过乘客门直接安装到司机室地板上。这些部件可拆换，以便维修及通过司机室通过台处退出。在撞击的情况下，设计的台下结构应能支撑司机台。

③ 台下面板材质为铝板，上面带有三个空气格栅，对司机室提供通风。

④ 司机台接口和衬垫，用于固定所安装的面板、显示屏、电缆和相关设备。

⑤ 司机台护罩必须为可拆除型，以便可以触摸到显示器和安装的面板连接。这部分必须能够轻松地拆除，而且与司机室的其他部分没有连接。

⑥ 风挡玻璃和司机台之间的护罩具备空气格栅和与风道的接口。水平台面上的面板具有防水性。司机台架能承受水平 1 800 N 的载荷和垂向 1 200 N 的载荷。司机台的各边为圆弧状。

5）后部电气柜内衬、司机室中间门及走廊顶板

包括电气柜区域横间壁、顺间壁、电气柜门、灭火器箱、通风格栅、烟火报警器，如图 5.17 所示。

① 司机室中间门开向通过台侧，用于分隔司机室和通过台；在通过台一侧，使用门把手来开门，门上装有一个三角钥匙孔；与之相对的司机室侧，由一个按钮可把门锁死。

② 走廊顶板为 6 mm 厚铝蜂窝，上面装配有司机室顶灯和通风格栅。

③ 横间壁、顺间壁为 10 mm 厚铝蜂窝；门板为 20 mm 厚铝蜂窝。

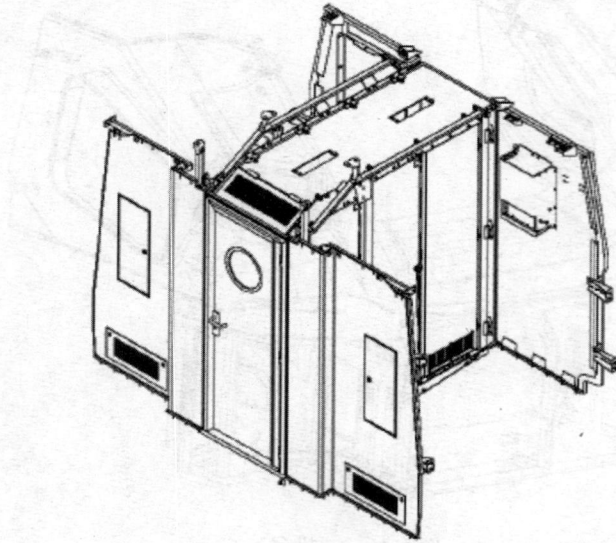

图 5.17　柜内衬、司机室中间门及走廊顶板

④ 服务走廊衬料由自固定面板制成，包括以下配件：

- 衬料包括与电气柜的通过门；
- 低尺寸的空气格栅，以便在每一格的空气流通速度可以达到 200 m³/h。面板上的通道大小应能确保在不需要拆除面板的情况下对设备进行维修。

⑤ 走廊天花板由自固定面板制成，包括以下配件：

- 与司机室照明灯、过道和电缆支座的接口；
- 与所有空气格栅和风道的接口；
- 接近风道的可折面板。

⑥ 通过台衬料由自固定面板制成，包括以下配件：

- 通过台与司机室门的接口；
- 与电气柜侧衬料上的司机室通道门的接口，司机室门护墙板内凹槽，带罩的折叠凹槽，以及用于门停用的接口；
- 低尺寸的空气格栅，保持足够大的表面积，以便在每一格的空气流通速度可以达到 200 m³/h；
- 烟气监测器；
- 墙上的加热器。

3. 试验

① 功能性试验；

② 尺寸试验；

③ 重量试验；

④ 校核风挡门的结构性能；

⑤ 安装和替换时间；

⑥ 部件维修性和替换性试验；

⑦ 阻燃性要求试验；

⑧ 油漆适应性试验；

⑨ 参照 NF F01—281 或 K20679 标准的试验；

⑩ 参照 ISO 4211/4 标准的冲击试验。

5.1.6　司机室内设备

1. 警惕和警戒装置

在列车行驶期间，警惕和警戒装置能够检测到司机是否处于司机控制台及司机的专注程度。

警惕和警戒系统的设计是为了提高行车安全水平。在该系统工作期间，能够检查到：

① 司机是否处于控制台处；

② 司机是否集中精力，并且注意力集中程度是否很高。

该系统的工作原理是利用一个安装在司机控制台中的专用移动踏板，来定期检测司机是否存在并且是否注意力集中。

如果不存在安全条件，那么在一个固定周期之后，该系统会通过一个蜂鸣器来发出警报声。

如果司机未操作移动踏板来表明他的存在，警惕和警戒系统则会断开电动车组的安全回路，并且发出紧急制动指令。

图 5.18 所示为移动踏板所在位置，移动踏板是警惕和警戒装置的人机接口。

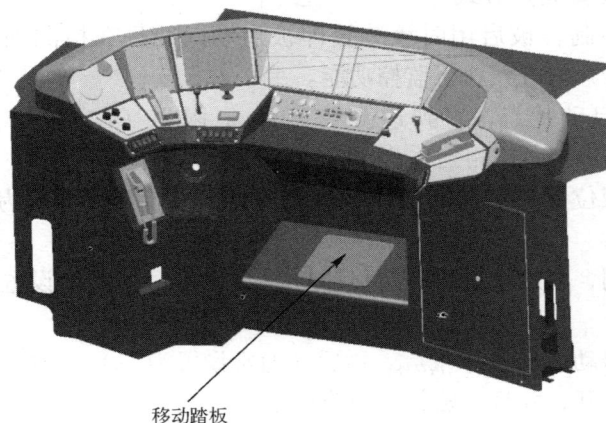

移动踏板

图 5.18　移动踏板所在位置

1）技术特性

警惕和警戒系统是以各种故障可能性下的"故障安全"原则来设计开发的。这就意味着无论设备发生任何故障情况，结果都将是切断牵引力并作用紧急制动。

该设备会根据列车操作员的要求以下列方式运行：

① 被动运行（警惕）；

② 主动运行（警戒）。

可以利用软件来选择这两种运行方式中的任意一种，或者二者同时选择。

2）运行方式

（1）被动运行（警惕）方式

当相关的司机控制台被启用时该装置即被启动，并且在检测到"运动列车"状态（克服 v_{MOTO} 速度限界）时开始执行监控功能。

该系统会保持启动状态，直到速度低于 v_{FERMO} 限界（$v_{FERMO} < v_{MOTO}$；例如 $v_{FERMO} = 1\,km/h$，$v_{MOTO} = 2\,km/h$）时检测到"列车停车"状态时为止。

该装置利用踏板的连续压力（UM）来识别司机是否存在。

在列车行驶期间，自踏板最后一次被放开起 $t_{ALL(PSV)}$ 秒后（通常设置为 33 s），警告蜂鸣器即被启动。

如果在蜂鸣器启动后的另外 $t_{INT(PSV)}$ 秒后（通常设置为 3 s），踏板未被踩下，那么紧急制动安全回路将被断开，并且开始紧急制动程序；如果在 $t_{INT(PSV)}$ 秒内启动，则蜂鸣器会关闭。

在紧急制动被启动后 10 s 时限内，仍然可以踩下踏板（UM）来中断紧急制动程序。这样会再次启动被动运行方式，并关闭警告蜂鸣器。

此后，可以将牵引/制动控制器移到中间位置（如果已经处于中间位置，则移到制动位置），从而发出紧急制动缓解和安全回路闭合指令。

如果在警告蜂鸣器启动后 10 s 内未踩下踏板，那么警告蜂鸣器和紧急制动会保持启动状态。

（2）主动运行（警戒）方式

当相关的司机控制台被启用时该装置即被启动，并且在检测到"运动列车"状态（克服 v_{MOTO} 速度限界）时开始执行监控功能。

该系统会保持启动状态，直到速度低于 v_{FERMO} 限界（$v_{FERMO} < v_{MOTO}$；例如 $v_{FERMO} = 1\,km/h$，$v_{MOTO} = 2\,km/h$）时检测到"列车停车"状态时为止。

该装置利用踏板位置的变化（从踩下变为放开，或者从放开变为踩下）来识别司机是否存在。

在列车行驶期间，自踏板最后一次移动起 $t_{ALL(PSV)}$ 秒后（通常设置为 33 s），警告蜂鸣器即被启动。

如果在蜂鸣器启动后的另外 $t_{INT(PSV)}$ 秒后（通常设置为 3 s），踏板未被移动，那么紧急制动安全回路将被断开，并且开始紧急制动程序。

如果在 $t_{INT(PSV)}$ 秒内启动，则蜂鸣器会关闭。

在紧急制动被启动后 10 s 时限内，仍然可以移动踏板（UM）来中断紧急制动程序。这样会再次启动主动运行方式，并关闭警告蜂鸣器。

此后，可以将牵引/制动控制器移到中间位置（如果已经处于中间位置，则移到制动位置），从而发出紧急制动缓解和安全回路闭合指令。

如果在警告蜂鸣器启动后 10 s 内未移动踏板，那么警告蜂鸣器和紧急制动会保持启动状态。

（3）组合方式

可以将该系统设定为同时以两种方式运行（主动和被动）。

这样踏板可以根据司机的选择以两种方式操作。

3）机械、电气和 I/O 特性

本系统采用模块化结构。实际上所提出的解决方案是模块平台的一部分，该模块平台被称作 LORE 系统，它使得可以通过增加其他特定的标准模块来扩展设备的功能性。该平台基于若干个标准 I/O 模块及 CPU 模块，这些模块可以通过串行通信线（CAN 总线）连接起来。

警惕和警戒系统配有一个专用的 CPU 模块和 I/O 继电器模块，从而以要求的安全性水平执行其功能。

该系统的模块构成如表 5.4 所示。

表 5.4　警惕和警戒系统模块构成

模　　块	数　　量	说　　明
电源模块	1	电源模块 24V_{IN}（16.8～36V）/24V_{OUT}/30W
CPUREL	2	配有继电器 I/O（2 个冗余的、8 个非冗余的）的 CPU 模块
AXLE	2	2 个速度传感的采集模块，由 CPUREL 模块通过一个 CAN 总线予以驱动。
INDI	2	具有 16 位输入的 I/O 模块，由 CPUREL 模块通过一个 CAN 总线予以驱动

（1）机械特性

该系统由固定在 DIN 标准杆（外形 H35 7.5 mm 厚，根据 EN 50022 标准）上的各模块构成。通过固定孔利用螺钉将这个杆固定在操作位置上，其原理如图 5.19 所示。

模块由塑性材料（LATENE 7H2W—V0）制成，背面和正面采用阳极氧化铝合金制造，各电子板被固定在上面。

塑性材料能够满足燃烧和烟雾标准，并且可以用导电漆予以处理，从而使之符合 EN 50121 的电磁兼容性要求。

（2）电气特性

各模块的设计和生产是以以前铁路应用项目方面的经验为基础在 ALSTOM SES 完成的。因此，设计和试验标准属于类似应用（例如 EN 50155、EN 50121、EN 50128）。各模块由一个内部线路以 24 V DC 供电，与蓄电池隔离，该电源是由电源模块产生的。

各模块通过 DC/DC 变流器来产生各自的电源，根据国际标准 EN 50155 的要求在 I/O 之间提供所需的隔离。

（3）电源模块

电源模块将 24 V DC（16.8～36V）的蓄电池电压变换为内部电源线路电压，该电压稳定在 24 V DC，最大功率为 30W，以此来确保与外部隔离。

① 特性：

- 工作温度：−25℃～70℃。

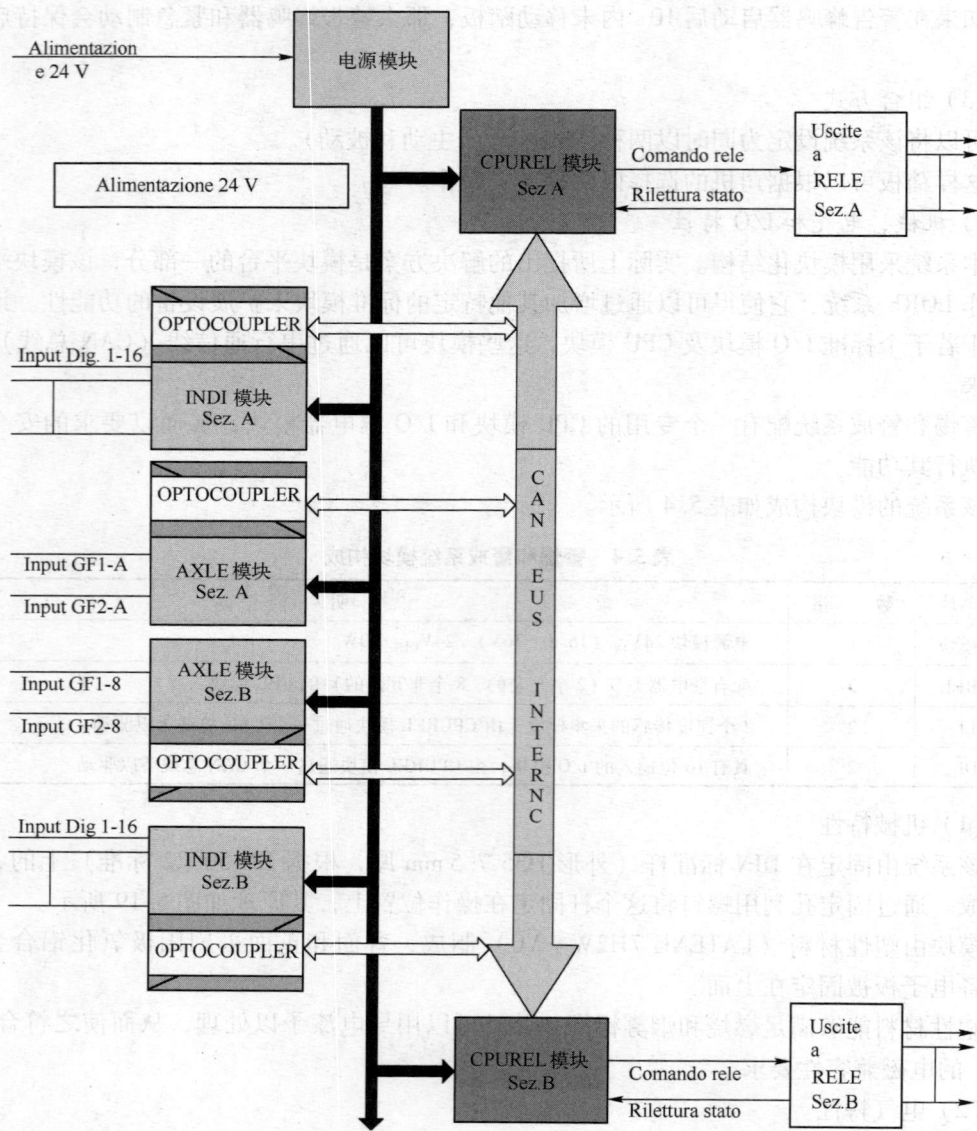

图 5.19　警惕和警戒装置电气原理图

② 供电：

- 额定电压：24 V DC
- 额定电压变化范围：16 ～ 40 V DC；
- 最大功率输出：30W。

（4）CPUREL 模块（配有继电器 I/O 的 CPU 模块）

该模块配有一个处理单元，该处理单元可以发挥中央处理器的作用。

CPUREL 模块由三个单元（2 种类型）构成，通过一个内部并联高速总线来连接。

① CPU243 单元

该单元是一个微处理器插板，含有一个 TMS320F24x 系列的 Texas Instrument 的 DSP。

主要特性：

- 工作温度：$-25℃\sim70℃$；
- 数据和地址总线 16 位；
- 内时钟频率 20MHz；
- 数据存储器 SRAM，$256\text{ K}\times16$ 位；
- 程序存储器 FLASH ROM，$128\text{ K}\times16$ 位；
- EEPROM 存储器：512B；
- 监示器，用于检查电源和程序；
- 一条串行线 RS—232，波特率最高为 38.400 bps。
- 一条 CAN 总线，波特率最高为 1 Mbps。

② RELSIC 单元（每个 CPUREL 模块中有两个单元）

每个单元配有 5 个继电器，其中一个继电器本质上是安全的，用于打开紧急制动的安全回路，其他的用于系统的各种 I/O 功能及诊断。

主要特性：

- 工作温度：$-25℃\sim70℃$；
- 电阻负载的最大功率：20 W；
- 最高电压：150 V；
- 最大电流：1 A。

（5）INDI 模块（逻辑输入）

该模块配有 16 个处于蓄电池水平的输入端。

特性：

- 工作温度：$-25℃\sim70℃$；
- 输入阻抗（电压为 24 V 时）：$660\,\Omega\pm66\,\Omega$；
- ON 的时间安排：$10\text{ ms}<t_{ON}<20\text{ ms}$；
- 采集时间：$100\text{ ms}<t_{C}<1\text{ s}$。

（6）AXLE（轴）模块（频率输入）

频率输入端（每个模块有二个）用于接收速度传感器的信号。频率输入端的设计可以接收具有下列特性的有源传感器的信号：

- 传感器类型：有源传感器；
- 每转的脉冲数：可配置；
- 平均轮径：可配置；
- 传感器检测电流：$4\text{ mA}\pm1\text{ mA}$。

（7）电流绝缘

警惕和警戒装置能够确保 I/O 与地之间的 500 V_{ca}、50 Hz 的绝缘。

（8）通信串行线

警惕和警戒装置配有或者可以配有与其他设备之间的各种串行通信线：

- 引入串行线：RS—232。在两个 CPUREL 模块上都配有这种线，用于离线执行服务程序（例如软件上装）。

- 车辆串行线（任选）：RS—485 或 CAN 总线或 MVB CL1。这种线可任选配备，用于将来进行扩展，从而使该系统与 TCMS 网络相连接。

（9）内部诊断报警

设备的正面配有下列报警发光二极管：

- 外部电源：黄色灯，用于指示外部电源正确（位于电源模块上）；
- 内部电源：黄色灯，用于指示内部电源正确（位于所有模块上）；
- 一般故障：红色灯，用于指示系统故障，还可通过继电器接触来予以指示（位于 CPUREL 模块上）；
- 模块故障：红色灯：用于指示某一个模块的故障（除了电源模块以外位于所有其他模块上）；
- 速度传感器故障：红色灯，用于指示速度传感器故障（信号丢失或短路，位于车轴模块上）；
- 内部串行线故障：黄色灯，用于指示内部 CAN 总线的运行（除了电源模块以外位于所有其他模块上）。

（10）安全性

该设备是针对所有故障条件依据故障安全原则来设计开发的。这就意味着在任何一种故障状态下，必须始终能够对制动系统予以干预。

除了电源模块以外（由于会发出紧急制动指令，因此电源模块故障并不意味着安全性发生任何下降），设备的所有其他功能均是冗余的。

两部速度传感器装在前车的同一个车轴上，与该设备的两个独立的通道相连接，用于测定列车速度。两部传感器进行连续监控，从而检查确认不存在任何故障。

特别是下列故障状态会使安全回路断开，并引起紧急制动：

- 电源故障；
- 两部速度传感器中的某一部发生故障（有 30 s 的延时，使速度信号有可能会恢复）；
- 将安全回路断开的那部继电器的运行发生故障；
- 对设备予以启动的电气条件发生异常（例如司机控制台钥匙插入信号遗漏）；紧急制动的指令被延时 5 s，从而使信号有可能会恢复；
- 设备的电气工作条件发生异常（例如踏板或牵引制动控制器的信号）；紧急制动的指令被延时 5 s，从而使信号有可能会恢复；
- 各模块之间的内部通信发生故障；
- 两个冗余 CPUREL 模块的详细数据不匹配；
- 某个设备模块发生故障。

（11）警惕功能的排除

在由于故障而发生干预的情况下，可以利用一个位于司机室中的密封的选择器（SEUM）来将设备排除，该选择器能够将安全回路上的继电器触点予以分流。

（12）停用的设备

当插入司机控制台钥匙时，该设备应工作，否则该设备处于"停用"状态，并使安全回路继电器的触点保持闭合。

如果在列车运行期间钥匙被拔出，该设备会自动进入故障状态。

2. 后视视频系统

该系统通过摄像头和 LCD 监控器从司机室瞭望动车组外侧。

1）主要功能

不须打开司机室的侧面窗户，该系统就能显示有关列车两侧的图像。关闭车门之前，司机须看得见动车组两侧的情况并检查乘客是否已全部上车。与后视镜对比，本系统的优点体现在以下几个方面：

- 无须动作机械部件（良好的可靠性）；
- 司机享有良好的人机工程接口（无须转头并探出侧面窗户）；
- 不会因为侧窗结雾而降低视觉效果；
- 与后视镜相比较，摄像头具有更佳的空气动力学外形；
- 在低能见度的工况下，摄像头的性能更好。

车载摄像头的安装位置及该系统的可视角度如图 5.20 所示。

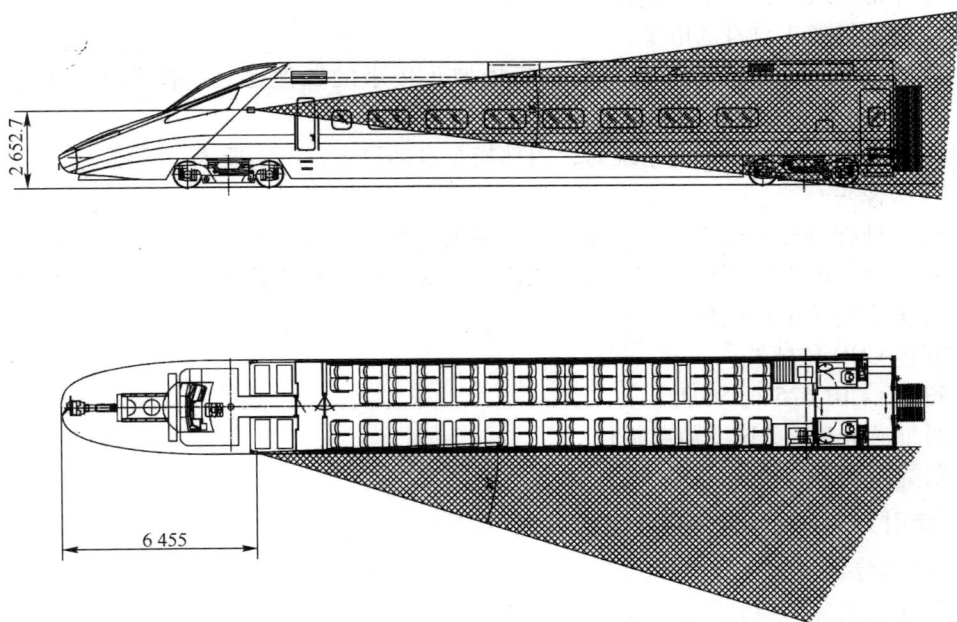

图 5.20　车载摄像头的安装位置及该系统的可视角度

2）系统操作

① 后视视频系统只在启动司机台时被激活，即每次动车组车载的 2 个系统中只有一个工作。

② 每个司机室内只能看见本司机室的两个摄像头的映像。

③ 两个监控器安装在前部风挡玻璃的两侧，司机室内左侧的监控器播放左边摄像头的图像，右侧监控器播放右边摄像头的图像。一旦重联（两车联挂），在每个司机室内只

能看见本司机室内的摄像头。

④ 可通过司机操作台主面板上的专用按钮控制后视系统的开启/关闭。

⑤ 当车速超过限值时（45 km/h），后视视频系统被抑制使用。

3）后视视频系统结构

后视视频系统由下述部件组成：

- 每个司机室 2 台 LCD 10″监控器，带摄像控制组件；
- 每辆头车 2 个外部摄像头；
- 所有接口使用的连接器（固定部件和移动部件）。

（1）LCD 监控器

输入电源为额定 24 V，电池电压范围（16.8 ~ 36 V）。监控器被安装在前风挡玻璃的两侧，其为 10″ LCD 彩色 TFT，观看角度至少为 60°。

监控器主要有以下功能：

- 摄像头传来的视觉信号输入；
- 列车系统传来的备用信号的输入；该信号激活时，外侧可视系统进入备用状态（系统经常被激活，但电耗量很低）；
- 输出给摄像头自身的电源；
- 方式选择器，用来选择是直接采集摄像头传来的图像还是将图像做 180°的翻转（如同使用真后视镜一样）；
- 亮度和光度调节。开启系统时，内部指令自动设置，不需要人工干预。

（2）摄像头

摄像头外配空气动力学外壳，安装在尾车的外侧，有合适的防护角度。摄像头的目的是采集列车整个侧面的图像。为了能检测出摄像头的正确聚焦长度，需要做一些必要的试验。摄像头主要技术特性如下：

- 彩色 CCD 传感器；
- 符合 CCIR 625 行 50 Hz；
- 最低感光度：2 lx（勒克斯）；
- 对光度的反应速度：<1 s。

3. 牵引力、方向和速度调整组合手柄

1）技术特性

位于司机右侧的组合手柄有以下三个：

- 换向杆（LINV）；
- 速度调整杆（LV）；
- 牵引力调整杆，它有手动/自动两种模式及制动模式（电动力学、电空及紧急）（LC）。

启动这些控制手柄是通过用手沿与车辆的纵轴线方向相平行方向旋转它们，这些手柄垂直于司机控制盘面。

这些杆没有在机械方面实行连锁，而且它上面的油漆是不容易擦掉的，不会因为潮湿、受热、化学清洗剂而变质，或因大气作用而老化。

2）功能及机械特性

操作杆的工作寿命应能达到该铁道车辆供货规格所要求的年限，即至少等于、大于30 年。当然，必须按照规定的计划维修工作程序进行日常维护保养工作。

（1）功能特性

操作杆的设定的主要工作位置如下。

① LINV 操作杆

有三个位置（见图 5.21）：

- 向前；
- （0）；
- 向后。

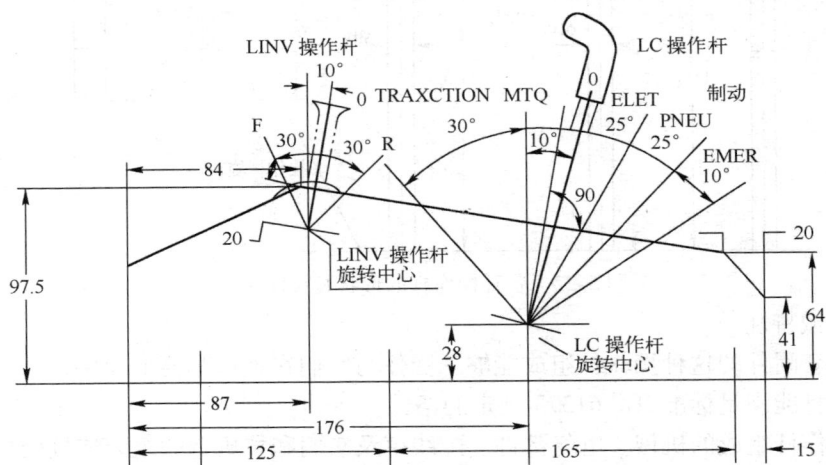

图 5.21　换向杆及转矩/制动操作杆位置

② LV 操作杆

有四个位置（见图 5.21）：

- （＋）增大　　　　（不稳定位置）；
- IDLE（惰行）　　（稳定位置）；
- （－）减小　　　　（不稳定位置）；
- （0）快速减慢到 0　（不稳定位置）。

③ LC 操作杆

有六个位置：

- 牵引；
- 最小转矩（机械方面规定的位置）；
- （0）（在此位置，该操作杆通过机械方式被锁住，只能朝牵引力增加区移动，向内推可以释放）。

制动作用分成以下位置：

- 第 1 扇区仅用于电力制动；

- 第 2 扇区电力制动或电空制动；

- 紧急制动。

操作手柄由"0"位置转移到制动区是完全自由的。司机可以根据设备的敏感缺口很容易地搞清最大电制动力位和最大电空制动力位置。即当操作手柄从一个操作区移动到另一操作区过程中所施加在这个操作杆上的力大于正常情况下在同一操作区移动它们所需要的操作力。

各种操作杆的形状及尺寸大小见图 5.22。

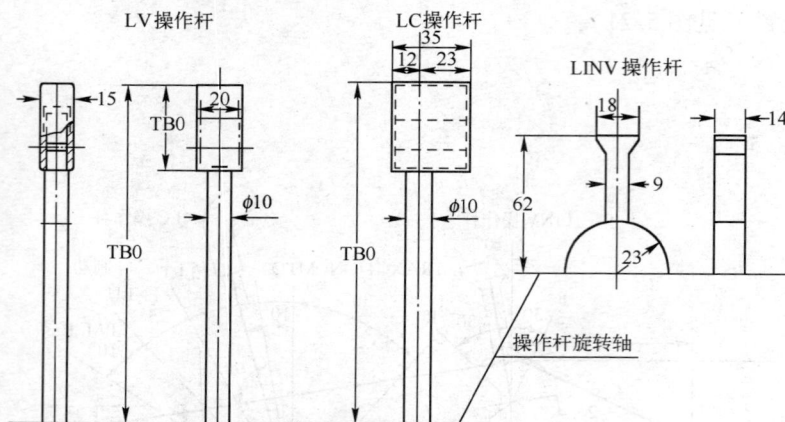

图 5.22　各种操作杆的形状及尺寸大小

（2）机械特性

带有全套附件的这种操作杆组成能够承受住与它们在铁道车辆上使用条件有关的典型加载力，并且能满足标准 IEC 61373 规定的条件。

这类操作杆组成的机械、电气部件、配线束及它们和司机台的组装连接处接头的设计和结构制造，能保证它们不会在这些控制手柄组装和维修时被损伤或翘曲，这些控制手柄的译码器的传动比为 52∶18。

控制手柄的位置如图 5.23 所示。

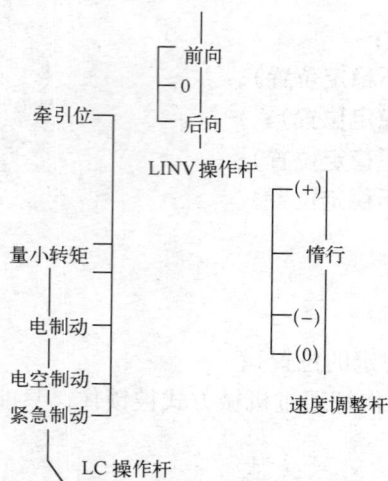

图 5.23　控制手柄位置

3）转矩/制动操作杆（LINV 操作杆）

LINV 操作杆使用 SPII 型操作杆（图号 10494，条码代号 2D1PA416），它有三个稳定的位置，装备有 6 个微动开关，移动开关型号为 Schaltbau S826a（或其他等效装置）。

LINV 操作杆总的旋转角度必须等于 60°。

其"0"位置与其附近同机械方式限定的位置之间的旋转角度应当为 30°±1°。

LINV 操作杆的各个位置是：

● 前向（FORWARD）；

● 0；

● 后向（REVERSE）。

4）速度调整杆（LV 操作杆）

这个操作手柄的旋转角度应当为 40°。

其"大（惰行）"位置和其邻近的非稳定"增大（+）"和"减小（-）"位置之间的旋转角度必须为 15°±1°。

"减小"位和"快速减速为 0"位之间的旋转角度必须为 10°±1°。

该操作杆可取得下述位置：

● （+）增加　　　　（非稳定位）

● IDLE（惰行）　　（稳定位）

● （-）减小　　　　（非稳定位）

● （0）快速减慢到 0（非稳定位）

5）转矩/制动操作杆（LC 操作杆）

该操作手柄的旋转角度必须为 100°。

该操作手柄可以取得以下位置。

① 制动力成比例变化规定区。LC 操作杆在该区域移动时应当绝对自由，利用敏感的缺口应当能使司机很容易地搞清最大电制动位和最大电空制动位，LC 操作杆在制动区穿行的角度如下：

● 25°区电制动；

● 25°区电空制动；

● 10°紧急制动。

② 0 位置。处在该位置的 LC 操作杆由于被机械方式锁住只能朝增大区移动。而且只有推动这个手柄才能解除这种状态。LC 操作杆在朝制动区移动时必须绝对自由。一旦将此操作手柄放松，它应当毫不费力不受阻挡地移动，一直到它穿过这个 0 位置。

③ 最小作用力位置（采用机械方法确定的位置）。LC 操作杆穿越 0 位置运动到最小转矩值，这个区间应当为 10°。

④ 所设定的牵引力成比例变化区，LC 操作杆在这个牵引区的旋转角度必须为 30°。

LC 操作杆上应当安装可避免牵引力意外增大的机构，这就是说，驱使该控制手柄移动时，只允许给它施加不变的作用力。

当驱动 LC 操作杆向牵引区运动的速度 ≤90°/s 时，其运动阻力应当为 17 kg/cm ±（17×30%）kg/cm。

当驱动 LC 操作杆向牵引区运动的速度 $>90°/s$ 时，其运动阻力应当遵循按指数增大作用力的黏滞法则。

为了保障安全，无论是手柄向 0 位置移动，还是向制动区域移动，都不应当受到阻碍其运动的任何阻力的影响，同时也不应当遵从任何黏滞法则。这类运动的驱动力应当恒定为 $\pm(1.7 \times 30\%)$ MPa。

LC 操作杆的运动将和一个数字式译码器、两个制动用模拟式译码器和 10 个备有常开和常闭触点的微动开关动作有关。

上述规定型号的数字式译码器将被用来作牵引用译码器，这种数字式译码器必须在该 LC 操作杆旋转工作区（100°）都有读数。

这种牵引用译码器输出信号应当与 TCMS 相连接。

两个制动用模拟式译码器应当采用上述规定型号的译码器。同样也必须保证这两个模拟式译码器在 LC 操作杆旋转工作区（100°）均有读数。制动译码器的输出信号应当能由两个彼此独立的电子制动控制装置（BCU）来读出。这两个电子制动控制装置分别装在每列车的两个头车上，它也应当由制动装置制造商来提供。这种控制器的供应商应当说明把上述接口板集成到该控制装置上的可行性。

在该操作杆运动终点处的最小信号允差应为 $-4 \sim 8$（十进位数）。

4. 刮雨器

风挡玻璃刮雨器（见图 5.24）采用一个雨刷片摆臂的结构，刮雨器的行程要确保其能够作用到司机室视野范围内（按 UIC 651 标准）。除了机械设备外，还包括清洁剂管路系统、电机、泵及传动系统；水泵固定到司机台台下，分三路为风挡玻璃提供清洁剂。安装在车内的部件防水应达到 IP44；安装在车外的部件防水应达到 IP65；低温测试为 $-25℃$ 时功能性测试。

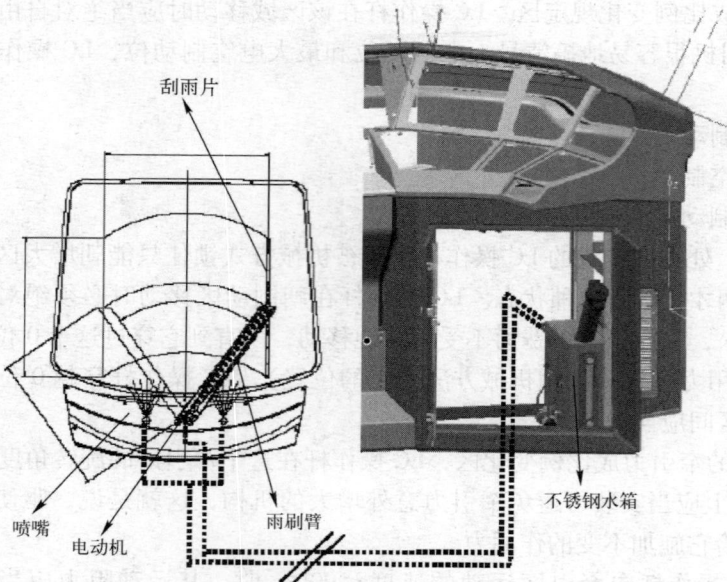

刮雨片

喷嘴

电动机

雨刷臂

不锈钢水箱

图 5.24　风挡玻璃刮雨器

5.2 司机操纵台

5.2.1 功能分区

CRH₅ 型动车组操纵台配备以下各个功能区：

（1a）压力计面板区；

（1b）、（1c）、（1d）制动系统指令区；

（2）主命令控制板区；

（3）牵引指令区；

（4）主要动车组设备和警示灯区；

（5）ATP 和信号监控区；

（6）诊断监控和安全警示板区；

（7）左右方辅助指令控制板区；

（8）车载通信控制板区；

（9）GSM – R 控制板区；

（10）脚踏板控制区；

（11）空调控制板区；

（12）解钩指令控制板区。

具体参见图 5.25 所示的操纵台功能分区图。

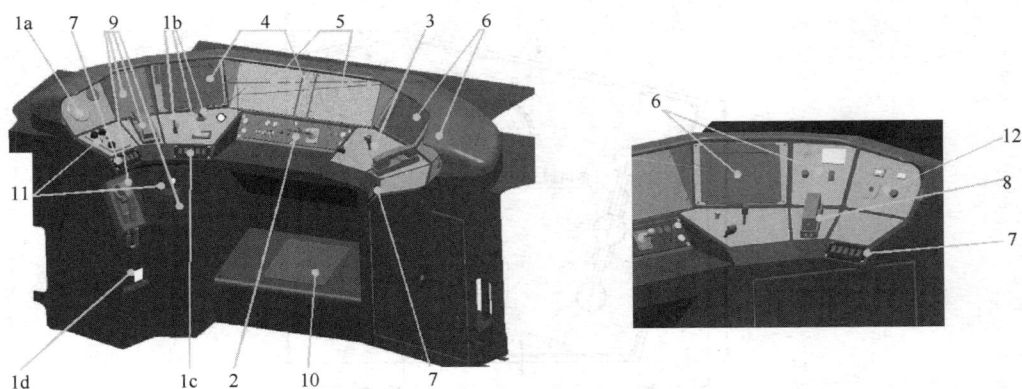

图 5.25　操纵台功能分区图

5.2.2 制动系统的指令和设备区

1. 压力计面板（1a）区

压力计面板（见图 5.26）配有：

① 有一个配有两个指针的大型压力计：

- 第一个指针指示制动管内的压力值；

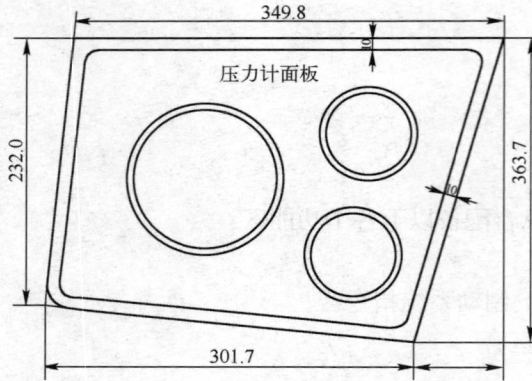

图 5.26　压力计面板

- 第二个指针指示的是备用操纵器先导储风缸内的压力，该压力值是制动管在压力补偿后获得的目标值。

② 带有两个指针的小型压力计指示头车的第一个转向架制动缸内的压力（一个用于非动力轴，一个用于动力轴）；

③ 一个小型压力计指示主风管和储风缸内的压力。

所有压力计是可以照明的，以便在夜间观察。

2. 制动指令控制板（1b）区

制动指令控制板（见图 5.27）配有以下设备。

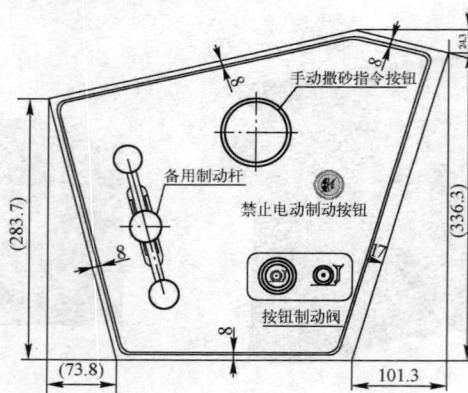

图 5.27　制动指令控制板

① 用于紧急制动指令的按钮手动阀。当操作该手动阀时，可直接使制动管通风。在该阀上也配备了一个电气接触元件，可打开紧急制动的安全回路。

② 备用制动杆。该杆作用在阀上，用于控制制动管的充气和放气。利用安装在司机台下 1d 位置的气动阀可以启动备用制动的使用。

③ 禁止电动制动的按钮。当按下按钮时，可主导装置 TCU 发出指令以禁止电动制动力。制动力通过气动制动获得。

④ 手动的撒砂指令按钮，用于动力轴撒砂。有五个可以在运行方向上正确撒砂的动力轴，在这五个动力轴上执行该指令。也可对位于动车组第一个车轴前的撒砂箱进行操作。

3. 制动指令键盘（1c）区

在图 5.28 中，从左至右各按钮的功能介绍如下。

① 停车制动请求。在重联组合的情况下，该指令将停车制动应用到动车组和连接的动车组上。

② 停车制动缓解。在联挂的情况下，该指令可缓解动车组和联结动车组的停车制动。

③ 制动测试。该指令可启动制动测试，使用该测试可检测所有制动系统的功能。该测试可以检验气动设备和电力设备。在制动系统文件内有关于测试的全部描述。

④ 持续制动请求。该指令的目的是使动车组可在爬坡上启动。按下该按钮时，制动系统产生的气动制动力足以使列车停在最大可预见（3%）的爬坡上。当司机移动牵引杆启动列车时，恒速制动力在适当的延迟时间后（约 1 s）自动释放，以使动车组爬坡并且不会向反向移动。

⑤ 备份按钮。

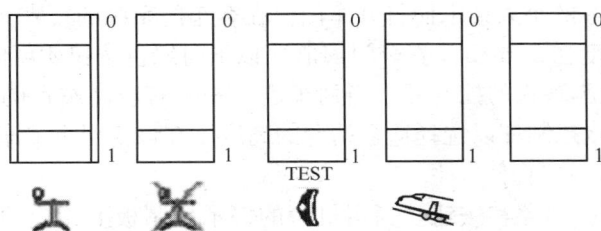

图 5.28　制动指令键盘

5.2.3　主命令控制板区

该区（见图 5.29）是集合操纵台和动车组启动指令的主控制板，具有以下功能。

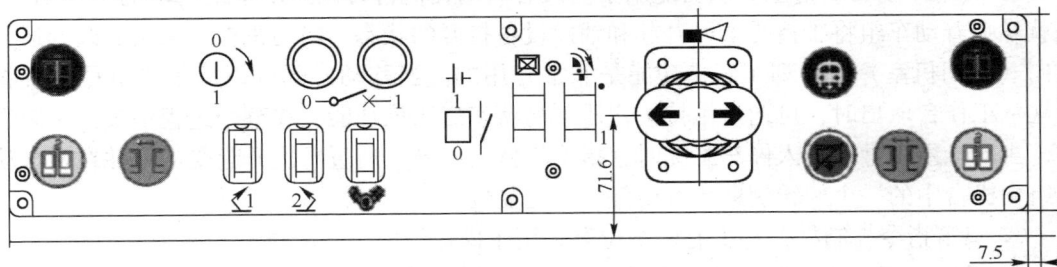

图 5.29　主控板布局图

① 工作台启动指令（按键指令）。该主指令可以启动司机台大部分指令的操作。由于动车组只配备一个按键，因此只可启动一个工作台。

② 主指令启动（0-1 像形图）。该指令可操作动车组电路的所有主指令，并可升起受电弓。在紧急情况下，利用硬件指令可打开主电路断路器并放下受电弓。

③ 受电弓提升杆。有两个提升杆供司机选择应升起哪个受电弓。在联挂作业情况下，

动车组的头车可自动选择拖车上应升起的受电弓。利用 TCMS 可发出受电弓升起的指令。当主气动储风缸内的压力小于 0.4 MPa 时（确定的），TCMS 可自动驱动辅助压缩机以使受电弓正常上升。

④ 主电路断路器（MCB）打开和关闭指令。有两个按钮分别用于关闭和打开主电路断路器。

⑤ 风源单元的指挥命令。有一个控制杆可使司机手动控制动车组风源单元并要求该操作在司机控制下执行，同时司机应检查主风管内的压力不得超过最大允许值。如果压力超过了最大值，安全阀则会使过量的气体排出。

⑥ 客车门关闭指令（左右两边黑色按钮）。该指令可强制关闭车门，车门关闭程序见车门系统技术文件。

⑦ 客车门打开启动指令（左右两边黄色按钮）。利用动车组外部端墙和走廊内每个门合叶上的按钮发出的指令可以启动准备打开的车门。当列车速度在 5 km/h（安全门阈值）以下时黄色按钮才可使用。

⑧ 客车门打开指令（左右两边绿色按钮）。该指令可以打开列车相应一侧的所有车门，并且不会因为乘客的个人请求而打开车门。在客车门系统的技术文件中对打开程序进行了描述。当列车速度在 5 km/h（安全门阈值）以下时绿色按钮才可使用。

⑨ 客车门半自动脚踏板的控制杆。当列车进入一个有较高站台的车站时（高于轨面 1.2 m），司机可操作该控制杆以选择适合站台的高度。在该情况下，车门只有在半自动脚踏板位置调整适当后才能打开。

⑩ 乘客紧急报警指示器和按钮。当司机台的警示控制板上相应的指示灯发亮时，使用红色按钮可以禁止乘客紧急报警（PEA）。蜂鸣器也可向司机提出警示。司机有 3 s 的时间决定是否禁止 PEA 以避免列车在危险位置上（隧道、桥）停车。如要禁止 PEA，则司机必须按下此按钮。在 PEA 禁止并且在司机台警示控制板上的相应指示灯发亮后，可调节已拉出的 PEA 手柄以使 PEA 完全复位。只有列车工作人员使用钥匙才可执行本操作。

⑪ 列车停止功能指令。该功能用于在没有启动司机台时维持动车组启动的主要功能，这就意味着动车组将维持受电弓升起和辅助设备打开的状态。当司机在终点站需改变运行方向（和司机室）时，列车停止功能是非常有用的。当移动升降杆以放下受电弓并且将钥匙从工作台取出时，可通过维持按钮压下的状态启用该功能。在整个过程中按钮是闪光的，当动车组正常地进入停车工况时，指示灯持续发光。通过再次升起受电弓并在两个动车组司机台中的一个旋转钥匙才可使停车工况复位。

⑫ 鸣笛指令控制杆。杆上有两个位置，用于操作给两个喇叭供电的两个电力阀。

⑬ 后视视频系统控制按钮。该按钮可打开后视视频系统。当后视视频系统打开时，有两个监视器可以显示动车组右边和左边的情况。当动车组开始或达到一个门阈速度（假定为 45 km/h）时，后视系统自动关闭。当速度减至门阈速度以下时，如果该按钮处于打开的位置，后视视频系统自动打开。

5.2.4　牵引指令控制板区

该区（见图 5.30）包括的控制板配有以下设备。

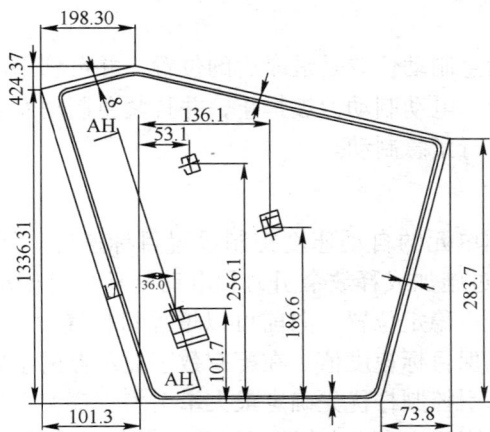

图 5.30　牵引指令控制板布局

1. 牵引和制动指令控制杆

该杆（见图 5.31）用于向牵引和制动系统发出指令以产生司机所要求的牵引和制动力。该控制杆有一个中央中和位置，在该位置上有一个用于定位的凹口和与中和位置毗邻的两个工作区。

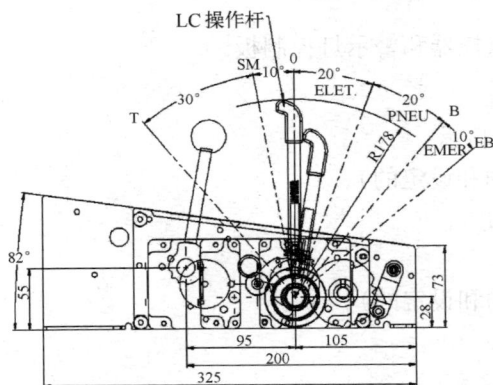

图 5.31　牵引和制动指令控制杆

① 牵引区。通过将控制杆向前转动 10°，可获得最小的牵引力。继续将控制杆向前转动，牵引力会增加，并且是和控制杆转动角度成比例增加的，直到获得最大有效牵引力（取决于动车组的速度）。图 5.30 给出了牵引区的旋转角度为 30°的情况。

② 制动区。将控制杆从中和位置向后转动可获得制动力。制动区分为两个扇形区和一个紧急制动位置。

- 第一个扇形区。在该区内，只有电动制动力施加在动力轴上。第一个扇形区的角度范围为 25°。在第一个扇形区的最末端可获得最大有效电动制动力。在第一个扇形区和第二个扇形区之间有一个凹口。

- 第二个扇形区。在该区内，当动力轴上仍有电动制动力时，可以在非动力轴上施加气动制动力。第二个扇形区的角度范围也为 25°。在第二个扇形区的末端有一个凹口。

- 紧急制动位置。紧急制动位置是最靠后的位置，并可利用凹口使控制杆固定在该位置。在这个位置上，电动制动力被禁止，并且紧急制动安全回路打开，因此随后可使制动管放风并进行紧急制动。

2. 自动速度控制杆

该杆用于给牵引控制单元的自动速度控制设置目标速度。无论任何线路条件（坡道或有风情况），该系统通过施加或释放牵引力和电动制动力可使动车组维持在一个设定的速度上。该控制杆有两个不稳定位置，向前可以增加目标速度，向后可以减小目标速度。必须垂向推动控制杆以确保目标速度值。在配有数字显示器的主监控器上可以显示目标速度值。在任何情况下，牵引控制杆优先确定最大牵引力。事实上，当由于自动速度控制产生牵引力时，该牵引力受限于牵引/制动控制杆确定的值。当由于自动速度控制产生制动力时，该制动力受限于最大电动制动力。

3. 运行方向控制杆

具备选择动车组运行方向的功能。该控制杆有三个固定位置：中和位，前位和后位。只有当列车停止时，方向改变指令可从 TCMS 获得。

5.2.5 主要动车组设备和警示灯区

该区包括 TCMS 主监控器和警示灯控制板

1. TCMS 主监控器

TCMS 主监控器通常显示：
- 列车速度（实际的和设定的）；
- 牵引力，电动制动力；
- 线路电压；
- 线路电流（实际的和设定的）；
- 时间；
- 电池电压指示；
- 牵引和辅助系统配置，包括可能的失效条件。

TCMS 主监控器和诊断监控器互为冗余，在主监控器失效情况下，诊断监控器执行主监控器的全部功能；在诊断监控器失效情况下，由主监控器执行其全部功能。因此可使 TCMS 具有较高的可靠性。

2. 警示灯控制板

警示灯控制板有以下指示。
- 主电路断路器打开。当动车组的主电路断路器打开时指示等发光。在联挂情况下，当两个主断路器中至少一个打开时，指示灯发光。
- 系统配置。在启动司机台并且受电弓升起后，指示灯将持续发光，直到 TCMS 的配置程序完成。
- 车轮防滑。当制动控制单元的车轮防滑系统工作时，指示灯发光，可以向司机指示当前较低的轮轨黏着力。在气动制动过程中，指示灯可以指示车轮防滑的介入情况。

- 车轮防滑系统失效。当制动控制单元的车轮防滑功能失效时指示灯发光，意味着司机需特别注意较低的黏着力。在该情况下，司机可使用位于制动指令控制板上的手动撒砂指令。

- 非转动车轴警报。当检测到车轴停止转动时指示灯发光，说明动车组的一个车轴被锁住了，可能是由于轴承将车轴卡死。同时，蜂鸣器被激活。可按下位于隔离板上的按钮禁止蜂鸣器工作。警报以后，司机可以利用诊断监控器检查是哪个轴箱发出的警报。

- 停车制动请求。当有停车制动请求时指示灯发光，并且牵引系统指令被禁止。如果TCMS在列车运行时检测到停车制动请求（例如：由于提供压缩空气以使停车制动钳处于释放状态的软管失效），则随后自动进行紧急制动。司机可利用诊断监控器检测动车组车辆（重联）中所有停车制动钳的状态。

- 持续制动请求。指示灯发光，用于指示持续制动请求。

- 充电机失效。当动车组车辆（单一或重联）的充电机中有一个失效时指示灯发光。司机可利用诊断监控器检查动车组中哪一节车辆充电机发生失效。由于低压网络结构，列车可在至多两个充电机都失效的情况下继续行驶，不受限于充电机的失效。

- 乘客警报。当在乘客车厢内操作乘客紧急警报（PEA）手柄时指示灯发光。同时，蜂鸣器也向司机警告PEA的干涉。在指示灯发光并且蜂鸣器发出响声以后，司机有3 s的时间决定是否需立刻停止列车。在最后情况下，司机可按下位于主指令板上的按钮禁止PEA。PEA禁止后，另一个指示灯发光并且由司机决定何时何地停车。

- 乘客警报中性化。司机禁止PEA之后指示灯发光。指示灯持续发光，直到列车工作人员将已拉出的PEA手柄复位。

- 运行制动失效。当制动控制单元（BCU）在制动系统上检测到有一般的失效条件时指示灯发光。警报后司机可利用诊断监控器仔细检查失效形式。

- 辅助变流器失效。当动车组车辆（单一或重联）有一个辅助变流器失效时指示灯发光。司机可利用诊断监控器检查动车组的哪节车辆发生故障。由于中压网络结构和中压载荷的分布，列车可在至多两个辅助变流器都失效的情况下继续行驶，不受限于辅助变流器的失效。

- 风源单元失效。当风源单元有一个失效时指示灯发光。司机可利用诊断监控器检查哪个风源单元发生故障。动车组可继续运行，不受限于风源单元的失效。

- 风挡玻璃加热。当集成在风挡玻璃内的除雾和除霜系统通电时，指示灯发光。

- 前灯。当高压前灯通电时，指示灯发光。

- 联挂的WTB失效。当TCMS检测到WTB总线失效时指示灯发光。在联挂情况下，发生该情况时则不能命令和控制动车组或第二个动车组的功能。在该情况下，在系统指示的失效水平基础上，由司机和列车工作人员决定动车组的运行条件。

- 牵引变流器失效。当动车组车辆（单一或重联）的一个牵引变流器失效时指示灯发光。司机可利用诊断监控器检查动车组的哪节车辆发生故障。如果可能的话，TCMS打开主电路断路器并重新设定牵引系统以切断失效变流器的高压供电。列车可否继续运行受限于牵引变流器失效的数量。

- 网压丢失。当 TCMS 检测到网压低于使牵引系统正常工作的极限值时，指示灯发光。在该情况下，牵引和辅助系统断电并等待网压恢复正常。
- 乘客门关闭和锁定。当乘客门关闭并锁定时指示灯发光，这样司机知道列车可以在乘客没有危险的情况下离开车站。
- 乘客门打开。当乘客门至少有一个打开时指示灯发光，这样司机知道列车是不能离开车站的。只要乘客门是打开的，牵引控制系统利用列车有线电路可阻止司机的任何牵引指令。
- 热轴箱预警报。指示灯发光以提示检测到轴箱轴承有过热预警报情况（$T > 90$℃）。指示灯和蜂鸣器共同向司机发出警报。可按下隔离控制板上的按钮禁止蜂鸣器发声。司机可利用诊断监控器检测是哪个轴箱产生的警报。当轴箱的温度下降到预警报门槛值以下时指示灯关闭。
- 热轴箱警报。指示灯发光以提示检测到轴箱轴承有过热警报情况（$T > 110$℃）。指示灯和蜂鸣器共同向司机发出警报。可按下隔离控制板上的按钮禁止蜂鸣器发声。司机可利用诊断监控器检测是哪个轴箱产生的警报。当轴箱的温度下降到警报门阈值以下时指示灯关闭。
- 抗蛇行检测警报。指示灯发光以指示检测到转向架有抗蛇行现象。在 $3 \sim 10$ Hz 频率范围内，用转向架超过 16 m/s² 峰值的横向加速度的 6 个连续正弦波定义抗蛇行失稳标准。指示灯和蜂鸣器共同向司机发出警报。可按下隔离控制板上的按钮禁止蜂鸣器发声。司机可利用诊断监控器检测是哪个转向架产生的警报。当转向架恢复稳定时指示灯关闭。
- 烟雾检测警报。指示灯发光以提示检测到在车厢内、卫生间内和高压/低压电气柜内有烟雾。指示灯和蜂鸣器共同向司机发出警报。可按下隔离控制板上的按钮禁止蜂鸣器发声。司机可利用诊断监视器检查警报是来自动车组哪个位置的烟雾监测器。当烟雾监测器恢复正常情况时指示灯关闭。
- 轴箱润滑油低油位。当安装在轴箱的油位传感器指示油位较低时指示灯发光。在该情况下，由于油量还有剩余，动车组可以在不受速度限定情况下完成运行。应在段内的第一次停车时将油充满。可利用诊断监视器检查是动车组的哪个轴箱产生的警报。

5.2.6　ATP 和信号控制区

该区包括：

- ATP 监视器（在司机座位的右边）；
- LKJ2000 监视器（位于司机座位的左边）。

具体描述参见这两个信号设备技术描述文献。

5.2.7　诊断监控和安全警示板区

该区（见图 5.32）包括诊断监控器和控制板。

1. 诊断监视器

该监视器用于向司机指示关于动车组设备运行和失效情况的所有信息。在进一步设计阶段准备给司机提供一个描述所有可用诊断信息的具体文件。

诊断监控器和 TCMS 主监控器互为冗余，在主监控器失效情况下，诊断监控器执行主监控器的全部功能；在诊断监控器失效情况下，由主监控器执行诊断监控器的全部功能，因此可使 TCMS 具有较高的可靠性。

图 5.32　控制板的布局

2. 控制板

控制板包括以下设备：

① 用于工作台设备的调光指令，可利用电位计获得该功能，司机可以改变司机台上所有设备和指示灯的光强。

② 警报蜂鸣器用于以下警报：

- 检测系统；
- 热轴箱预警和警报检测系统；
- 抗蛇行检测系统；
- 乘客紧急警报；
- 非转动车轴检测。

可按下同一块控制板上的按钮停止蜂鸣器发声。

5.2.8　左右方辅助指令控制板区

1. 右侧键盘

右侧键盘（见图 5.33）有以下指令。

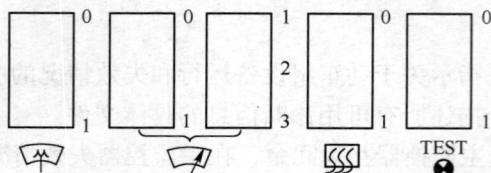

图 5.33　右侧键盘

① 风挡玻璃清洗，该按钮用于接通风挡玻璃清洗泵，可以在风挡玻璃上喷洒水和肥皂的混合溶液。

② 风挡刮水器，该按钮用于接通风挡刮水器。

③ 风挡刮水器模式/速度选择器，包括以下选择项：

- 1 连续；
- 2 低速；
- 3 高速。

④ 风挡玻璃加热电阻，该按钮用于接通集成在风挡玻璃内的除雾、除霜加热电阻。控制板上的指示灯发光以提示司机除雾、除霜加热电阻已被接通。

⑤ 指示灯测试，该按钮用于检查司机台上所有指示灯的功能。当按下该按钮时，所有指示灯接通，和它们相关的状态无关。

2. 左侧键盘

左侧键盘（见图 5.34）有以下指令。

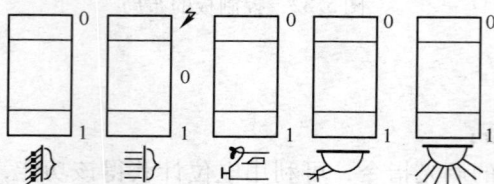

图 5.34　左侧键盘

① 头灯主开关。该按钮用于接通头灯。头灯的形貌取决于位于司机室低压电气柜的一个附加选择器的位置。

② 头灯模式选择器。头灯的模式选择器有 3 个不同的位置：

- 中间稳定的 0 位：低光强光线；
- 低稳定 1 位：驾驶光线；
- 高位不稳定位：闪光驾驶光线。

③ 中央头灯开关。该按钮用于接通中央大功率头灯以加强司机夜间驾驶的可视性。控制板上的指示灯发光以提示司机中央头灯已接通。

④ 聚光灯。该按钮用于接通司机台上的聚光灯，它产生的光束可以集中在司机台板面上。

⑤ 司机室灯。该按钮用于接通司机室内部灯。

5.2.9　车载通信控制板区

该控制板区包括 TSC1 设备的车载通信话机。具体描述见 TSC1 设备技术描述部分。

5.2.10　GSM – R 控制板区

该控制板区位于司机台左侧，并配有以下设备：
- GSM – R 监视器；
- GSM – R 话机。

在司机台同一侧较低位置配有以下设备：
- GSM – R 设备打印机；
- 乘客信息系统（PIS）话机。

5.2.11　脚踏板控制区

该区位于司机台下的脚踏板板面上，其上设置有警戒控制设备指令（死人装置）。

5.2.12　空调控制板区

该空调控制板区（见图 5.35）位于司机台的左侧，并配备车厢和司机室高压交流系统的指令，具体如下。

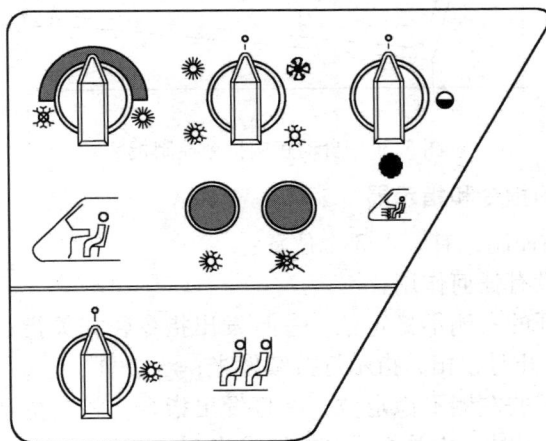

图 5.35　空调控制板区

① 在调节温度的情况下完成司机室高压交流系统的指令，下面具体给出特殊情况下的指令和控制：
- 温度在 18℃ ～ 30℃ 之间调节（取决于外部环境温度）；
- 具有以下 4 种模式的选择器：
  —— 只有通风的情况；
  —— 冬天（加热）；
  —— 春秋两季；

——夏季（冷却）。

② 具有以下 3 种模式的选择器：

- 断电；
- 50% 功率；
- 100% 功率。

③ 两个控制灯，可做如下指示：

- 绿灯：系统工作正常；
- 红灯：系统失效。

5.2.13 自动解钩指令控制板区

该控制板区（见图 5.36）包括以下指令和控制指示灯。

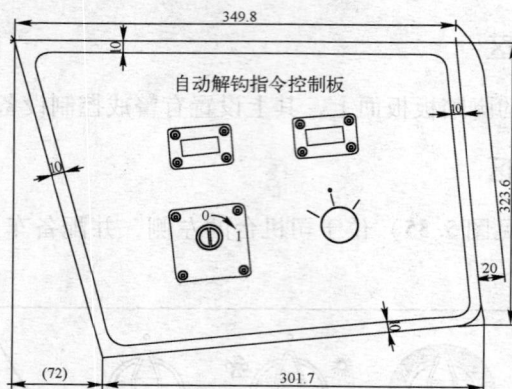

图 5.36 自动解钩指令控制板区

1. 车钩端盖机构的指令和指示器

该指令由回转开关控制，有以下 3 个位置：

① 中央稳定位，没有任何作用；

② 控制前端盖打开的右侧不稳定位，一旦发出指令，相关指示灯闪光直到机构将端盖完全打开。当端盖打开时，相关指示灯持续发光；

③ 控制前端盖关闭的左侧不稳定位，一旦发出指令，相关指示灯闪光直到机构将端盖完全关闭。当端盖关闭时，相关指示灯持续发光。

2. 解钩指令换向器和指示器

该指令由回转开关控制，有以下 2 个位置：

① 中央稳定位，没有任何作用；

② 可产生解钩指令的不稳定位。只有在以下情况下，发出指令后才可执行解钩工序：

- 列车停车（速度 =0）；
- 停车制动请求；
- 气动开启旋转阀（位于司机台下面）。

当机械解钩工序完成后，指示器发光。

　　图 5.37 和图 5.38 分别给出了前端盖打开关闭的控制板指示灯布局和机械解钩工序完成的指示灯布局。

图 5.37　前端盖打开关闭的控制板指示灯布局

图 5.38　机械解钩工序完成的指示灯布局

模 拟 题

1. 动车组司机室有何特点？
2. 为什么驾驶坐椅被列为一类安全设备？
3. 动车组司机室侧窗有何功能？
4. CRH₁ 的 IDU 有几种不同的状态模式？这些模式具有什么功能？
5. 简述 CRH₁ 车辆信息控制装置的主要功能。
6. 何为 CRH₁ 型动车组中的 A 类警报和 B 类警报？应如何处理？
7. CRH₁ 型动车组二级修程中有关司机室检查作业与一级修程有何不同？
8. CRH₂ 型动车组列车信息系统的系统页面有哪些模式？
9. 试写出 CRH₂ 型动车组列车信息系统的系统界面的逻辑构成。
10. 在 CRH₂ 型动车组应急故障处理中，哪些故障需要立即停车处理？哪些故障需按救援工况处理？
11. CRH₃ 型动车组的逃生及灭火装置设置在司机室什么位置？
12. CRH₁ 与 CRH₅ 型动车组电动后视视频系统与传统的机械后视系统相比有何特点？
13. CRH₁ 型动车组应急故障处理中，哪些故障不需要立即停车处理？
14. 简述 CRH₅ 型动车组司机室中警惕和警戒装置功能。

参 考 文 献

[1]　铁道科学研究院高速铁路技术研究总体组．高速铁路技术［M］．北京：中国铁道出版社，2005.

[2]　钱立新．世界高速铁路技术［M］．北京：中国铁道出版社，2003.

[3]　方卫宁，郭北苑，张俊红．机车操纵台液晶显示器参数调节对视觉功效的影响［J］．铁道学报，2003，25（6）：40－44.

[4]　方卫宁，郭北苑，俞武强．夜间机车驾驶环境中 LCD 眩光的分析与评价［J］．北方交通大学学报，2003，27（4）：65－68.

[5]　张俊红，方卫宁．机车后视镜安装及后视野校核方法的研究［J］．铁道学报，2002，24（5）：51－55.

[6]　方卫宁，徐嫒嫒．基于功效学的机车显示、控制器界面计算机辅助优化设计［J］．铁道学报，2004，26（6）：20－24.

[7]　方卫宁．TZY1 型机车驾驶坐椅的研制［J］．内燃机车，2005，5：12－15.

[8]　胡清梅，方卫宁，李伏京．基于工效学的机车前窗刮雨器尺寸参数的设计［J］．铁道学报，2006.27（6）.34－38.

[9]　方卫宁，郭北苑，胡清梅．高速列车驾驶舱人机几何适配性设计∥2004 世界轨道交通论坛论文集．2004，217－223.

[10]　郭北苑，方卫宁，谭南林，等．虚拟环境下磁浮列车驾驶舱人机适配性分析［J］．计算机研究与发展，2005，42（增刊 A）：656－660.

[11]　张曙光．CRH1 型动车组［M］．北京：中国铁道出版社，2008.

[12]　张曙光．CRH2 型动车组［M］．北京：中国铁道出版社，2006.

[13]　张曙光．CRH5 型动车组［M］．北京：中国铁道出版社，2008.

[14]　张曙光．铁路高速列车应用基础理论与工程技术［M］．北京：科学出版社，2007.

[15]　李强，金新灿．动车组设计［M］．北京：中国铁道出版社，2008.

[16]　丁莉芬．动车组工程［M］．北京：中国铁道出版社，2007.

[17]　UIC651．机车、动车、动车组和驾驶拖车的司机室设计［S］，2002.

[18]　丁玉兰，郭钢，赵江洪．人机工程学［M］．北京：北京理工大学出版社，2000.

[19]　GB 10000—1988．中国成年人人体尺寸［S］，1988.

[20]　郭北苑，方卫宁．动车组司机室人机几何适配性设计规范应用研究［J］．北京交通大学学报，2009，33（1）：10－14.